U0681684

中国法学会2019年度部级法学研究课题"英美刑法中的平均人标准研究"课题成果，课题编号：CLS（2019）D20

英美法系刑法中的平均人标准研究

YING MEI FAXI XINGFA ZHONG DE
PINGJUNREN BIAOZHUN YANJIU

谷永超　著

人民出版社

目　录

绪 论

目前，世界上主要存在两大影响深远的法系：大陆法系与英美法系。两大法系虽然风格迥异，但各有所长，难分优劣。尽管存在诸多差异，然而自20世纪以来，在全球化背景下，两大法系也出现不断融合和趋同之势。在刑法领域，自不例外。

然而，在很多中国学者的观念中，英美刑法注重实用，不像德日刑法那样具有发达的理论体系，因此，研究英美刑法，对发展我国刑法理论意义不大。受该观念的影响，目前我国刑法学者之于英美刑法学理论的研究并不深入，① 融合度有所欠缺。事实上，这是对英美刑法理论的一

---

① 目前国内刑法学界对于英美刑法的研究（这里所说的研究不包括对于英美刑法原著的翻译性介绍）是非常薄弱的。论者在本书的资料准备阶段曾经在国家图书馆多库电子检索数据库中对此进行过专门的考证，从专著、学位论文以及公开发表论文等三个方面检索得出的结果都差强人意。

首先看专著方面，论者在国家图书馆多库数据库当中以"美国刑法"为关键词，在"所有字段"项目栏中搜索，所得的结果为：储槐植著《美国刑法》、谢静著《美国刑法司法判决书的功能意义分析》、李立丰著《美国刑法犯意研究》、刘士心著《美国刑法中的犯罪论原理》和《美国刑法各论原理》；而以"英美刑法"作为关键词，在"所有字段"项目栏当中搜索，所得结果为张健著《英美刑法中犯罪行为理论》、赵秉志主编《英美刑法学》、欧阳涛编《英美刑法刑事诉讼法概论》、聂昌颐编《苏联刑法与英美刑法本质之比较》以及聂昌颐编译的《英美刑法要则》、郭自力《英美刑法》，等。

其次，在学位论文方面，论者在河南大学图书馆全国高校论文数据库中以美国、英美、

西方等关键词合并进行检索并加以筛选，得出的结论为，武汉大学毛峰的《美国立法体制研究》，北京大学董华的《美国立法司法审查制度探源》，复旦大学曾建明的《美国陪审团审判制度》，北京大学徐世亮的《美国法人犯罪问题研究》，北京大学崔华的《美国建国前后的政治法律思想》，武汉大学翟桔红的《美国联邦最高法院的违宪审查权》，广东外语外贸大学谢静的《美国刑法司法判决书的功能意义分析》，武汉大学汤敏轩的《美国公民政治权利的变迁：过程、特点与原因》，吉林大学赵嵬的《近代西方刑法思想的转折》，吉林大学李立丰《美国刑法犯意研究》，北京大学冼宇航的《论英美刑法中的严格责任犯罪》，以及吉林大学杨明芳《英国刑法一般辩护事由研究》，等。

最后，从专业论文方面看，论者以英美刑法为关键词在中文摘要项目中进行搜索，截至2019年，在中国知网当中所得结果为，周子实的《受害人承诺与受害人自冒风险中的刑民关系研究——基于英美法系与德国的比较视角》；许佳的《试论英美法系法人犯罪的归责路径及其对我国的启示》；刘士心的《英美刑法正当防卫中的"躲避原则"及其启示》《英美刑法介入原因规则及其对中国刑法的借鉴意义》《英、美等国刑法中的"马耶夫斯基规则"及其启示——行为人醉酒、吸毒后犯罪的刑事责任新探》；谷永超的《英美刑法的理性人标准及其启示》《英美刑法的挑衅辩护及其启示》；赵维加的《论中美刑法因果关系的差异》；波尔·H.罗宾逊著，何秉松、王桂萍翻译的《美国刑法的结构概要》；李韧夫的《中美刑法间接故意比较研究》；李洁、李立丰的《美国刑法中主观罪过表现形式初探》；伍莺莺、杨明的《美国刑法中错误素质的要求》；张君、周林杨的《美国刑法中受虐妇女与自身防卫问题之研究》；彭磊、甘莉的《美国刑法的价值取向》；李韧夫、张英霞的《论英美刑法犯罪故意观》；谢静的《美国刑法司法判决书的情态意义研究》；郭自力的《美国犯罪原因初探》；储槐植的《三论第三犯罪行为形式"持有"》；钱振林、皮荷芳的《英美刑法中的刑事代理责任》；丁启明、李韧夫的《英美刑法犯罪心理若干问题论》；付霞的《试论英美刑法中严格责任之应然归宿》；章建明的《英美刑法双层次原因理论研究》；邓斌、王晓晗的《英美刑法的侵占罪》；芦光、张亚玲的《英美刑法中的道德痕迹》；陈劲阳的《英美刑法语境中的主观主义与客观主义——安东尼·杜夫犯罪未遂理论解读》；李居全的《浅议英美刑法学中的行为概念——兼论第三行为形态》；杨磊的《英美刑法中的遵循先例原则述评》；倪德锋的《刑法应切中人的意志——"严格责任原则"质论》；储槐植、汪永乐的《刑法因果关系研究》；游训龙、李志雄的《英美刑法和我国刑法教唆犯罪之比较》；储槐植、杨书文的《英国刑法中的"轻率"》；李立众的《略论被迫行为及其借鉴意义》；张绍谦的《英美刑法理论中的因果关系探析》；李居全的《犯罪概念比较研究》；谢望原的《论英、美法学家关于刑罚本质的认识》；孙光骏的《论英美刑法中的严格责任》；贾宇的《犯罪故意概念的评析与重构》；以及刘志远、刘丁炳的《试论英美刑法中的代理责任》。

由此可见，从数量还是深度而言，较之于德日刑法，国内对于英美刑法这个大类的研究并不十分尽如人意。至于英美刑法理论当中的平均人标准问题就更是无人关注，截至2019年，国内还没有专门就英美国刑法当中这方面问题进行专门研究的专著和学位论文出现。

种误解。造成这一误解的原因，可能是被介绍进国内的英美刑法方面的著作数量较少，大多是入门材料而不是理论专著，没有充分反映出英美刑法理论性的一面。其实，英美刑法不仅具有完整、系统的理论体系，而且对具体问题的探索也颇为深邃。英美刑法理论与大陆法系和我国刑法理论虽然在形式上存在较大的差异，但是这种差异在大多数问题上只是路径与方式的不同，其中表达的价值目标是相同的。同一问题，按照各自的逻辑往往可以得出相近甚至相同的结论。在笔者看来，英美刑法理论与我国刑法理论的最本质区别或许不在于其内容或结论的差异，而在于两者生成方式的不同。英美刑法理论是"法官型理论"，其内容来源于法院判例经验的总结和归纳，许多原则和标准都可以找到相应的判例出处，是法官经验的理论化、逻辑化。我国刑法理论是"学者型理论"，其内容更多是来自法学家们根据"基本价值"和"基础原理"的逻辑演绎，很多原则和标准都是以"权威学者的论述"为依据，是学术思想的具体化、司法化。就理论与实务的关系而言，英美刑法是法官引领学者，而我国刑法则是学者指导法官。这种差异决定了两种刑法学在研究方法和思维方式上有很多的互补性。① 可以说，英美刑法学是发展我国刑法理论的另一类重要学术素材。

因此，在英美刑法学研究这一方向所付出的任何真诚努力都有价值，也都应该得到应有的重视。同时，似乎我们应该认同这样的一种观点或者态度，也就是说，除却研究广度亟待拓展之外，也许更加需要的是对于英美刑法学研究深度的突破，毕竟缺乏厚重感的罗列更多的时候只会让我们在原地盘旋。

在我国刑法中，对于行为人有无某种主观心理状态②的判断，如明知的

① 刘士心：《美国刑法中的犯罪论原理》，人民出版社 2010 年版，第 316 页。
② 这里的主观心理状态，是指以意识与意志等心理内容为中心而存在的事实。

判断、预见能力①的判断、轻信的判断、认识错误的判断、中止自动性②的判断等，通常存在平均人标准、行为人标准和折中标准的对立。刑法理论通常将平均人解释为社会平均水平的人、常人或普通人，由于"平均人是一个类型化的概念，作为判断标准在掌握上有一定难度，而且他没有顾及行为人的个人情况"③，由此可能造成客观归罪的结局。因此，无论是在我国刑法理论中，还是在我国司法实践中，平均人标准都没有成为上述理论的通行判断标准。与平均人标准相并列的是行为人标准和折中标准。在我国刑法理论中，行为人标准是上述理论判断的通行标准。但是，行为人标准也存在着缺陷，如有学者指出"行为人标准以行为人的自身情况作为判断行为人有无预见能力的标准，实际上等于没有标准，从判断方法上讲，行为人标准犯了用论题的真实性来论证论据的真实性的错误，因而不能得出正确结论。"④此外，"人无法像上帝那样看人，只有全能的上帝才能知道我们的一切"，⑤ 即我们根本不可能知悉行为人的所有个人情况，因而行为人标准只能停留在理论层面。折中标准是平均人标准和行为人标准综合起来的判断标准，在我国司法实践中，折中标准是上述理论的通行判断标准，即法官首先考察平均人在行为人所处的情形下是否具有预见能力、避免能力、认识错误或者期待可能性，然后在此基础上充分考虑行为人的个人情况进行具体判断。⑥ 这样一来，折中标准最终仍然是以行为人的个人情况为标准。诚如学者所言，"折

---

① 赵秉志教授认为个人的预见能力属于个人的心理状态，参见赵秉志、刘志伟：《犯罪过失理论若干争议问题研究》，《法学家》2000 年第 5 期。李希慧教授也持相同的观点，参见李希慧、刘期湘：《论犯罪过失中注意义务的实质标准》，《现代法学》2007 年第 1 期。

② 中止自动性的成立需要行为人自认为有条件将犯罪进行到底。参见高铭暄、马克昌：《刑法学》，北京大学出版社、高等教育出版社 2010 年版，第 170 页。

③ 陈兴良：《教义刑法学》，中国人民大学出版社 2010 年版，第 585 页。

④ 李希慧、刘期湘：《论犯罪过失中注意义务的实质标准》，《现代法学》2007 年第 1 期。

⑤ Oliver Wendell Holmes, *The common law* [M]. Dover Publications, Inc., 1991: 108.

⑥ 参见最高人民法院刑事审判第一庭、第二庭主编：《刑事审判参考》（2005 年第 3 集，总第 44 集），法律出版社 2006 年版，第 49 页。

中标准只不过是行为人标准的一个变种",① 因而行为人标准具有的缺陷在折中标准中也必然存在。

本书认为，上述三个判断标准均欠妥当，但行为人标准和折中标准的缺陷是不能克服的缺陷，因此必须舍弃。相比之下，平均人标准的缺陷则可以通过明确平均人的含义、考量行为人的特殊个人情况等手段予以解决。我国一些刑法学者针对平均人标准的完善提出了具体的建议，如有学者将平均人限缩为"与行为人处于相同立场的通常人"② 或者"在特定社会活动领域范围内的人",③ 从而使平均人考虑了行为人的特殊个人情况，以避免客观归罪的出现。但本书认为，确定行为人所处的立场或所属的社会活动领域，需要考虑行为人的年龄、性别、职业、生理特征及特殊经历等因素，如果对上述因素都予以考虑的话，完善后的平均人标准可能变为行为人标准。因此，上述完善方法并不能解决平均人标准存在的问题，如何完善平均人标准需要进一步探讨，这也是本书致力解决的课题。

沿着这一思路，论者把自己的研究聚焦点落在了英美刑法的平均人 (reasonable person)④ 标准上。在英美刑法中，同样存在着平均人标准。英美

---

① 黎宏:《刑法总论问题思考》，中国人民大学出版社 2007 年版，第 280 页。

② 马克昌:《比较刑法原理——外国刑法学总论》，武汉大学出版社 2002 年版，第 260 页。

③ 李希慧、刘期湘:《论犯罪过失中注意义务的实质标准》，《现代法学》2007 年第 1 期。

④ 对于该词的中文译法，国内还没有形成统一意见，目前主要存在以下三种译法，第一种译法为"正常人"，这是我国学者的主流译法，如刘士心:《美国刑法中的犯罪论原理》，人民出版社 2010 年版，第 81 页；储槐植、江溯:《美国刑法》，北京大学出版社 2012 年版，第 179 页；[英] J.C. 史密斯、B. 霍根:《英国刑法》，李贵方等译，法律出版社 2000 年版，第 401 页；赵秉志主编:《英美刑法学》，中国人民大学出版社 2004 年版，第 264 页；张旭主编:《英美刑法论要》，清华大学出版社 2006 年版，第 48 页；美国法律协会:《美国模范刑法典及其评注》，刘仁文、王祎等译，法律出版社 2005 年版，第 24 页。第二种译法为"理性人"，如 [美] 德雷斯勒:《美国刑法精解》，王秀梅等译，北京大学出版社 2009 年版，第 119 页；[美] 乔治·弗莱彻:《反思刑法》，邓子滨译，华夏出版社 2008 年版，第 181 页。第三种译法为"合理人"，如 [美] 乔治·弗莱彻:《刑法的基本概念》，蔡爱惠等译，中国政法大学出版社 2004 年版，第 151 页；梅伟:《论民法授权性规范的合理人标准》，《暨南学报》2010 年第 1 期；范峥:《论美国过失责任中的合理人标

刑法中的平均人标准是"合理"的判断标准，它通过判断行为人行为时的主观心理状态是否合理，以确定能否对行为人减免责任。英美刑法早期的平均人标准和我国刑法中的平均人标准具有相同的内容，即将平均人解释为普通人或常人，平均人是与行为人的特殊性格特征完全无关的人，标准于所有的人都一样。它的兴盛有赖于这样的实证论：法律不是别的，立法机关的命令而已，或者用我们的术语说，法律是行为的指南，所有的人无论能力高低都必须遵守。① 完全不顾及行为人特殊性格特征的平均人标准被诟病为"社会的"标准，接下来的结论只能是，在刑法中可能蕴含着对个人的某些非正义，原因正如霍姆斯所说，法律"将个人作为工具，以此实现增加社会整体福利的目的"。② 针对平均人标准的缺陷，法官和刑法学者对平均人做出修正，修正之后的平均人仍是一个普通人或常人，只是需要根据案件的具体情况进行微调。微调具体表现为两方面：一是排除普通人蕴含有不合理因素的性格特征，如美国普通人具有种族歧视的观念；二是吸收行为人相关的特殊性格特征。修正之后的平均人标准，一方面要求行为人应当达到普通人的行为标准，实现了保护社会的需要；另一方面，顾及了行为人的个别特殊性格特征，实现了对被告人的正义，即将对被告人的正义与对社会保护的需要融洽起来。

　　本书认为，英美刑法早期的平均人标准和我国刑法的平均人标准面临着同样的困境，英美的法官和刑法学者针对存在的问题提出了具体的完善方

准》，《江苏第二师范学院学报》2014 年第 4 期。本书认为以上三种译法虽都具有一定的合理性，但本书对以上三种译法均不采用，因为根据英美制定法的规定和判例的解释，reasonable person 通常被认为是"具有社会平均水平的普通人"，另外我国刑法理论中存在着平均人标准（客观标准）和行为人标准（主观标准）的对立，例如在判断行为人是否具有期待可能性和预见能力的场合，而英美刑法中的 the reasonable person standard 一般被认为是客观标准，为了尊重 reasonable person 的原义以及方便英美刑法理论和我国刑法理论的比较研究，本文拟将 the reasonable person 译为"平均人"。

① 〔美〕乔治·弗莱彻：《反思刑法》，邓子滨译，华夏出版社 2008 年版，第 375 页。

② Oliver Wendell Holmes, *The common law* [M] , Dover Publications, Inc., 1991: 46-47.

法，有效地解决了平均人标准存在的问题，实现了法益保护和保障人权的平衡。在这样的前提下，对英美刑法的平均人标准进行系统研究，或许能够有助于我国刑法平均人标准的完善。

需要特别说明的是，论者在对待英美刑法及其刑法文化上反对两种倾向，一种是极端排斥态度，一种是极端推崇态度。有鉴于此，本书并没有将批判英美刑法作为写作的重点，而是尽力发现英美刑法中的闪光点，并以此为基点思考我国刑法。因此，在写作方式上，本书的分析与思考，主要着墨于英美刑法中笔者认为有借鉴价值的部分，同时兼及对其弊端和缺点的分析。

当然，任何国家的刑法及其刑法文化，都有其生存的土壤。脱离开具体的环境和语境，是无法具体评价刑法及刑法文化的优缺点的。本书在研究上面临两大任务，首要的是尽可能全面而真实地反映英美刑法平均人标准的法律以及理论研究的现状。这并非一件仅仅限于翻译层面的简单工作；其次，是从英美刑法的平均人标准理论中，提炼和总结能够为我国刑法带来"新鲜空气"的内容，并以此为基础获取学术研究的灵感，并尝试对我国刑法的有关理论发表一些个人见解。

总之，论者的研究用意和初衷在于，侧重于从英美刑法中发掘"于我有用"的东西，努力从比较研究中寻求看待问题的不同视角或者灵感，并据此展开个人思考，最终为我国刑法的理论研究"抛砖引玉"。

第一章　英美刑法平均人标准的基本理论

第一节　平均人标准的起源与内涵

一、平均人标准的起源与发展

英美法系的一个最显著的特征就是对"合理的"（reasonable）这个词的广泛依赖，诚如学者所言，"判例汇编和制定法中'合理的'一词使用之多，堪比超市里全部食品货架上所有食物里所含的盐"，[①] 在刑法中经常出现合理的愤怒、合理的错误、合理的武力强度、合理的风险、合理的恐惧、合理的相信等术语。[②] "合理的"一词在刑法中发挥着重要的作用，司法审判中，法庭通过判断被告人心理状态[③]是否合理以决定是否减轻或免除被告人的刑

---

① Gary Slapper, "Reasonable: The Most Consequential Word in the Criminal Law" [J] , *The Journal of Criminal Law*，2014，78：175.

② George Fletcher, "The Right and the Reasonable" [J] , *Harvard Law Review*, 1985, 98: 949-982.

③ 例如，美国刑法中防卫自身的权利不是基于客观事实，而是基于行为人的主观上的认识：只要行为人行为时合理的相信确有防卫的必要即可。即行为人存在防卫必要的认识，且

事责任，为责任问题的解决提供了一个标准。

在判断被告人的主观心理状态是否"合理的"时，法庭通常将"合理的"一词拟人化为平均人（the reasonable person），即法庭并不直接判断行为人的心理状态是否合理，而是采用平均人标准，① 通过考察平均人在当时的情形之下会产生何种心理状态，来判断被告人的心理状态是否合理。具体地讲，陪审团将拟制的平均人置于被告人行为时的具体情形之下，如果平均人也会产生像被告人那样的心理状态，那么，被告人的心理状态就是合理的，相应的就可以全部或者部分免除被告人的刑事责任；反之，如果平均人不会产生被告人那样的心理状态，被告人的心理状态就是不合理的，就不能减免被告人的刑事责任。②

目前一般认为，英美刑法中的平均人标准首次运用于1869年的 R. v. Welsh（1869）③ 一案，该案审理中，博学的基廷（Keating）法官认为被告人成功辩护的先决条件是，"被害人的挑衅行为足以使陪审团相信，处于同样情形下的平均人也会像被告人那样产生极度愤怒，且陪审团将被告人实施那样的行为归因于被告人当时极度愤怒的心理"。④ 其实质就是陪审团从平均

该认识是合理的。因此，防卫自身的成立只需要判断行为人的防卫必要认识是否合理即可，并不需要关注客观上是否真实的需要防卫。

① 平均人标准是英美法系各个部门法普遍使用的一个判断标准。例如，侵权过失法经常依赖平均人标准来判断被告人实施侵害他人的人身、财产的行为时是否履行了谨慎、合理的注意义务；在刑法中用来判断被告人对防卫必要性的认识或产生愤怒的心理状态是否合理；在反歧视法中，用来判断是否存在有敌意的工作环境，对工作人员造成不合理的干扰。尽管平均人标准在不同的部门法有着不同的含义，但他们都有一个共同的任务，即将被告人在当时情形下实施的行为和平均人的行为做一比较，以判断被告人的主观心理状态是否合理。参见 Steven P. Scalet，"Fitting the People They Are Meant to Serve: Reasonable Persons in the American Legal System" [J]，*Law and Philosophy*，2003，22: 76。

② Peter Westen，"Individualizing the Reasonable Person in Criminal Law" [J]，*Criminal Law and Philos*，2008，2:138.

③ R. v. Welsh（1869），11 Cox C. C. 336.

④ R. v. Welsh（1869），11 Cox C. C. 336.

人的视角出发来判断被告人的愤怒心理是否合理。基廷（Keating）法官接着解释到，挑衅辩护是法律给予人性脆弱的特殊关怀，但这种关怀不是毫无原则的，这就意味着法律不会宽宥人们所有类型的愤怒及其支配下的行为，如没有受到充分挑衅而产生的愤怒或者能够合理控制却没有合理控制的愤怒及在愤怒支配之下实施的杀人行为是不会得到法律宽宥的。① 换言之，只有足以致使平均人在相同情形下也会产生极度愤怒时，被告人回击挑衅的行为才能成立挑衅辩护。通过该案，英美刑法确立了平均人标准。

英美刑法中的平均人标准最初仅适用于判断行为人行为时产生的愤怒心理是否合理，由于愤怒心理是一种心理状态，因而随后，平均人标准扩大了适用范围，也适用于判断行为人行为时的其他心理状态是否合理。例如，在认定正当防卫是否成立时，用于判断行为人的防卫必要认识是否合理；在认定胁迫辩护是否成立时，用于判断行为人的恐惧心理事实是否合理；在认定错误辩护是否成立时，用于判断行为人的认识错误是否合理，等等。

二、平均人标准的内涵

（一）平均人标准的含义

从前文可知，平均人标准是指，将平均人置于被告人行为时的具体情形之下判断其会产生何种心理状态，然后与被告人行为时的心理状态相比较，如果被告人的心理状态与平均人的心理状态相一致，则被告人的心理状态是合理的；反之，被告人的心理状态是不合理的。由此可见，把握平均人标准的关键在于恰当地界定平均人的含义。

在英美刑法中，对于谁是平均人，其内涵和外延如何界定，刑法学者们的理解尽管在一些方面形成共识，但在某些方面仍存在分歧。综观目前英美

---

① R. v. Welsh（1869），11 Cox C. C. 336.

刑法学者们的论述，主要存在以下两种有代表性的观点：

第一种观点认为平均人就是普通人（ordinary person），该观点是英美刑法学者的主流意见。如"所谓平均人，并不意味着统计学意义上的平均人，而是指具有社会平均水平的普通人"，①"作为社会经济学的术语，平均人既不是社会精英的成员，也不是下层社会的一员，而是被认为属于中产阶级的一员，即属于前述二者折衷阶层中的一员"，② 还有学者将平均人与社区标准联系起来，如"平均人就是社区中的普通一员，下班后买本杂志回家阅读，晚饭后挽起袖子在自家草坪上劳动的人"，或者说"平均人就是平时出行乘坐克拉彭公交车或者博罗地有轨电车的人"。③ 根据学者们的以上表述，平均人"既没有阿基里斯的勇气、尤里西斯的智慧和赫拉克勒斯的力量，也没有超人的判断力"，④他和我们周围的人没什么不同，他同样有这样或那样的缺点，也会犯错误，他有私欲，他也会产生恐惧和愤怒，他生活中也有喜怒哀乐，他只是我们生活中的一个具有社会平均水平的普通人。

第二种观点认为平均人就是理想人（ideal person），如有学者将平均人描述为"理想公民的化身，具有一个好公民应该具有的一切好品质，……漫游在英国普通法审判的长河中，我们总会与平均人不期而遇。平均人处处为他人着想，审慎是他的生活准则。行走时他会边走边看，蹦跳时他会仔细地查看周边环境；他既不会漫不经心，也不会在存在危险的地方思索其他事情；他绝不会跃上疾驰中的汽车，也不会从开动的火车上跳下来；在救济别人之前，他通常会摸清救济对象的具体情况；抚摸小狗时，总会自我提醒谨记小狗的过去和习性；在搞清事实真相之前，他绝不轻信谣言，

---

① Peter Westen, "Individualizing the Reasonable Person in Criminal Law" [J]，*Criminal Law and Philos*, 2008, 2:138.

② Nancy S.Ehrenreich,"Pluralist Myths and Powerless Men: The Ideology of Reasonableness in Sexual Harassment Law" [J]，*Yale LJ* ., 1990, 99:1177.

③ Hall v. Brooklands Club（1933）1.K.B.205 at 244.

④ Hawkins v. Coulsdon & purley U. D. C.[1954] 1 Q.B,319.341,Per Romer L. J.

更不传谣言；他从不对周围的人提出无理要求；他有着中庸的处世态度，从不发怒或暴打他人；他像一座代表楷模的丰碑屹立在法庭之上，努力地向社会公众呐喊，要社会公众以他为表率来实施行为……"① 还有的学者指出，"他具有所有的优良品质，除非是那些社会在特定情形下能够容忍的缺点与毛病。他不同于那些时常会实施一些不合理行为的普通人，他是一个总能达到标准要求的谨慎又仔细的人。"② 显然，上述学者们的论述表达了相同的意思，即行为人应该是一个理想人或完美的人。

第一种观点强调平均人标准的事实性或经验性，适用普通人的平均人标准时，法律决策者一般要考虑大多数人处于被告人的情形时，会产生何种心理状态，即大多数人认为当时情形下的"合理心理状态"是什么。第二种观点强调平均人标准的规范性，适用理想人的平均人标准时，法律决策者要考虑当时情形下社会所认可的"合理心理状态"是什么。

从以上两种不同的观点可以看出，在对平均人的理解上，有时候学者将其理解为"普通人或大多数人"，有时候学者将其界定为"理想人或完美的人"。本书认为，在大多数情况下，根据两种不同观点构建的平均人标准是一致的。因为，刑法规范的要求是针对普通公民制定的，刑法规范对行为人的期待自然是以普通公民的守法能力为依据，因而社会和法秩序期待普通公民在特定情形下产生的主观心理事实与普通公民实际会产生的主观心理事实是一致的。但在个别情形下，普通人所认为的"合理"与社会所期待的"合理"会产生冲突，如在美国，普通人一般认为年轻的黑人或拉丁美洲人很危险且喜欢暴力犯罪，即使他们手中空空的时候，普通人也能"看到"他们手中持有武器。③ 但社会对普通人蕴含种族歧视的观念持否定

① A. P. Herbert, *Misleading Cases in the Common Law* [M]，1930：12.

② Prosser, W. L, *Handbook of The Law of Torts* [M]. St. paul. Minn.：West publishing Co., 1971:15.

③ Cynthia K. Lee, *Murder and the Reasonable Man:Passion and Fear in the Criminal Courtroom* [M]，New York :New York University Press, 2007:277.

态度，即认为普通人对年轻黑人和拉丁美洲人的认识是不合理的。二者的差异可能影响防卫必要认识是否合理的判断结论。由此可见，英美刑法学者对平均人的理解，尚未完全达成共识，具体分歧集中于平均人应该是事实性的还是规范性的。

上述论述毕竟只是学术界的论述，那么立法规定的立场又如何呢？目前来说，多数法典或刑法典只是界定了在某一情形下应当适用平均人标准，但并未对平均人的含义做出解释。如美国模范刑法典第2.02条（c）项关于"轻率"的规定：对于犯罪本体要件存在或者其将由行为人的行为引起，有不合理的实质危险时，行为人有意识地无视该危险，对于犯罪本体要件实施的行为具有轻率。危险的性质和程度必须达到，从行为人的行为性质、目的和行为人知道的情况予以考虑，其无视行为严重背离在行为人的处境下守法的人所应遵守的行为标准。[1] 特拉华州法典第231条（d）项关于"疏忽"的规定：对于自己的行为有引起犯罪构成要素发生的实质危险，行为人应当认识该危险但没有认识，对于该行为，行为人具有疏忽。从危险的性质和程度来看，行为人未能认识该危险严重偏离了平均人在当时情形下所应遵守的注意标准。[2] 少数法典的个别法条则对平均人的含义做出了解释，认为平均人就是普通人，如美国模范刑法典第2.09条规定：行为人受到对自己或者他人使用或者威胁使用非法暴力的胁迫，实施被指控构成犯罪的行为，如果一个具有普通坚定性的人在当时的状况下不能抵抗该胁迫时，胁迫可作为积极抗辩事由。[3] 纽约刑法典第35.25条第3款规定：当普通公民合理相信当时情形下使用武力，是抓捕犯罪嫌疑人或者逃犯所紧迫必需的合理武力，该普通公

---

[1]　美国法律协会：《美国模范刑法典及其评注》，刘仁文、王祎等译，法律出版社2005年版，第23—24页。

[2]　11 Delaware Code. §231（c）.

[3]　美国法律协会：《美国模范刑法典及其评注》，刘仁文、王祎等译，法律出版社2005年版，第39页。

民对他人使用的武力具有正当性。① 佐治亚州修订法第 13 章 1208 条 E 款规定：在本节中，"合理注意"是指注意的程度达到一个普通谨慎的人在相同或相似情形下所遵守的注意标准。② 而部分学者所主张的将平均人解释为理想人的立场在法典中则未曾出现。

进一步考察，法院判例的立场如何呢？综观英美司法实践的判例，将平均人解释为理想人仅获得少数的判例支持，这方面的典型判例是 Homles v. Director of Public Prosecution③ 案。该案中，英国上议院认为：妻子向丈夫坦承自己和其他男人有奸情不能构成法律上的充分挑衅，尽管普通人在此种情形下通常都会勃然大怒，但社会和法律期待丈夫在此种情形下能够保持克制。④ 另外，法官维斯康特·西蒙在法庭上拒绝遵循"对通奸或强奸的语言描述可以构成挑衅"⑤ 的先例，他认为："随着社会的发展，在判断被害人的行为是否足以使被告人失去自控力时，应当采用一个更高的标准。我们可以想象，在这样的社会中，情人或配偶都被指望和期待，在发现对方拈花惹草或红杏出墙后，仍然能够控制自己的情绪。毫无疑问，这种克制要求对行为人来说是反常的，但也是确实存在的。"⑥ 上述两则案例中的平均人均被解释为理想人，即行为人在当时情形下只有产生社会所期待的心理状态才是合理的心理状态，而不去考虑普通人或大多数人会产生何种

---

① New York Penal Law（Mckinney's Consolidated Laws of New York Annotated Currentness），§ 35.30.

② Arizona Revised Statutes, § 13-1208.E.

③ Homles v. Director of Public Prosecution, (1946) A. C. 588, (H.L.).

④ Donovan & Wildman,"Is the Reasonable Man Obsolete? A Critical Perspection on Self-Defense and Provocation" [J]，*Loy.L.Rev* .，1981，14：435.

⑤ Maher v. People,10 Mich.212（1862），该案中，被告人得知其妻子与人通奸，谋杀罪被推翻。因为听到这种事情就如同亲眼看见一样。State v. Flory,40 Wyo. 184,276 P.458 (1929)，该案中，被告人的妻子向其诉说她的父亲强奸了她，二级谋杀罪的指控被推翻。

⑥ Stephanie M. Wildman,"Ending Male Privilege：Beyond the Reasonable Woman " [J]，*Mich.L.Rev*., 2000, 98:1797.

心理状态。[①]与此相对应的是，英美的绝大多数判例将平均人视为普通人，[②]例如，"这项原则涉及的是，某人在行为时，其心理状态因受激情刺激和蒙蔽而发生混乱，以至于一个秉性中庸的普通人此时也会因该激情而不加判断地贸然行动"[③]"足以使一个普通人失控或丧失理智"[④]"在遇到挑衅时能够保持冷静"[⑤]"具有中等智商的人"[⑥]。

综上所述，尽管立法规定、法官和学者们对平均人标准的认识未达成一致，但学者们的主流意见以及立法规定和英美判例的多数立场表明，平均人标准就是普通人标准，而非理想人标准。

（二）平均人标准的特征

平均人标准是由陪审团结合案件事实拟制的、客观的、外在的标准，虽然具有客观性，平均人标准并没有绝对化，以一个不变的标准适用于所有的案件。具体来说，平均人标准具有以下几方面的特征：

1. 陪审团拟制的标准 [⑦]

平均人不是现实世界中的某一个人，而是陪审团根据审判的需要而拟制

---

① 需要说明的是，由于心理状态难以把握，法庭通常通过行为人的行为来把握行为人的心理状态，故实践当中通常将行为人的行为和平均人的行为相比较，来判断行为人行为时的心理状态是否合理。

② Homles v. Director of Public Prosecution, (1946) A. C. 588, (H.L.), p. 601.

③ Maher v. People, 10 Mich.212, 220 (1862).

④ State v. Guebara, 696 P.2d 381, 385 (Kan.1985).

⑤ Regina v. McCarty, [1954] 2 ALL E.R.262, 265.

⑥ Rex v. Lesbini, [1914] 11 Crim, App.7.

⑦ 虽然平均人是由陪审团拟制，但法官可以对陪审团做出具体的指示，例如告诉陪审团，一个人没有权利将"他的特殊的容易激动的性质（无论是由于个人的怪癖还是由于文化环境或种族因素）或好斗或暴躁脾气或酗酒"作为产生愤怒的根据。法官可以指示陪审团关注被告人的任何相关的特殊个性特征，建议他们给予考虑，而这种考虑可能影响陪审团形成他们的意见，但法官必须清楚地说明，是否将这些特殊个性特征作为考虑的因素，或者在多大程度上作为考虑的因素，这完全是一个由陪审团而不是由其他任何人来决定的问题。

出来的一个人，是"司法概念的拟人化"。①

司法实践中，平均人标准通常由陪审团来拟制，陪审团在英美刑法的正义体系中发挥着十分重要的作用，诚如诺曼·芬克尔教授所言，陪审团体现了常识性的正义。② 审判过程中，陪审团可以有效地抑制检察官对被害人过分关心的做法和法官愤世嫉俗的判断。③ 另外，陪审团都是由普通公民组成，他们能直接反映社会中大多数人的观点，实现拟制的"平均人"的具体化，从而也使平均人标准的判断客观现实化。④ 与单个的法官相比，尽管单个的陪审团成员可能对相关知识了解不多，甚至作为单个的个人他们都不是一个优秀的裁判者。但是陪审团有十二名成员，对陪审团的判断能力应当从整体上考察，要考虑到陪审团作为一个多数人集合起来的团队力量。当他们组成一个团队以后，团队的力量要大大强于其各个成员力量之总和。审判过程中，陪审团的十二名成员可以通过十二种方式解释和认定证据，与单个的法官相比，能够更广泛地考虑到与平均人标准相关的因素，能够拟制出最适合具体案件需要的平均人标准。⑤ 与制定法或普通法的抽象的、一般的规定

---

① Davis Contract Ltd v. Fareham UDC（1956）AC 686,728.Per Lord Radcliffe.

② Norman J. Finkel，"*Commonsense Justice: Jurors' Notions of the Law*"[M]，Cambridge，Mass：Harvard University Press, 1995:8-9.

③ Paul, Butler,"Racially Based Jury Nullification: Black Power in the Criminal Justice System"[J]，*Yale L.J.*, 1995, 105:677.

④ 王雨田：《英国刑法犯意研究——比较法视野下的分析与思考》，中国人民公安大学出版社 2006 年版，第 172 页。

⑤ 一如适用法律是法官的天职，认定事实是陪审团的天职。既然陪审团的天职就是认定事实，那么，从逻辑上讲，陪审团在认定事实方面必然具有职业法官所不具有的优势。否则，陪审团的存在便仅有政治意义，而没有任何程序设计上的技术性价值了。因为，审判权的分立并非只有陪审制一条途径。美国法学者托马斯·库利对陪审制的产生是这样解释的："法律之所以设置陪审团，原因在于认为，从陪审团的组成成员、遴选方式以及他们是来自社会各个阶层这个客观事实来看，陪审团比单个的法官更能准确判断行为的动机，权衡证据的盖然性，而无论单个的法官是如何地英明、睿智。"与适用法律需要更多的职业化训练不同，认定事实更多地依赖于认定者的社会阅历和生活常识。在这一方面，陪审员和法官并无二致。不仅如此，陪审团在认定事实上还具有法官所不具备有

相比，陪审团拟制平均人标准的方式能够更好地实现刑事正义体系所追寻的个案正义。因为按照刑法目的的要求，司法过程的主要目标是将具有可责性的被告人和没有可责性的被告人区别开，分别对待。[①] 这决定了在适用平均人标准的过程中，应当关注被告人的自身情况。实际上，世界上根本没有完全相同的两个人，抽象、一般的立法规定消弭了行为人之间的差异，让不同的人适用相同的标准，从而可能对被告人造成某些非正义；另外，立法机关在制定法律时，总会出现一些应该由刑法调整的行为因为某种原因而没纳入刑法调整范围，这显然不利于刑法目的的实现。正如一些法院针对挑衅辩护所作的解释那样，没有任何一个法庭可以"归纳出所有可视为'充分的挑衅'的所有事实以及事实和行为人心理事实受影响的联系"；[②]"什么构成充分的挑衅，并非确定不变的……必须随着个人性格特征和挑衅程度的不同而有不同的变化"。[③] 而陪审团在判断行为人的心理状态是否合理时，能够克服立法规定的僵硬性，充分关注被告人的个人情况，在拟制平均人标准时，充分考虑在当时的情形下能否期待被告人避免实施该行为或者避免产生认识错误等等，即这样的期待对被告人是否公正，从而更好地实现刑事个案正义。[④]

2. 客观的标准

英美刑法中的客观具有多种含义，这里的客观平均人标准是个"一般普

的优势，这就是陪审团具有多数人组合起来的"集体"力量。从横向上看，陪审团能够更广泛地代表社会通行的价值观念，从而能够准确地、平稳地反映案件事实的原来面目。从纵向上看，陪审团能够形成一种认定事实的合力，而这种合力不仅超过单个的陪审员，而且还超出单个的法官。这就是所谓的"部分之和"的效应。这与我国古谚"三个臭皮匠，顶一个诸葛亮"具有相同的道理，也符合几何学上的合力原理。参见汤维建：《英美陪审团制度的价值论争——兼议我国人民陪审员制度的改造》，《人大法律评论》2000 年第 2 期。

① 刘士心：《美国刑法中的犯罪论原理》，人民出版社 2010 年版，第 227 页。

② Maher v. People, 10 Mich.212, 222-223 (1862).

③ Commonwealth v. Pierce, 138 Mass.165 (1884).

④ Cynthia K. Lee, Murder and the Reasonable Man:Passion and Fear in the Criminal Courtroom [M], New York :New York University Press, 2007:247.

遍适用的标准",① 标准于所有的人都一样，不同的被告人在相同或相似的案件中应当适用相同的平均人标准。综观英美刑法判例，早期的平均人标准严格遵守标准的客观性，即平均人标准是法律在消弭了不同的行为人在容貌、脾气、智力、教育等方面的差别而拟制出的具备社会一般成员所拥有的主要个性特征的参照对象，因此，行为人与社会一般成员在一些具体个性特征方面的差异通常不会被考虑进去，例如，行为人是个性无能者，由于社会一般成员都不是性无能者，因而行为人的性无能特征不能纳入到平均人。也就是说，即使行为人因自身能力的原因而超过了平均人的守法能力，平均人标准也不会因此而被提高，同样，假如行为人因个性特征存在缺陷而使自己无力达到平均人的要求，比如身材矮小、反应迟钝或是特别容易激动、不能控制自己的脾气等等，这个标准也不会因行为人的特殊情况而给予特殊对待，即使达到该标准很困难，行为人也要和社会中的其他人一样，必须达到平均人标准的要求，否则就要承担相应的刑事责任。它的兴盛有赖于这样的实证论：法律不是别的，立法机关的命令而已，或者用我们的术语说，法律是行为的指南，所有的人无论能力高低都必须遵守。因此，平均人标准被一些学者诟病是"社会的"标准，而不是个人的标准，如果依照这样的客观标准来认定责任，那么隐含的意思就是，该责任是社会的，而不是个人的。接下来的结论只能是个人可能会因为他们事实上达不到的标准而被确定需要承担责任。原因正如霍姆斯所说"为某些更大范围的利益而损害个人的公正就是正当的"，② 这样诠释刑法只能得出结论说，刑罚的唯一合理根据是社会保护，而不是按照个人的罪责来分配刑罚。毫无疑问，上述平均人标准的适用导致道德思考整体滑坡，严重削弱了刑法保护人权的功能。

为了维护人的尊严，任何文明社会的法律都应抵制把人作为工具的做

---

① 小奥利弗·温德尔·霍姆斯：《普通法》，冉昊、姚中秋译，中国政法大学出版社 2006 年版，第 45 页。

② Oliver Wendell Holmes, *The common law* [M] , New York：Dover Publications, Inc., 1991:48.

法，诚如康德所言，"应当以这种行为来对待人类，无论他们是你的亲朋好友还是没有任何关系的人，在任何情形下都应把他们作为目的，而不仅仅是手段来对待"，① 否则，刑法将会制造很多不公正的决定。即使是霍姆斯，也对自己宽泛的主张作出了某种限制，承认平均人标准在适用中应允许有例外，"如果一个人有着明显缺陷，以至于所有人都能认识到，该缺陷将使得行为人事先做出某些防范是不可能的，那么，他将不会为没有采取这些防范措施而承担责任"，②"换句话说，尽管法律的标准是客观标准，但是，它可以考虑很多道德方面的因素"。③ 面对上述批评声，法官和陪审团在拟制平均人时开始考虑行为人的特殊个人情况，但并不是行为人的所有个人情况，以被告人被考虑的个人情况为依据，将平均人限定为社会某一特定领域的平均人，以满足刑罚惩罚具有道德上正当性和保护被告人人权的要求。即使通过考虑被告人的特殊个人情况对平均人的范围作出限缩，平均人标准仍具有一般性，其与限缩前的平均人标准的差别主要在于标准一般化程度的不同，其只是在相对较小的范围内具有一般适用性，仅适用于社会中某一特定领域的所有人。以疏忽的判断为例，在判断实施脑外科手术的医生是否有能力预见实质不合理的危险时，平均人标准必须限定在医生这一特定领域内，一旦平均人标准确立下来，不论是具有本科学历的医生还是具有硕士学历的医生都应当适用这一平均人标准。因此，平均人标准仍具有一般性。

3. 外在的标准

平均人标准作为外在的标准与根源于行为人心中的标准相对应。平均人标准的外在性意在强调，"合理"是对行为人心理状态的外部评价，与行为人的自我评价无关，即被告人自己的真诚相信不构成一种有效的辩护，尽管

① 转引自〔美〕乔治·弗莱彻：《刑法的基本概念》，蔡爱惠等译，中国政法大学出版社2004年版，第52页。
② Oliver Wendell Holmes, *The common law*[M], New York: Dover Publications, Inc., 1991:109.
③ Oliver Wendell Holmes, *The common law*[M], New York：Dover Publications, Inc., 1991:110.

被告人认为自己是谨慎从事的,但他仍然可能是有罪的。[1] 换言之,平均人标准的适用不以行为人对其所想所信的自我判断是否合理为前提,从而否定了行为人自己为自己设定罪责门槛、自己成为审判自己的法官的可能。[2] 诚如大法官卡多佐所言:"法官在作出决定时所看到的是具体的案件,并且参照了一些绝对实在的问题,他应当遵循我们的现代组织的精神,并且,为了摆脱危险的恣意行为,他应当尽可能地使自己从每一种个体性的或其他产生于他所面临的特殊情况的影响中解脱出来,并将他的司法决定基于具有一种客观性质的某些因素之上。……它是自由的,是因为在这里它摆脱了实在权威的活动;同时,它是科学的,因为它能在独有科学才能揭示的那些客观因素之中发现自己的坚实基础。"[3] 这意味着法官裁判的标准必须是客观的、具体的。法官在审理案件时必须依据客观的外在事实作出公正裁判。

外在性避免了"实际有罪责"和"自感有罪责"可能产生的混淆:一种行为,即使被告人有负罪感或者明知自己的行为是违法的,对于责任而言,既不是必要的,也不是充分的。我们不能主张"感觉到挑衅"或者"感觉到危险"就等同于挑衅辩护或胁迫辩护,因而,被告人只说他自己认为受到了挑衅或者受到了威胁,这不足以使他的责任由谋杀减轻为非谋杀。主观上感觉到挑衅或者感觉到受威胁,只是出罪主张的必要条件,但绝非充分条件。关于行

---

① 在 Commonwealth v. Pierce 一案中,被告人皮尔斯公开行医,在用煤油浸泡过的软布擦洗了患者的皮肤后引起患者死亡。大法官霍姆斯认为这里的标准是"外在的",他写道,问题是这里的治疗是否"在一个谨慎的人看来是轻率的"。显而易见,霍姆斯所关心的只是被告人对这次治疗的看法是否构成一种有效的辩护。说这个标准是"外在的",其要点就在于强调,真诚的相信不构成一种有效的辩护。转引自 [美] 乔治·弗莱彻:《反思刑法》邓子滨译,华夏出版社 2008 年版,第 372 页。

② 实际上,在日常生活中,我们在为自己辩解时往往会说:你告诉我,我应该怎么办? 或者说,换了你,你怎么办? 这其实就是认为判断标准不能取决于行为人。这种日常思维方式在刑事司法中发挥着潜在的作用,陪审团在判断行为人的行为或主观心理事实是否合理时,一般是考虑其他人在这种情形下会不会实施该行为或产生相同的主观心理事实,即应当采用外在的标准。

③ [美] 本杰明·卡多佐:《司法过程的性质》,苏力译,法律出版社 1998 年版,第 75 页。

为人真诚相信的心理状态，只是一种事实方面的主张。罪过、过错和罪责是规范判断，都是以对行为人的行为和心理状态评价为基础的，[①] 即仅有被告人的所想所信，并不能引出违反法律的罪责。如果行为超出了被告人的控制，如果被告人的意志被压制了，那么即使被告人主观上相信自己违法了，也不足以公正地责难被告人。因此，责任的判断除了需要考虑被告人的所想所信，还需要对被告人的所想所信进行规范评价。这里的规范评价总是反复触动同样的问题：指望行为人在当时的情形下避免违法，这样的期待是否公正？行为人是否有公平的机会预见风险、避免认识错误、抗拒外部压力或对抗心理疾病的影响？这是一些使责任评价公正合理的关键提问。[②] 表达这种对于行为可责难性的最佳评价方式，就是把这里的标准说成是外在的标准，即由行为人之外的人对行为人在当时情形下所想所信的合理性进行评价。

4. 并非绝对不变的标准

早期英美刑法普遍认为，平均人标准应当是一种严格客观的尺度，如果考虑被告人个人情况的因素，将会违背平等对待的法律原则："社会要求的行为标准必须是外部的和客观的……而且它必须尽可能对所有人都保持一致，因为法律不能有所偏爱。"[③] 换言之，平均人完全没有顾及行为人的个人情况，即被告人在一些个人情况上与平均人的差异在拟制平均人标准时并未被考虑进去。一般来说，平均人没有明显的生理缺陷。针对有生理缺陷的人，法律没有对其施以特别的照顾而降低行为标准，即其与没有生理缺陷的人一样，适用完全相同的判断标准。从心理上看，平均人是个中等性情的人，平均人标准不会照顾有特殊心理特征或特殊性格的人，不管是性急、腼腆、愚蠢、健忘、反应迟钝，还是长期马虎大意的人，均适用同样的标准。

---

① [美] 乔治·弗莱彻：《反思刑法》，邓子滨译，华夏出版社 2008 年版，第 373 页。

② [美] 乔治·弗莱彻：《反思刑法》，邓子滨译，华夏出版社 2008 年版，第 373—374 页。

③ 参见 W. L. Prosser, W. P. Keeton, *The law of Torts*[M], St. paul. Minn: West Publishing Co., 1971:173—174。

实际上，世界上没有完全相同的两个人，每个人的个体特征是不同的，在同样的情形下，不同的行为人会产生不同的心理状态。以胁迫的判断为例，面对同样的威胁每个人做出的反应是不一样的，同样以砍掉一个手指相威胁，对一个钢琴家造成的心理压力可能远远大于对一名足球运动员造成的心理压力。因而如果法律忽略了归责问题，令精神错乱的人将像精神正常的人一样受刑，胁迫之下的行为人会像意志自由的人一样受罚，那么刑法无疑将制造很多不公正的决定。因此，我们应当"依据行为人的罪责和其行为惩罚道德上有罪责的行为人。"①换言之，英美刑法的平均人标准，绝不应是绝对不变的标准，它应在不同的案件中以不同的面目出现，诚如 Lord Goddard C.J. 所言："没有哪个法院能够给平均人标准做出一个明确的界定，它应该由具有良好判断力的陪审团根据个案情况来具体界定……"②

因此，随着时代发展，早期平均人标准的严格客观性也逐渐放宽，其最明显的体现在于，法官在指示陪审团时开始强调"在相同或相似情形下"。尽管最初这样的指示往往针对的是行为时的具体环境，但是后来行为人的特殊个人情况也被包含在内。③换言之，在司法审判实践中，法律并没有把平均人标准绝对化，以一个不变的平均人标准适用于所有的案件，相反，法官和陪审团在拟制平均人时一般会考虑被告人的一些特殊个人情况，具体操作上，以普通人的范围为基础，根据被告人的具体个性特征对普通人的范围进行适当的调整。尽管被告人的特殊个人情况逐渐成为构建平均人标准时必须考虑的内容，但是除了依靠陪审团和法官的个案判断，长期以来并没有形成一个完备的理论能够指导陪审团，究竟应当考虑被告人的哪些个人情况。目

---

① Richard Singer,"Resurgence of Mens Rea:II-Honest but Unreasonable Mistake of Fact in Self-defense" [J] , New York Law Journal, 1986, 2:1.

② R. v. McCarthy (1954) , 38 Cr. App. B. at p. 81.

③ Mayo Moran, *Rethinking the Reasonable PersonAn: Egalitarian Reconstruction of the Objective Standard* [M] , Oxford ：Oxford University Press, 2003:21.

前大多数判例的立场是，首先将被告人的所有特征划分为身体特征和心理特征，其中被告人的特殊身体特征（如双目失明、耳聋、年龄等）可以考虑在内，但是特殊的心理特征（如性格、受教育程度等）不能考虑在内。当然，这一立场也受到了不少批评。[1] 但总的来说，把平均人单纯看成是完全与被告人无关的人或者是泛泛的普通人是不全面的。

综上所述，我们可以得出结论：平均人标准是由陪审团根据个案事实具体拟制的、客观的、外在的标准，不是完全以被告人个人情况为依据来判断被告人行为时的主观心理状态是否合理，而是从平均人的视角出发来判断被告人行为时的主观心理状态是否合理，如果被告人的主观心理状态和平均人保持一致，被告人的主观心理状态就是合理的；反之，被告人的主观心理状态就是不合理的。

第二节　平均人标准的依据和功能

一、平均人标准的依据

（一）哲学基础——矫正正义

矫正正义这一概念来源于亚里士多德。在亚氏的正义观中，正义被划分为分配正义和矫正正义。一般认为，矫正正义是对分配正义的补充，只有在分配正义被破坏时，矫正正义才开始发挥作用，它以分配正义为前提，反过来又对分配正义的实现保驾护航。[2] 分配正义表现在城邦对荣誉、财富和其

---

[1]　刘士心：《美国刑法中的犯罪论原理》，人民出版社 2010 年版，第 81 页。

[2]　参见 Stephen Perry,"On the Relationship between Corrective and Distributive Justice", *Essays in Jurisprudence*, in J. Horder, (ed.), *Fourth Series*, Oxford：Clarendon Press（2000）。

他有价值的东西的分配之中。它是按照几何的比例，根据城邦成员社会地位的高低，将权利、权力、义务和责任分配给他们。在分配正义中，一个人的社会地位越高，他分配的共同财产越多。这种正义所依据的不是算术上的平等，而是人们分配所得之间比例上的平等。分配正义包含地位平等的人享有平等的利益，不平等的人享有不平等的利益。同时，亚氏指出，在决定分配人们应得份额方面，没有一条正确的原则可以遵循。每个社会采用的分配原则是与其政治体制相一致的。民主政体实行每个公民平均分享社会财富的原则，贵族政体倾向于根据德才或者功绩，分配社会财富。矫正正义强调的是均等，遵循的是同等对待，在这里好人与坏人没有性质上的差别，不论好人加害于坏人，还是坏人加害于好人，没有区别。不论是好人犯了通奸罪，还是坏人犯了通奸罪，也无区别。法律关注的只是造成损害的大小，到底谁做了不公正的事情，谁受了不公正的待遇，谁害了人，谁受了害。[1] 由于这类不公正是不均等的，这就需要正义来矫正，通过惩罚使其均等，或者剥夺其所得，也就是剥夺行为人所得来补偿承受人的所失。矫正的正义就是所得与所失的中间，正如对一条分割不均的线段，他从较长的线段取出超过一半的那部分，增加到较短的线段上去，于是整条线就分割均匀了，矫正正义遵循"算术比例"。后世学者的描述是，在财产和人身损害发生前，A=B，损害发生后，损害变成 A+C 和 B-C，裁判者就要从 A 取 C 给 B，这样使双方处于得失之间算术适中的位置，这就是 A+C-C=B-C+C。[2] 因此，如果说分配正义计划分享着的价值，那么矫正正义则根本不考虑当事人的价值，无论高贵和卑微都无关紧要，法律只注重损害的大小，而对当事人一视同仁。[3] 由此可见，法律面前人人平等是矫正正义的主要内容，任何人的违法犯罪行为必须受到同等的纠正。另外，为了防止易变的情感对事实的扭曲，法律拒绝考

---

[1]　[美] 波斯纳：《法理学问题》，苏力译，中国政法大学出版社 2002 年版，第 392 页。

[2]　徐爱国：《分配正义与矫正正义》，《法制日报》2007 年 12 月 9 日。

[3]　曹刚：《法律的道德批判》，江西人民出版社 2001 年版，第 54 页。

虑被告人的个人情况。

从前文可知,英美刑法普遍认为,早期的平均人标准是一种严格客观的尺度,严格坚持同等对待,杜绝考虑被告人的任何非正常个人情况,这正是矫正正义在平均人标准中的体现。

(二)刑罚目的根据——社会保护

社会保护作为刑罚的合理性基础起源于贝卡利亚和边沁创立的功利主义学说:刑事制裁的正当性在于它们所产生的利益,即改善社会福利或幸福所必需的。在把特定的被告作为罪犯加以谴责并剥夺其自由中所产生的预期利益,应当超过被判处监禁的罪犯和他或她的家庭所承担的成本。① 换言之,一切法律的目的是为了促进社会整体福利的最大化,法律应该被用来尽可能地排除一切痛苦和不愉快的事情。对一个功利主义者来说,犯罪和刑罚都是令人不愉快的,因此,通常也是不受欢迎的。在一个完美的社会中,两者都不应该存在。但是我们不是生活在一个完美社会里——总有一些人因为各种各样的原因而倾向于实施犯罪——功利主义者认为,只要刑罚所带来的痛苦可以减少可能发生的犯罪所带来的痛苦,那么它就是正当的。② 亦即惩罚某一罪犯是否具有正当性取决于该惩罚是否有利于社会总体幸福的最大化。在刑罚的功能上,功利主义者普遍强调一般预防,即对行为人施以刑罚惩罚时并不去考虑道德上的正当性,而是为了说服社会的一般成员将来远离该犯罪行为。在这个体系中,对行为人的刑罚被视为对社会其他成员的一节生动课程;行为人被用做达到我们追求目的——减少犯罪的一个手段。对行为人的刑罚告诉社会一般成员什么行为是被禁止的;也向潜在的犯罪人灌输了对刑

---

① [美]乔治·弗莱彻:《刑法的基本概念》,蔡爱惠等译,中国政法大学出版社 2004 年版,第 37 页。

② Joshua Dressler, *Understanding Criminal Law* [M] , 2nd ed, New York: Matthew Bender & Company, Inc., 1995:14.

罚的敬畏。由此可知，功利主义者注重向前看，他们仅仅在有助于预测未来的意义上才着眼过去，除非他们相信刑罚能够获得总体的社会效益，否则，不论行为人的行为有多么恶劣，他们也不提倡使用刑罚。诚如有学者所言："功利主义者们砥砺了我们对刑罚之于社会损益的敏感，但这种对目的的强调已经分散了我们的注意力，使我们不再关注对被指控者的正义问题。制裁是否有利于社会，这个问题已经淹没了那个更基本的追问：给予被指控者的刑罚是否具有道德上的正当性。"①

司法实践中，法官和陪审团在拟制平均人时消弭了行为人之间的差别，没有"考虑行为人之间大不相同的脾气、智力、教育程度等方方面面的内在特征"，②平均人标准被拟制成为一个与行为人无关的标准，即标准于所有的人都一样，不同的被告人之间不管在守法能力方面具有多大的差异，在同样或类似的案件中均应适用相同的平均人标准。因而，适用平均人标准时，只要行为人当时产生的主观心理事实没有与平均人在同样情形下产生的主观心理事实保持一致，行为人行为时的主观心理事实就是不合理的，至于行为人是否有能力和平均人保持一致则在所不论。例如，许多判例都认为，被告人以挑衅刺激作为辩护理由时，中暑③或者头部受伤④都是不重要的，法院的理由可能是无论被告人是否中暑或者头部受伤，在当时的挑衅下，他都应当能够控制自己。实际上，中暑或者头部受伤严重削弱了被告人控制那种特定的对杀人起决定作用的冲动的能力。法院之所以不去考虑中暑或者头部受伤对被告人自控力的影响，原因正如霍姆斯所说，法律"无疑是将个人作为实现某一目的的手段了，也就是拿他作为工具，以他作为代价，来增加社会整

---

① ［美］乔治·弗莱彻：《反思刑法》，邓子滨译，华夏出版社 2008 年版，前言第 1 页。

② Oliver Wendell Holmes, *The common law*[M]，New York：Dover Publications, Inc., 1991:108.

③ People v. Golsh,63 Cal. App. 609,219 P.456（1923）.

④ State v. Nevares,36 N. M.41,7 P.2d933（1932）.

体的福利"。① 这样诠释刑法只能得出结论说，刑罚的唯一合理根据是社会保护，而不是按照个人的罪责来分配刑罚。因此可以说，平均人标准深受刑罚功利主义的影响。

（三）认识根据——符合人类的认识实践

从存在论的立场出发，行为人行为时的主观心理状态，是一种客观存在，不以他人的意志为转移。基于价值论的立场，原本客观存在的主观心理状态是否具有合理性，会因判断标准的不同而得出不同的结论。如果判断标准是行为人标准时，即由行为人本人去判断自己在行为时产生的主观心理状态是否具有合理性，首先会导致刑事责任判断趋向于极端个别化，一人一个标准，这显然违背了法律的统一性要求，还会出现能力越高的人承担刑事责任风险越大的局面；其次，由于行为人产生什么样的心理状态是由行为人行为时的具体情境和行为人的自身情况共同决定的，行为人在行为时如果确实产生了某种主观心理状态，若又以其本人个人情况为判断标准，必然得出行为人的心理状态是合理的结论，即如果知道了行为人的一切，我们将不得不宽免或减轻对行为人的处罚，最终致使刑事责任判断成为不可能；再次，标准是科学、技术和实践经验的总结，是衡量人或事物的准则或依据。换言之，标准是用以衡量判断对象的尺度，因此这一尺度必须是已知的且独立于判断对象之外的尺度。我们以一定的标准去评价判断对象，就是以已知的尺度去衡量判断对象中未知的性质。但是，行为人到底是一个什么样的人，根据现代科学技术我们无法完全认识行为人，正如有学者所言：准确地判断一个人的能力和缺陷比确定一个人有多少法律知识还困难；② 如果行为人无法完全被认识，那么标准自身就是不清楚

---

① Oliver Wendell Holmes, *The common law* [M]，New York: Dover Publications, Inc., 1991: 46-47.

② Oliver Wendell Holmes, *The common law* [M]，New York:Dover Publications, Inc., 1991:108.

的，根本谈不上以行为人标准为依据去衡量判断对象的性质了。倘若以行为人作为判断标准，其逻辑就是以一个未知事物来衡量这一事物本身，违背了人类的认识规律和认识实践，根本不可能得出合理的结论。因此，行为人标准断不可取。

与行为人标准相对应的判断标准是平均人标准，即由平均人来评价行为人在当时情形下实施的行为和产生的主观心理事实是否合理。平均人是法官和陪审团根据案件的具体情况结合社会一般观念拟制的人，是个独立于行为人之外的人，此人善良、正直、公正，怀有普遍的社会公平观念，是正义的化身，在拟制平均人时陪审团会赋予其相应的个性特征，如年龄、种族、性别、健康状况、受教育程度等等，平均人在当时的情形下会如何行为、会产生什么样的主观心理状态都是可以确定的，因而平均人标准是具体的、外在的、已知的标准，是可以用来与行为人已实施的行为和产生的主观心理事实进行比较判断的。换言之，适用平均人标准判断行为人在当时情形下产生的主观心理事实是否合理，从逻辑上讲是以一个已知尺度判断一个未知事物，符合人类的认识规律和认识实践，因而可以得出科学的结论。

（四）责任认定根据——道德归责理论

一旦发生了犯罪行为，接下来的问题就是：是谁实施的？行为人应不应该负责任？这种探求要求我们把犯罪归责于一个特定的人身上。归责包含的意思是，把犯罪带回原处交给犯罪人，并且使这名犯罪人对这个犯罪负责。归责表示了一种积极的社会的和法律的过程。把违法行为归责于一名嫌疑人，就意味着他对于犯罪行为的实施是"应受谴责的"或是"有罪责的"。当他因为实施了犯罪行为而受到应有的惩罚时，他就是"有责任的"。刑事正义的基本主张就是：没有把违法行为的实施归责于特定的行为人，就不可能有刑事责任。这个主张不仅是符合逻辑的，也是道德的。作为一件符合逻辑的事情，法律只有在把违法行为放在一个有嫌疑的犯罪人身上之后，才能考虑进行刑事审判并认定某人负有责任。这个主张也是道德的，因为除非起诉能够证明违法行为已经发生，并且证明违法行为是可归责于犯罪嫌疑人的，否则，指控某人犯这个罪就是错误的。①

英美刑法在解决归责问题时，出现了两种完全不同的方法，分别为"心理的"归责理论和"道德的"归责理论，两种方法对"应受谴责性"的解释有着根本的不同。"心理的"归责理论探求的是，犯罪是否反映在嫌疑人的意识之中。因此，关键的问题在于，嫌疑人是否已经选择了实施犯罪，或者至少知道和预见到自己的行为会导致犯罪。换言之，如果犯罪反映在行为人的意识之中，那么他对由其行为产生的一切就是有责任的。犯罪行为在行为人心理中的反映将这个行为带回了原处，因此，行为人的心理状态就是归责的关键。"应受谴责性"也被相应地解释为：如果行为人具有某种心理状态，他就能够被认定为对其行为负有责任。即使被告人的行为超出了自己的控制，比如胁迫中被告人的"意愿被压制了"，但只要被告人主观上意识到了违法，那么被告人就应受到谴责。换言之，采用"心理的"归责理论，在行为人除了违反法律而别无选择的情况下，不公正就无可避免了，因而任何文明社会的归责制度都不应是这样的。

与之相对的是"道德的"归责理论，该理论强调把一个犯罪行为归责于犯罪嫌疑人时的公平性和正当性。归责的关键问题不在于犯罪是否反映在行为的心理中，而是即使犯罪反映在行为人的意识中了，他是否能够由于实施了违法行为而受到公平的谴责。这个方法不是描述性的而是评价性的。对违法行为的归责，不仅仅是建立在特定事实的基础上的，而且是建立在对所有事实的社会和法律评价的基础之上的，只要这些事实与行为人是否能够由于

---

① ［美］乔治·弗莱彻：《刑法的基本概念》，蔡爱惠等译，中国政法大学出版社 2004 年版，第 104—105 页。

犯罪而被恰当归责有关。①"道德的"归责理论的核心问题是，在一个文明社会中，什么是我们之间能够公平期待的，换言之，我们能否期待行为人在当时的情形下避免产生某种特定的主观心理事实，这就需要结合行为人的性格特征进行判断。行为人的性格特征具有两种类型，一种是我们期待行为人能够控制的，另一张是我们不能期待行为人控制的。因此，行为人的个别性格特征而不是所有的性格特征可以作为道德归责的依据，这也是平均人标准由早期的严格客观标准转变为考虑行为人个别性格特征的平均人标准的根据。

二、平均人标准的功能

平均人标准在英美刑法中适用的范围很广泛，既适用于犯罪的基本事实要素是否成立的判断，如轻率、疏忽的判断，也适用于辩护理由是否成立的判断，如正当防卫、紧急避险、错误、胁迫等的判断。关于平均人标准在适用过程的功能，判例之间和学者之间并没有达成一致，大致形成以下三种观点：

第一，平均人标准既用于判断行为是否合理，又用于判断主观心理事实是否合理。

该观点主张犯罪的成立既需要违法条件又需要责任条件，其中违法由行为造成的法益侵害或危险来决定，责任则由对行为人的主观心理事实的价值判断来决定，只有同时满足违法和责任两个条件，才能成立犯罪。与该观点相对应，皮特·威斯汀教授认为适用平均人标准时，应注意区分"合理的心理状态"与"合理的行为"二者之间的区别，其中，"合理的行为"决定行

---

① ［美］乔治·弗莱彻：《刑法的基本概念》，蔡爱惠等译，中国政法大学出版社 2004 年版，第 106 页。

为人的行为是否违法，"合理的心理状态"决定行为人是否应对违法行为承担责任，即平均人标准在判断行为是否合理时是违法判断工具，在判断心理状态是否合理时是责任判断工具。① 辛西娅·李教授也持相同的立场。②

美国《模范刑法典》和各州的制定法对于辩护事由的规定，通常将其区分为正当化事由和可宽恕事由，所谓正当化事由，是指虽然从形式上看某行为是违法的，但具体到特定情形之下，该行为从整体上来说是对社会有利的行为，因而行为人不仅不应当承担刑事责任，反而应当受到法律的鼓励。③ 所谓可宽恕事由，是指行为人虽然实施了违法行为，但从道德上看其行为并不值得受到谴责，因此免除其刑事责任。可宽恕事由在本质上是"即便行为人实施了危害社会的行为，但他仍不应因此而受到指责或惩罚"。④ 换言之，正当化事由关注行为的违法性，可宽恕事由关注行为人的可责性。立法将辩护事由划分为正当化事由和可宽恕事由，为平均人标准将判断对象区分为"合理的心理状态"与"合理的行为"、适用于不同判断对象并且发挥着不同的功能提供了立法支持，详言之，平均人标准在判断客观行为是否合理时，平均人标准是违法判断工具；在判断被告人行为时的心理状态是否合理时，平均人标准是责任判断工具。

司法实践中，将平均人标准的判断对象区分为"合理的心理状态"与"合理的行为"的做法也得到了一些判例的支持。⑤ 例如，美国路易斯安那

---

① Peter Westen,"Individualizing the Reasonable Person in Criminal Law"［J］. *Criminal Law and Philos*, 2008, 2:140-141.

② Cynthia K. Lee, *Murder and the Reasonable Man:Passion and Fear in the Criminal Courtroom* ［M］. New York :New York University Press, 2007:263.

③ Peter D. W. Heberling,"Justification: The Impact of the Model Penal Code on Statutory Reform" ［J］.*Columbia Law Review*, 1975, 75: 914,916.

④ Joshua Dressler,"Justification and Excuses: A Brief Review of the Concepts and the Literature" ［J］, *Wayne Law Review*, 1987, 33:1155,1162-1163.

⑤ Cynthia K. Lee, *Murder and the Reasonable Man:Passion and Fear in the Criminal Courtroom* ［M］, New York :New York University Press, 2007:269.

州在认定正当防卫时，既需要判断行为人使用的防卫武力本身是否合理，也需要判断行为人的防卫必要认识是否合理。[①] 美国俄亥俄州在判断挑衅辩护时，法官会指示陪审团判断"平均人处在被告人当时的情形下是否会产生暴怒"[②] 和"挑衅是否足以导致平均人失去自控能力并且使用会产生致命后果的暴力"[③]，即分别判断暴怒的心理状态和致命性的武力是否合理。英国也有判例认为在认定挑衅辩护时"一个关键的问题是回击挑衅的行为和挑衅行为应大致相当"。[④] 爱尔兰的法院在判断挑衅辩护时，也需要判断回击挑衅的行为是否合理，审判过程中，被告人的行为会被仔细审查以决定回击挑衅的行为在方法和程度上，在当时的情形下是否合理。[⑤] 显而易见，判断行为人心理状态是否合理关乎行为人的责任；判断回击挑衅的行为是否合理，关乎行为的违法。

第二，平均人标准用于判断被告人的主观心理事实是否合理。

该观点认为刑法规范的本质是行为规范，行为人承担刑事责任的根据在于其实施的行为违反了行为规范。在判断行为人是否应当承担刑事责任时，除了考虑行为所造成的法益侵害及危险，还应考虑行为对社会一般观念的偏离，即行为是否合理。具体而言，即使某些行为客观上可能有害于社会，但社会一般人认为该行为在当时的情形下是合理的，那么行为人对该行为就不

---

① 参见 State v. Dill，461 So. 2d 1133（La. App.1984），上诉法院认为尽管被告人在当时情形下产生恐惧的心理状态是合理的，但他近距离对被害人头部开枪的行为是不合理的，因而被告人提出的防卫自身辩护不成立。

② Ohio Jury Instructions (criminal)，No. 503.02（6）(2001).

③ Ohio Jury Instructions (criminal)，No. 503.02（6）(2001).

④ Regina v. Smith [2001] 1 A.C. 146, at178.

⑤ Finbarr McAuley,"Anticipating the Past：The Defense of Provocation in Irish Law"[J]，*50 Mod. L. Rev.*，1987,50：133，154–156. 参见 People v. Davis 2000 1 I.R.（被告人使用的武力在与挑衅产生的影响大致相当的情况下是合理的）；People v. MacEoin 1978 I.R. 27（当被告人提出挑衅辩护时……，需要判断挑衅行为和被告人的武力程度是否有合理的联系）。

应承担责任。由于仅凭"行为是否合理"来决定行为人是否应当承担刑事责任，所以，行为人行为时伴随的主观心理事实也必须成为行为的组成要素，即这里的行为是一个主客观相统一的概念，它应包含行为本身以及行为人的主观心理事实，且主客观相统一的行为是否合理主要由行为人行为时的主观心理事实来决定。这意味着行为人是否承担刑事责任的关键在于行为人行为时的主观心理事实是否合理，因此，平均人标准是用于判断行为人的主观心理事实是否合理。该观点得到一些学者的赞同，如梅奥·莫兰教授认为平均人标准是一个用于判断行为人是否需要承担刑事责任的标准。[1] 施密特教授也持同样的观点，认为平均人标准用来判断行为人是否具有可责性。[2]

目前司法实践的主流立场认为平均人标准是判断行为人行为时的主观心理状态是否合理的工具。以正当防卫的判断为例，虽然美国绝大多数州的刑法要求行为人的防卫行为在强度上是合理的（或者说与不法侵害行为成比例），但是法官给予陪审团的指示通常是判断行为人行为时的恐惧心理状态是否合理，即行为人的防卫必要认识是否合理。[3] 换言之，在这些州的刑事审判中，陪审团被指示去判断被告人对"当时情形下有必要使用致命性武力反击紧迫可能致死或者严重身体伤害的威胁"的认识是否合理，而没有被指示去单独判断"被告人对被害人实施的枪击、刀捅或者殴打行为"是否合理。[4] 事实上，在大多数案件中，合理的防卫必要认识和合理的防卫武力强

[1] Mayo Moran, *Rethinking the Reasonable Person:An Egalitarian Reconstruction of the Objective Standard* [M]，Oxford：Oxford University Press，2003：18.

[2] Simester.A.P，"Can negligence be culpable?" In J. Horder（Ed.），*Oxford Essays in Jurisprudence*（*4th Series*），Oxford University Press，2000：85-106.

[3] 一项关于美国50个州在认定正当防卫时法官给予陪审团指示内容的调查显示，绝大多数司法审判区聚焦于被告人当时的恐惧心理状态是否合理（或者说防卫必要认识是否合理），而不关注防卫行为本身是否合理。参见 Cynthia K. Lee，"Race and Self-defense：Toward a Normative Conception of Reasonableness" [J]，Minn. L. Rev.，1996，81：404。

[4] "对防卫必要的合理相信"原则最先确立于英国的威廉姆斯案：被告人威廉姆斯因故意袭击被害人甲并造成其身体受伤而受到指控，审理过程中，威廉姆斯辩称当时他以为甲正

度是相互联系的，法官之所以对陪审团做出这样的指示，可能认为对防卫必要认识是否合理的判断已经包含了防卫行为是否合理的判断，诚如学者所言，所谓对"防卫必要的合理相信"是指行为人合理地相信他有必要使用暴力保护自身免受不法侵害。其认识的范围包括合理地相信自己面临不法侵害的威胁；合理地相信不法侵害是紧迫的；合理地相信具有防卫的必要性；合理地相信防卫强度与不法侵害是相当的等。① 由此可见，防卫行为是否合理的判断被包含在防卫必要认识是否合理的判断之中，因此只需要判断行为人的心理状态是否合理即可。② 在挑衅辩护的认定上，美国绝大多数州的做法也是只需适用平均人标准判断行为人当时愤怒或激情的心理状态是否合理，而无须关注被告人回击挑衅行为的强度是否合理。③

在对乙进行非法袭击，因而使用武力阻止甲的非法袭击。但实际上，当时甲是在合法地逮捕乙。初审法院认为，被告人只有基于合理地认为甲是在实施非法行为的，辩护理由才能成立。"对防卫必要的合理相信"在程度上包括两层意义：第一，行为人实际地相信；第二，行为人的相信是合理的。参见赵秉志、陈志军：《英美法系刑法中正当防卫构成条件之比较研究》，《法商研究》2003 年第 5 期。

① 刘士心：《美国刑法中的犯罪论原理》，人民出版社 2010 年版，第 141 页。

② 理论上对该看法也有相反的观点，如弗莱彻教授认为：仅仅有合理的防卫必要认识并不能成立正当防卫，客观上还需要有真实的防卫必要。参见 George P. Fletcher, "Domination in the Theory of Justification and Excuse" [J] , *U. Pi:t. L. Rev.*, 1996,57：553-569.

③ 例如：伊利诺伊州的法官指示陪审团说法律上的充分挑衅是"在当时的具体情境之下足以使平均人产生强烈激情状态的行为"，Illinois Pattern Jury Instructions（Criminal），No.7.03（4th ed.2000）；阿拉斯加州也认为法律上的充分挑衅是"平均人处于被告人行为时的情境之下也会产生强烈激情状态的行为"，Alaska Stat. § 11.41.115（f）（2）（1988）；佛罗里达州的判例认为法律上的充分挑衅是"能够使平均人在当时的情形下自然、瞬间地产生最高程度的愤怒、恼怒或怨恨"，Lacy v. State,387 So.2d 561,562（Fla.Dist.Ct.App.1980）；爱荷华州的判例认为"严重的挑衅是能够造成平均人突然产生暴力的、不可抵制的激情的行为"，Iowa Criminal Jury Instruction,No.700.16（1996）；马萨诸塞州的判例认为"挑衅是可能引起平均人产生盛怒、恐惧或兴奋的状态，以至于导致其实施有意的杀人行为"，Commonwealth v. Whitman,722 N.E.2D 1284,1291（Mass.2000）；俄克拉荷马州的判例认为充分的挑衅是指"死者指向被告人的行为能够使被告人自然地产生激情，平均人如果处在被告人的情形下，也会产生这样的激情"，Oklahoma Uniform Jury Instruction（Criminal），No4-98（2d ed.1996）；北卡罗来纳州的判例认为法律上的充分挑衅是"能够自然地驱使

尽管美国《模范刑法典》及其后续法律对辩护事由作了正当化事由和可宽恕事由的区分，但这一区分并不彻底，如《模范刑法典》第3.04条对正当防卫的规定就混淆了正当化事由和可宽恕事由之间的区分，使得假想防卫成为正当事由。① 霍姆斯大法官1921年在布朗上诉案的决定中也说道："在面对举刀的情况下不能要求被告人作出客观上完全正确的反应。"② 该决定隐含的意思就是被告人客观上的反应即使是错误的，但只要是合理的，仍然构成正当防卫，该决定显然将假想防卫等同于正当防卫了，即混淆了正当化事由和可宽恕事由之间的区分。事实上，近百年来，大多数关于英美刑法的教科书对正当事由和可宽恕事由的区分都没有进行论述。③《模范刑法典》的起草者甚至对于区分这两者的实质必要性持怀疑态度，认为区分二者给法律体系带来的复杂性会远远大于由此带来的利益。④ 有的学者认为，试图区分正当化事由和可宽恕事由是不可能的，因为在很多情况下，这两者之间的界限非常模糊。⑤ 在司法实践中的律师们更倾向于将问题区分为犯罪和辩护这两个种类，辩护的典型种类则包括所有的正当化事由和可宽恕事由，这说明正当化事由和可宽恕事由的区分在司法实践中也不受欢迎，二者的区别在司

平均人产生如此激情状态的任何行为"，Pattern Jury Instructions for Criminal Cases（North Carolina），No206.10（1997）。

① 《模范刑法典》第3.04条第一项规定：行为人相信对他人或向他人使用武力，是为防止他人在当时情形下针对自己使用非法武力所紧急必需时，对他人使用该武力具有正当性。引申该规定，即使行为人当时产生认识错误，将对方的非攻击行为误认为是对自己的非法攻击行为而实施武力的，行为人使用武力的行为仍构成正当防卫，事实上，该种情形下的行为人的行为具有违法性，只是因为认识错误有合理的根据而免罪。

② 储槐植、江溯：《美国刑法》，北京大学出版社2012年版，第78页。

③ 参见W. LaFave & A. Scott, *Handbook on Criminal Law* [M]，1972：356-413，可替换使用"正当化事由"和"可宽恕事由"；J. Smith & B. Hogan, *Criminal Law* 4th ed, 1978：155-211，在"一般辩护事由"的讨论中忽视二者的区别。

④ American Law Institute, *Model Penal Code and Commentary*, Comment to §3, at 2-4.

⑤ Kent Greenawalt,"The Perplexing Borders of Justification and Excuse" [J]，*Columbia Law Review*，1984，84：1897-1927.

法实践中也变得模糊了。① 因而，以此为根据将平均人标准的判断对象区分为行为和行为人的主观心理事实是站不住脚的。

第三，平均人标准是认定有无某种主观心理状态的标准。

司法实践中，一些法官认为平均人标准是一个认定行为人行为时是否真实拥有某种主观心理状态的标准，而不是评价行为人已有的心理状态是否合理的标准，简言之，平均人标准是认定行为人有无某种主观心理状态的标准。例如，司法实践中，一些法官对认识错误必须有合理的根据，② 从其他视角进行了解读。以摩根案③ 为例，英国上议院一方面指出原判决对强奸罪罪过要素的理解有误，认为在强奸罪中"关于受害人是否同意的认识错误，即便是不合理的，也阻却犯罪主观要素的成立而成为强奸案件的辩护理由"，另一方面又驳回了三个被告人的上诉，维持了对被告人的有罪判决。表面上看，这

---

① ［美］乔治·弗莱彻:《刑法的基本概念》，蔡爱惠等译，中国政法大学出版社 2004 年版，第 117 页。

② 通常情况下，英美刑法处理一般故意犯罪中事实错误的基本原则是:只有被告人对错误认识"诚实相信"，并且错误是基于合理的根据而产生时，才能成为辩护的理由，没有合理根据的认识错误则不能成为辩护的理由。换言之，成功的认识错误辩护要满足两个条件:第一，行为人实际地认识错误;第二，行为人的认识错误是合理的，或者说有合理根据的。

③ 该案中:三名被告人以暴力强迫的方式与被害人发生了性行为，不过，他们声称，他们是被害人的丈夫摩根的朋友，是摩根邀请他们和被害人发生性行为的。事前摩根曾告诉他们说，他的妻子是个性变态，在发生性行为过程中所作出的各种反抗都是假装的，据说是因为在被"强迫"服从的过程中她可以获得某种怪异的满足，因此，摩根叮嘱被告千万不要因为见到被害人反抗就放弃。他们真实地相信了摩根的话，接受了摩根的邀请，使用暴力与痛苦地号哭着的被害人发生了性行为，事实上，发生性行为时被害人是不同意的。后来，三个被告人被判构成了强奸罪。法庭的理由是，在强奸罪中，对受害人同意的认识错误只有建立在合理的根据之上时，才能成为辩护理由。在这个案件中，三个被告人的认识错误不是合理的错误。因为普通人在当时的情形下是不会产生相同或类似的认识错误的，相反，普通人通常会认为摩根的言行是荒谬可笑的。对此判决，英国上议院作出了惊人的结论:被欺骗的被告人们在原则上可以有一个出于真实的认识错误的辩护，即如果被告真实地相信摩根的妻子已经同意了，无论相信理由如何荒唐，那么该错误即可成立辩护理由。参见 Regina v. Morgan, (1975) 2 W. L. R. 923。

是一个自相矛盾的裁决。但是，上议院黑尔什姆勋爵的话道出了其中的缘由。黑尔什姆勋爵指出，如果被告人辩解他们相信受害人已经同意了，这个案件的事实说明这种"相信"并不合理，即普通人在当时的情形下不会产生这样的认识错误，这种不合理性可以导致陪审团不相信被告人。按照这种说法，虽然只要被告人真实地存在认识错误，就可以成为辩护理由，而不论认识错误本身是否合理，但是，不合理的认识错误又往往说明被告人对错误认识并没有"真诚的相信"，即不能说明被告人在当时的情形下真实地存在认识错误。这样，最终一种事实错误是不是能够成为辩护的理由，实际上还是根据错误本身是否合理来确定的，即平均人在同样的情形下是否也会产生类似的认识错误。根据黑尔什姆勋爵的论述，判断是否合理的标准仍然是平均人标准，只是这里的合理是为了证明被告人所主张的自己存在认识错误的真实性，因而平均人标准在该种情形下的功能是认定行为人是否真实存在认识错误的标准，而不再是评价行为人行为时真实拥有的主观心理事实是否合理的标准。[①]

相同的观点也出现在紧急避险[②]、胁迫[③]、正当防卫等辩护事由的认定中，该类观点的支持者认为"被告人的主观心理事实必须有合理的根据"只

[①]　[英] 乔森纳·赫林：《刑法（影印版）》，法律出版社 2003 年版，第 182 页。

[②]　英美刑法中，紧急避险成立的条件之一是行为人主观上必须具有避免较大损害的意图。成立避险意图并不要求客观上的确发生了紧迫的危险并且的确没有其他的方式可以避免危险的发生，只要行为人真诚而合理地相信存在紧迫的危险，并且除了采取避险行为之外没有其他方法可以避免危险发生就可以。比如，甲杀乙时真诚地认为这是为保全丙和丁的生命所必需，但实际上并不存在这种情况，对于这种假想避险，只要被告人的避险认识错误有合理根据，美国多数州的法律不排除适用紧急避险辩护而判决被告人无罪的可能性。参见储槐植、江溯：《美国刑法》，北京大学出版社 2012 年版，第 76 页。

[③]　准确把握胁迫的关键是分析胁迫者的威胁行为及其对被胁迫者的心理影响。一般认为对被胁迫者的心理影响，只有达到使被告人认为除了实施被胁迫行为别无选择时，即是"迫不得已"的，才能成立胁迫辩护；如果不是迫不得已，而认为有其他更好的选择，如能得到警察的有效救助，则不能成立胁迫辩护。认为"迫不得已"的成立应当具备两个要求：一是被告人必须真实地相信"如果他不这样做，威胁人就会杀死他或致他重伤"；二是被告人的相信应具有合理的根据，即具有普通忍受力的平均人在当时的情况下也会如此行为。

是为了证明被告人是否真实地产生了某种主观心理事实。由于人的内心活动难以捉摸，人类的法无法判断人的内心意图，只有上帝的法才能判断人的内心活动。① 换言之，直接认识人的主观心理事实是不可能的。因此，陪审团只能通过与平均人相比较进行判断——即通过判断平均人在当时的情形下是否会真实地产生某种主观心理事实，以此为根据判断被告人当时是否真实地产生了某种主观心理事实。具体地讲：就是将平均人置于行为人行为时的具体情形下，看平均人是否会产生某种主观心理事实，如果平均人在当时的情形下会产生该种主观心理事实，那么行为人产生该种主观心理事实就是有合理根据的，亦即行为人在行为时真实地产生了该种主观心理事实；反之，平均人在当时情形下不会产生该种主观心理事实，那么行为人产生该种主观心理事实就是没有合理根据的，亦即行为人在行为时不会产生该种主观心理事实。该种做法避免了行为人随便编造一个荒谬的理由来证明自己行为时拥有某种主观心理事实，得以成功辩护以逃脱刑罚的惩罚。

上述观点看似理由充分，但笔者认为，该观点将建立于合理基础之上的证据标准和主观心理状态是否合理的实体标准混淆在一起了。以事实错误的判断为例，司法实践中，的确只有那些其案情使之可信的认识错误，才能在事实上产生无罪开释的效果。但也总有一些案件：即使不存在合理的根据，也能发现行为人的认识错误是真实可信的，例如行为人处于半醉状态，或者行为人的心理能力明显减弱。在这样的案件中，平均人在同样的情形下是不会产生认识错误的，不过，基于行为人的个人状况，行为人确实产生了认识错误。如果适用平均人标准来判断行为人是否真实存在认识错误，那么结论就是行为人没有产生认识错误。② 因而通过平均人标准的比较判断并不能反映出行为人行为时心理状态的真实状况，即平均人标准作为证明行为人行为

---

① Joseph M. Perillo,"The Origins of the Objective Theory of Contract Format ion and Interpretation"[J] ,Fordham L. Rev., 2000, 69：427-432.

② [美] 乔治·弗莱彻：《反思刑法》，邓子滨译，华夏出版社 2008 年版，第 514 页。

时是否拥有某种心理事实的证据标准是不恰当的。诚如学者所言，"需要说明的是，对于判断被告人是否进入激情状态应当采用主观标准，即应当以被告人当时的自身情况为判断根据。之所以没有要求以普通人或一般人在当时的情况下是否进入激情状态作为考察标准，是因为宽恕是对行为人在行为时辨认和控制能力降低的原谅，而一个人的辨认和控制能力是主观的，面对同一挑衅行为，行为人的控制能力是否降低往往因人、因时、因地而异"。[①]因此，判断行为人是否拥有某种主观心理状态的最佳标准是行为人标准，而不是平均人标准。

　　综上所述，立足于英美刑法学者们的主流意见和英美判例法的主流立场，本书认为平均人标准是用于判断行为人主观心理事实是否合理的标准。需要特别说明的是，由于人的心理状态是内在的，需要通过外在的因素——人在具体情形下实施的行为才能把握，因此，在判断被告人行为时产生某种心理状态是否合理时，并不是直接看平均人在当时情形下是否产生同被告人一样的心理状态，而是考察平均人在当时情形下是否也会像被告人那样行为。换言之，通过判断被告人当时情形下的行为是否合理来判断被告人当时产生的心理状态是否合理。

第三节　平均人标准和相关判断标准的关系

　　在英美刑法理论和司法实践中，也有主张采用其他标准判断行为人的主观心理事实是否合理的声音。只有将平均人标准和其他判断标准比较分析，才能全面、透彻地认识平均人标准。

[①]　魏汉涛：《挑衅原则及其给我国的启示》，《法商研究》2011年第3期。

一、平均人标准和主观标准

（一）主观标准的含义

英美刑法中的客观和主观具有多种含义，从下面的对比中可看出，客观与主观至少表达以下四种相互交织的意思：

第一种对比：主观标准关注行为人行为时的真实心理状态是什么；而客观标准则是外在的，它关注的是被告人之外的人——平均人对被告人行为时真实存在的主观心理状态的评价。[1]

第二种对比：该对比属于客观标准内部的对比。一般认为，一种抽象的完全与行为人无关的客观标准可能蕴含着对行为人的某些非正义，因而拟制客观标准时应当对行为人的特殊个性特征予以考虑，如果仅考虑行为人的特殊的身体特征如生理缺陷、年龄、性别等，该客观标准就是客观的，如果仅考虑行为人特殊的心理特征如智力低下、精神分裂症等，该客观标准则是主观的。[2]

第三种对比：就违法的提问应采用客观标准，因为它关注的是行为而不是行为人；而归责的要点在于它是主观的，因为它关注的是行为人对其违法的个人责任承担。

第四种对比：如果标准是事实的，则它们就是客观的；如果标准要求一种价值判断，那它们就是主观的。[3]

本书使用的主观标准是第一种对比意义上的主观标准，即主观标准关注的是行为人行为时的真实心理状态是什么，换言之，只要行为人行为时的真实的存在某种主观心理事实，那么行为人的该主观心理事实就是合理的，即

---

[1] ［美］乔治·弗莱彻：《反思刑法》，邓子滨译，华夏出版社 2008 年版，第 371 页。

[2] Alafair S. Burke，"Equality, Objectivity, and Neutrality"［J］，*Michigan Law Review*，2004，103：1070.

[3] ［美］乔治·弗莱彻：《反思刑法》，邓子滨译，华夏出版社 2008 年版，第 371 页。

存在的就是合理的。因此，也有学者将主观标准理解为不需要进行合理性判断的标准。实际上，这是对主观标准的误解。英美刑法中的主观标准在本质上也是一个评价行为人主观心理事实是否合理的标准。在适用主观标准判断行为人存在的主观心理事实是否合理时，标准的适用方式和平均人标准是相同的，即根据行为人的所有个性特征拟制出一个参照人，将该参照人在当时情形下产生的主观心理事实和行为人在当时情形下产生的主观心理事实进行比较，以确定行为人当时情形下的主观心理事实是否合理。由于行为人和参照人完全相同，因此，只要行为人行为时真实地存在某种主观心理事实，那么根据行为人所有个性特征拟制的参照人在当时的情形下也必然存在该种主观心理事实。① 显而易见，这种误解产生的原因在于二者的结论完全相同。故有学者对主观标准提出如下批判，"主观标准实质上并未对判断对象是否合理提供一个检验标准。当合理与否完全取决于行为人在当时情形下的主观认识时，'合理的'这一要求就变为'真实的'要求，显得多余"。② 一般来说，被告人对当时情形下产生什么样的主观心理事实是由被告人的所有性格特征共同决定的，因此，主观标准又被称为行为人标准。由于人与人之间在个性特征方面必然具有或多或少的差异，因而主观标准从其内涵来说，"解释了无穷多样的脾气、知识和教育何以使一个给定的行为的内在品格如此不同，因为，上述这些性格特征在不同人的身上有不同的体现。"③

（二）主观标准的理论根据

主观标准的理论根据是刑法的主观主义。在英美刑法理论看来，主观主

---

① 参见 Cynthia K. Lee, *Murder and the Reasonable Man*: *Passion and Fear in the Criminal Courtroom* [M]，New York: New York University Press, 2007:206。

② Cynthia K. Lee, *Murder and the Reasonable Man*: *Passion and Fear in the Criminal Courtroom* [M]，New York：New York University Press，2007：207.

③ Oliver Wendell Holmes, *The common law* [M]，New York：Dover Publications, Inc.，1991：108.

义和客观主义对待犯罪的出发点是不同的，主观主义更关注行为人的内心，认为刑事责任的判断应聚焦于被告人实施违法行为时的主观心理状态。诚如英国学者赫林所言，"主观主义者所关注的是被告人实施违法行为时其内心的一种心理状态：他是否有希望、明知或者相信；客观主义者则关注于被告人实施的行为：他的所作所为是否合理"。① 具体地讲，主观主义认为意图造成社会危害的被告人的责任要大于轻率造成社会危害的被告人的责任，轻率造成社会危害的被告人的责任要大于疏忽造成社会危害的被告人的责任。主观主义还认为意图炸毁一栋大楼的人在实施犯罪计划之前被抓获，他的责任和实施了犯罪计划并已经炸毁大楼的人的责任一样大，即犯罪既遂者和犯罪未遂者的刑事责任是相同的。② 由于主观标准关注被告人行为时主观心理事实的真实状况，和主观主义具有天然的亲和性，因而得到了主观主义的支持。

现代刑法理论认为刑事责任是个人责任，因而归责时应充分考虑被告人行为时的实际情况。主观标准摆脱了功利主义的羁绊，从报应主义出发，充分考虑了行为人之间千差万别的实际情况，对被告人适用最能反映自己真实状况的标准，因此从形式上看，主观标准能够确保给予被告人的刑罚具有道德上的正当性，分配刑罚时能够完全贯彻罪责自负的原则，最符合刑法保障人权的精神。因而，该标准在司法实践中也得到了适用，例如北卡罗来纳州最高法院在解释 State v. Leidholm 一案时，认为"被告人的行为是否合理并不是由平均人在同样情形下如何行为来决定的，只要被告人本人真诚地认为自己的行为在当时情形下是保护自己免受杀害或严重身体伤害的危险所紧迫必需的，那么被告人的行为就是合理的"。③

---

① Jonathan Hering. Criminal Law：text, cases and materials[M]. Oxford：Oxford University Press，2004：180.

② Cynthia K. Lee, *Murder and the Reasonable Man:Passion and Fear in the Criminal Courtroom* [M]，New York：New York University Press，2007：205.

③ State. v. Leidholm，334 N.W.2d 811,818（N.D.1983）.

（三）平均人标准和主观标准的关系

对平均人标准的一个常见批评就是：该标准是客观的标准，是一种抽象的和与行为人无关①的标准，其在本质上是不公正的，它可能蕴含着对行为人的某些非正义。这个批评的含义是，公正的标准应当是"主观的"，即应当关注被告人的个人情况。

从本意上说，行为人标准应是以行为人的内在心理因素为标准，而平均人标准应是以外在因素为标准。但是，内心活动难以捉摸，人类的法无法认识行为人的内心意图，只有上帝的法才能认识人的心理状态。②这样，行为人标准的适用就成为不可能，人们只能通过外在的客观因素来认定被告人内在的主观状态，故唯一可能的标准只能是客观标准。换言之，行为人标准应当与平均人标准一样，也是客观的标准。诚如弗莱彻教授所言，"法律中的客观标准在逻辑上是无可避免的"。③责任的每一个标准都是外部的或者客观的——一种合理举动的社会标准，谴责一个人从事危害行为的唯一连贯的基础，是把犯罪嫌疑人进行行为的决定与适当举动的标准进行比较。

实际上，行为人标准与平均人标准之间的差异被夸大了，正如卡多佐法官所言："真实情况实际是，主观或个人良知与客观或一般良知之间的区别是模糊且纤弱的……在实际的司法实践中，对法官来说，这种区分很少具有决定性意义……对这种客观权利的洞察总是染有主观心灵的色彩；主

---

① 这里的"无关"并不是指平均人的个性特征与行为人的个性特征完全不相同，相反，平均人与行为人的个性特征在很多方面都是相同的；这里的"无关"意在强调拟制平均人的个性特征时没有去参考行为人的个性特征，平均人具有行为人相同的个性特征并不是参考行为人个性特征的结果。

② 参见 Joseph M. Perillo,"The Origins of the Objective Theory of Contract Formation and Interpretation"[J] , *Fordham L. Rev.*, 2000, 69: 427– 432。

③ [美] 乔治·弗莱彻:《刑法的基本概念》，蔡爱惠等译，中国政法大学出版社 2004 年版，第 371 页。

观心灵的结论也总是染有习惯的做法和客观化的信仰的色彩。"① 所谓的行为人标准与平均人标准都是判断被告人行为时的主观心理事实是否合理的手段，它们有着同样的判断目的，不同之处仅在于方法的选择。行为人标准和平均人标准的区别主要在于标准的一般化程度的不同，平均人标准采用的是更为一般的判断标准，行为人标准采用的则是更为具体的标准。故行为人标准和平均人标准的差别，实际上应是具体标准与一般标准的差别。而且实践中的标准，不管其名称如何，均应是客观标准，且仅有的差别也只是度上的不同，即具体化的程度不同而已。行为人标准具体体现为对被告人个性特征的积极容纳；平均人标准的一般性则表现为对行为人个性特征的排斥。行为人标准和平均人标准的另一区别表现为侧重的重心的不同。一般来说，越是一般的标准，因其减少了法律关系受被告人个性特征的影响，故越是有利于社会秩序的维护；而越是具体的标准，越是贴近被告人个性特征的真实情况，一般而言对其也就更为公平，故更有利于维护被告人的人权。② 换言之，平均人标准更有利于社会秩序的维护，而行为人标准更有利于人权的保护。

二、平均人标准和折中标准

一般认为，完全客观的标准不考虑行为人的任何个性特征，是一种抽象的和与个人无关的标准，因而完全客观的标准被认为是"社会的"标准，而不是个人的标准。如果依照完全客观的标准来判断行为人的主观心理状态是否合理，在某些情况下，将会出现行为人因无论如何努力都无法达到该标准而受到刑罚处罚的情形，从而造成对行为人的某些非正义。主观标准则对行

---

① [美] 本杰明·卡多佐：《司法过程的性质》，苏力译，法律出版社 1998 年版，第 68 页。

② 叶金强：《信赖合理性之判断：理性人标准的建构与适用》，《法商研究》2005 年第 3 期。

为人的所有性格特征予以积极容纳，即由根据行为人所有性格特征拟制的人来判断当时情形下行为人存在的主观心理状态是否合理。如果参照人被定义为在各方面都像这个行为人，那么，他将真的会产生行为人在当时情形下产生的主观心理状态。相应的，适用主观标准的结论必然是行为人当时存在的主观心理状态是合理的，正如学者所言，"如果我们知道了被告人的一切，我们就必须宽宥他，导致主观标准最终崩溃于对特定行为人的描述之中"，[①]从而使责任判断成为不可能。

为了避免适用主观标准和平均人标准带来的问题，有学者认为应当适用平均人标准和主观标准折中之后的标准来判断行为人的主观心理状态是否合理，并指出现在大多数法院都是适用折中标准来判断行为人的主观心理状态是否合理。这里的折中标准具体是指，在为行为人拟制参照对象时，既不能完全不考虑行为人的性格特征，也不能纳入行为人的所有性格特征，最佳的做法是吸收行为人的个别特殊性格特征，在此基础上形成的判断标准是折中标准。[②] 本书认为英美学者所论述的折中标准在本质上仍是平均人标准。有学者之所以主张折中标准不是平均人标准，原因正如多夫曼（Avihay Dorfman）所言，矛盾的根源在于，人们长期以来形成一种共识，即将客观标准（平均人标准）与人的自身特性割裂对待。[③] 事实上，平均人标准并非完全排斥行为人的特殊性格特征，只是当我们主观上将平均人视为一种固定不变的客观存在时，才存在无法包容的问题。

从前文可知，平均人不是一个具体的人，而是一个法律拟制的人，用来和行为人比较以确定被告人行为时的主观心理状态是否合理。但平均人

---

① ［美］乔治·弗莱彻：《反思刑法》，邓子滨译，华夏出版社 2008 年版，第 376 页。

② Cynthia K. Lee, *Murder and the Reasonable Man: Passion and Fear in the Criminal Courtroom* [M]，New York：New York University Press，2007：206.

③ Avihay Dorfman,"Reasonable Care：Equality as Objectivity" [J]，*Law and Philosophy*，2012：378.

不是纯粹抽象的人，他也有自己的性别、种族、文化背景、宗教信仰以及
其他性格特征。至于平均人应该有哪些具体的性格特征，则由陪审团根据
案件的具体情况来确定。早期英美刑法普遍认为，平均人标准应当是一种
严格客观的尺度，如果考虑被告人性格特征的因素，将会违背平等对待的
法律原则。① 因此，早期英美刑法中的平均人标准是个完全客观的标准，
该标准中的平均人是一个与被告人个人情况完全无关的人。随着时代发展，
平均人标准的严格客观性开始逐渐放宽，其最明显的体现在于，法官在指
示陪审团时开始强调"在相同或相似情况下"，尽管最初这样的指示往往针
对的是行为人行为时的具体情形，但是后来行为人的特殊性格特征也被考
虑在内，从而将平均人调整为具有社会某一特定领域平均水平的人。② 该
放宽倾向在大多数州的制定法中也有体现，如特拉华州法典第 1312 条 e 款
第 2 项就明确规定：平均人是指处于被告人相同情形下的平均人；③ 佐治亚
州修订法第 13-1208 条 E 款规定：在本节中，"合理注意"是指注意的程度
达到一个普通谨慎的人在相同或相似情形下所遵守的注意标准；④ 伊利诺伊
州汇编法第 5/2-19 条规定："合理相信"或"合理信赖"是指，行为人相信
存在的相关事实，这种情形下，平均人也相信存在该相关事实。⑤ 由此可
见，拟制平均人时考虑行为人特殊性格特征只是拟制平均人的一种方法，
是法庭基于道德归责以及实现对被告人的正义与对社会保护的平衡的需要
对平均人标准所做出的修正。换言之，使用该种方法拟制的参照对象仍是
平均人，只是平均人由原来的泛泛的社会一般人修正为具有社会某一特定

---

① Francesco Parisi, *Liability for Negligence and Judicial Discretion* [M]，Berkeley：University of California at Berkeley，1992：254.

② Mayo Moran, *Rethinking the Reasonable Person*: *An Egalitarian Reconstruction of the Objective Standard* [M]，Oxford：Oxford University Press，2003：21.

③ 11 Delaware Code, §1312 (e).

④ Arizona Revised Statutes, §13-1208.E.

⑤ Illinois Compiled Statutes, §5/2-19.

领域平均水平的人。

三、平均人标准和推定

(一) 推定的含义

假设刑法规定谋杀的定义为："一个人非法且故意地杀死另一个人。"根据英美刑法的证据规则，要证明某人实施谋杀罪，检察官就必须排除合理怀疑地证明以下事实：第一，一个人被杀死；第二，被告人是杀人者；第三，被告人故意地剥夺他人生命；第四，杀人是违法的。但是，在某些情况下，检察官难以证明犯罪的某个要件，例如第三个要件即被告人的主观心态。因此，在这类情况下，为了减轻检察官的证明责任，立法机关或法院可能确立如下规则：在刑事审判中，不论何时何地，只要能证明一个人对另一个人开枪，且枪中有子弹，陪审团就必须（或者可以）认定被告人故意杀人。这种规则就是推定。所谓推定，是指基于有证据证明的事实 A 或几个事实，陪审团就必须（或者）可以推定事实 B。[1] 由此可见，推定是英美刑事司法中用于证明被告人心理状态的一种手段。

推定不是主观臆断，推定是"从被告已经实施的行为等客观事实中，推断出被告是自觉犯罪或者具有犯罪意图，如果被告未做出任何反驳，推断通常成立"[2]。可见，推定是根据一定的客观事实推断出行为人的心理状态。在推定的适用中，为确保推定结论的正确性，推定必须依据一定的标准进行，即必须事先合理地确定推定所依据的客观事实。司法审判实践中，只要查明客观事实的存在，推定结论就成立。由于推定所依据的客观事实是事先确定的，因而该客观事实通常是根据社会一般人的能力水平来确定。同时，为了

---

[1]　储槐植、江溯：《美国刑法》，北京大学出版社 2012 年版，第 95 页。

[2]　[英] 鲁珀特·克鲁斯、菲利普·A.琼斯：《英国刑法导论》，赵秉志等译，中国人民大学出版社 1991 年版，第 56 页。

避免发生客观归罪的结局，推定过程中允许行为人提出辩解，辩解的依据一般是行为人的自身情况，如行为人的特殊认知能力、特殊的生理特征或心理特征等。由此可见，推定最终是根据行为人的个人情况来推断行为人是否具有某种心理状态。

综上所述，在英美刑事司法实践中，推定作为证明被告人心理状态的手段，其在适用中应当以行为人的个人情况为标准。

（二）推定的类型

如果法官指示陪审团，在存在基本事实 A 之时，必须推定事实 B，那么这种推定是"强制性推定"（mandatory presumption）；如果陪审团并非必须，而是可以推定事实 B，那么这种推定是"允许性推定"（permissive presumption）。①

其中，强制性推定可以区分为可反驳的推定和不可反驳的推定：

第一，可反驳的推定。可反驳的推定要求基于已证明的基本事实而认定假设事实，除非该认定被另一方反驳。关于可反驳的强制性推定，法官必须告知陪审团，如果检察官能证明一个事实 A，那么陪审团就必须认定 B 事实，除非被告人能提供优势证据反驳事实 B。可反驳推定的后果是：在控方证明基本事实后，关于推定事实的说服责任将转移给被告人。适用可反驳的推定，必须以检察官排除合理怀疑地证明基本事实为前提。如果基本事实不清，那么适用可反驳推定就是违宪的。例如在 Sandstorm 诉蒙大拿州案中，被告人 Sandstorm 被指控为故意谋杀罪，即故意或明知致被害人死亡。在案件审理过程中，被告人承认杀害了被害人，但否认自己是故意或明知。在审判结束之时，法官指示陪审团说："法律推定一个人如果实施自愿行为，那

---

① Joshua Dressler, *Understanding Criminal Law 5th ed.* ［M］, New York：Matthew Bender & Company,Inc，2009：79.

么他对其行为的自然性和盖然性后果就存在故意。美国联邦最高法院认为这一推定是违宪的，因为检察官所说事实并不能证明犯罪的主观心态即故意，在这种情况下，将犯罪主观心态的证明责任转移给被告人，与无罪推定原则是相冲突的。

第二，不可反驳的推定。不可反驳的推定又称绝对的推定，其含义是，如果当事一方证明了某一基本事实，陪审团必须认定推定的事实，即使反对方提出反驳证据，也不能影响陪审团的认定。[①] 例如，法官可以指示陪审团：如果控方证明被告人开枪向被害人射击，那么陪审团必须裁定被告人是意图杀害被害人。真正意义上的不可反驳的推定在刑法中非常罕见。

允许性推定是指陪审团基于主要证据可以（而不是必须）认定推定事实。严格地说，允许性推定并不是真正意义的推定，因此通常被称为"推断"。推定可能导致证明责任由一方转移到另一方，相反，允许性推定或者推断仅仅是一个认定已知事实与推定事实之间的逻辑桥梁。由于允许性推定或者推断在形式上并不影响控方的宪法性义务，即必须超过合理怀疑地证明犯罪的每一个要件，因此它们在表面上并不违反宪法。但是，如果在已知事实和推定事实之间缺乏任何合理的关系，那么允许性推定是为宪法所禁止的。只有在推定事实极有可能从基础事实中产生的时候，才能认为这个推断是合理的。[②]

（三）平均人标准和推定的关系

推定是一个证据标准，通常用以证明被告人行为时是否真实存在某种主观心理事实，其本质上是一个事实认定标准，且其作为证明方式只有在无法找出其他证据证明时才能运用。而平均人标准是评价被告人行为时真实存

[①] Joshua Dressler, Understanding Criminal Law, 5th ed [M]，New York：Matthew Bender & Company,Inc，2009：80．

[②] 储槐植、江溯：《美国刑法》，北京大学出版社 2012 年版，第 96 页。

在的主观心理事实是否合理的标准，其本质上是一个价值判断标准，在这里，作为评价对象的主观心理事实可能是直接证明得来的，也可能是推定得来的。

一般来说，在无法找出证据证明被告人当时是否拥有某种主观心理事实时，司法工作人员会通过推定的方法来认定被告人行为时是否真实存在某种主观心理事实。推定不是主观臆断，因而必须有合理的根据，即推定所依据的基本事实应是合理的，即大多数人在当时的情况下也会产生这样的心理事实。以认识错误的判断为例，当被告人声称自己认识错误时，被告人必须找出合理的根据，否则，不能认定被告人行为时主观上产生认识错误。由于推定和平均人标准均与合理有紧密的关系，因此，人们容易将建立于合理基础之上的推定标准与判断主观心理事实合理与否的平均人标准混淆在一起。上诉法院在 United States v. Short 一案中的解释很好地说明了平均人标准和推定的关系，该案中，被告人被控怀着强奸的意图袭击妇女，被告人辩称自己对被害妇女的同意有认识错误。检察官拒绝以被告人真实地相信被害妇女同意的认识错误为由而开释被告。上诉法院在定罪过程中认为，只有对同意的合理认识错误才可以宽恕被告。上诉法院的推理，将法官给陪审团的指导词中对合理性的要求与这样的主张结合起来："显而易见的是，法官未能指示陪审团，可以以认识错误为由而确立某一辩护理由，不过在这之前，证据必须显示该辩护理由的提出是合理的。"① 换言之，定罪活动中，既存在事实判断又存在价值判断，事实判断是指某一事实是否存在的判断，价值判断是指某一行为危害性的判断。② 一般来说，首先需要适用推定来确认被告人行为

① United States v. Short,4 U.S.C.M.A. 444,16 C.M.R. 18（1954）.
② 事实与价值是有所不同的：事实是认知的对象。因此，事实判断时人对世界、主体对客体的认识与把握，其实质在于把握客体的真实面目。因此，事实判断是以客体为取向的，是一种真理性判断。而价值是评价对象。因此，价值判断是某一主体关于主客体之间客观价值关系的评价，它依主体不同而不同，是以主体为取向或尺度的。参见孙伟平：《事实与价值》，中国社会科学出版社 2000 年版，第 154 页。

时是否存在认识错误，这是个事实判断的问题，接下来再适用平均人标准来判断被告人在当时情形下产生认识错误是否合理，这是一个价值判断的问题。

第二章　平均人标准的立法规定和司法实践

第一节　平均人标准的立法规定

英美刑法从法律渊源上讲主要包括两部分：普通法与制定法。虽然普通法在英美刑法中非常重要，但受到 18 世纪启蒙运动的激励，18、19 世纪的欧洲和美国基于"犯罪应该由一个更能代表被管理者心声的机构而非司法部门来界定"[①] 理念的影响，都将立法中心转向了立法机关，最终，制定法取代了普通法在英美刑法中的地位。[②] 因此，在探讨平均人标准时，我们有必要首先了解一下英美制定法的规定。

[①]　参见 John Calvin Jeffries, Jr, "Legality, Vagueness, and the Construction of Penal Statutes" [J]，*Va. L. Rev.*, 1985, 71: 189–190。

[②]　Joshua Dressler, *Understanding Criminal Law,* 5th ed [M]，New York: Matthew Bender & Company, Inc, 2009: 27.

一、《模范刑法典》关于平均人标准的规定

（一）第 1.13 条　一般定义

（16）"合理相信"或者"合理确信"，是指行为人非因轻率或者疏忽而获得的相信。①

（二）第 2.02 条　可责性的一般要求

（c）轻率：对于犯罪本体要件存在或者其将由行为人的行为引起，有不合理的实质危险时，行为人有意识地无视该危险，对于犯罪本体要件实施的行为具有轻率。危险的性质和程度必须达到，从行为人的行为性质、目的和行为人知道的情况予以考虑，其无视行为严重偏离在行为人的处境下守法的人所应遵守的行为标准。②

（三）第 2.02 条　可责性的一般要求

（d）疏忽：对于犯罪本体要件存在或者其将由行为人的行为引起，有不合理的实质危险时，行为人应当认识该危险但没有认识，对于犯罪本体要件实施的行为具有疏忽。危险的性质和程度必须达到，从行为人的行为性质、目的和行为人知道的情况予以考虑，其未能认识该危险严重偏离③在行为人

---

① 美国法律协会：《美国模范刑法典及其评注》，刘仁文、王祎等译，法律出版社 2005 年版，第 21 页。

② 美国法律协会：《美国模范刑法典及其评注》，刘仁文、王祎等译，法律出版社 2005 年版，第 23—24 页。

③ 偏离平均人标准的严重程度是刑事疏忽和民事疏忽的区分根据。疏忽作为一种对他人权利的漠视心态和承担法律责任的主观根据，并不是刑法独有的，侵权法中也有疏忽的概念，称为"民事疏忽"或"侵权法疏忽"。英美刑法认为，刑法中的疏忽和民事疏忽的心理结构相同，都是行为人没有预见其行为引起的造成危害结果的不合理风险，两者的区别主要在于"疏忽的程度"不同，刑法中的疏忽重于民法中的侵权疏忽。一般认为，刑事责任通常不能建立在一般性的疏忽或粗心之上，而应当以被称为"重大"程度的疏忽

的处境下平均人所应遵守的行为标准。①

（四）第 2.09 条　胁迫

（1）行为人受到对自己或者他人使用或者威胁使用非法暴力的胁迫，实施被指控构成犯罪的行为，如果一个具有普通坚定性的人在当时的状况下不能抵抗该胁迫时，胁迫可作为积极抗辩事由。②

（五）第 210.3 条　非预谋杀人

（b）行为人具有相当理由或者不得已的事由而在精神或者情绪的极度混乱的影响下实施杀人行为的。对于该相当理由或者不得已的事由是否具有合理性，应以平均人在行为人相信存在的情况下所持有的看法为基础予以判断。③

（六）第 213.6 条　适用于第 213 节的一般性规定

（1）对于年龄的认识错误。在本节中，因儿童的年龄不满 10 岁而导致行为构成犯罪时，行为人不得以不知道儿童的年龄或者合理相信儿童已满 10 岁作为抗辩事由。除 10 岁外，因儿童的其他法定年龄而导致行为构成犯罪时，行为人以达到优势证据的程度证明其合理相信已达到该年龄的，可作为抗辩事由。④

或粗心为根据，即严重偏离一个具有正常的细心和审慎的人在相同情况下的行为。参见刘士心：《美国刑法中的犯罪论原理》，人民出版社 2010 年版，第 81—82 页。

① 美国法律协会：《美国模范刑法典及其评注》，刘仁文、王祎等译，法律出版社 2005 年版，第 24 页。

② 美国法律协会：《美国模范刑法典及其评注》，刘仁文、王祎等译，法律出版社 2005 年版，第 39 页。

③ 美国法律协会：《美国模范刑法典及其评注》，刘仁文、王祎等译，法律出版社 2005 年版，第 127 页。

④ 美国法律协会：《美国模范刑法典及其评注》，刘仁文、王祎等译，法律出版社 2005 年版，第 146—147 页。

（七）第 221.2 条　刑事侵入

（3）抗辩。下列事由可作为对本罪的追诉的积极抗辩：……（c）行为人合理相信，该场所的所有人或者对进入有许可权限的其他人会许可行为人进入或者滞留。①

（八）第 223.1 条：盗窃的合并；等级；适用盗窃的一般性规定

（3）权利主张。下列事由可作为对盗窃的追诉的积极抗辩：(a)……(c)行为人取得的财产是陈列的待售物品时，行为人意图购买并立即支付货款，或者行为人合理相信该财产的所有人如果在场会同意其行为。②

（九）第 223.9 条　未经授权而使用汽车和其他交通工具

未经所有权人同意，驾驶他人的汽车、飞机、摩托车、摩托艇或者其他机动交通工具的，成立轻罪。行为人合理相信假如所有权人知道其驾驶将会予以同意的，可作为对依照本条的规定所提起的追诉的积极抗辩。③

（十）第 230.1 条　重婚和多婚

（1）重婚。已婚的行为人与他人建立法律上或事实上的婚姻关系的，构成属于轻罪的重婚，再次结婚是存在下列情形的除外：……（d）行为人合理相信其在法律上有资格再婚。④

---

① 美国法律协会：《美国模范刑法典及其评注》，刘仁文、王祎等译，法律出版社 2005 年版，第 154 页。

② 美国法律协会：《美国模范刑法典及其评注》，刘仁文、王祎等译，法律出版社 2005 年版，第 158—159 页。

③ 美国法律协会：《美国模范刑法典及其评注》，刘仁文、王祎等译，法律出版社 2005 年版，第 164 页。

④ 美国法律协会：《美国模范刑法典及其评注》，刘仁文、王祎等译，法律出版社 2005 年版，第 177 页。

二、州级立法关于平均人标准的规定

(一) 纽约刑法典关于平均人标准的规定

1. §15.05 (3) 轻率：行为人意识到自己的行为在当时的情形下会具有引起法律禁止的危害结果发生的危险，而径直去冒这种实质和不正当的危险，结果导致危害结果发生，行为人的行为具有轻率。行为人所冒的危险在本质和程度上必须达到严重偏离当时情形下平均人遵守的行为标准。①

2. §15.05 (4) 刑事疏忽：行为人行为时没有预见到自己的行为会具有导致法律禁止危害结果发生的不正当危险。该危险在本质和程度上必须达到严重偏离当时情形下平均人遵守的行为标准。②

3. §15.20 不知或者错误的影响：(2) 行为人误以为自己的行为不构成犯罪不能成为辩护理由，除非行为人的法律认识错误建立在官方对法律所作说明的合理信赖基础之上……③

4. §35.15：正当化事由；对人防卫时使用暴力

依照本条第 2 款的规定，如果行为人合理地相信对他人使用武力，是为防止他人在当时情况下对自己或第三人使用非法武力所紧迫必要的，行为人可以使用合理的武力进行防卫，该武力的使用具有正当性；根据第 1 款的规定，当行为人合理相信会出现下列情形时，行为人的致命性暴力具有正当性：(a) 他人正在或即将使用致命性暴力；或者 (b) 他人正在实施或者企图实施夜盗行为，而且又属于第 35.20 条第 3 款授权使用致命暴力的情形；或者 (c) 他人正在实施或者企图实施绑架、强奸、其他强制性性犯罪、

---

① New York Penal Law (Mckinney's Consolidated Laws of New York Annotated Currentness) §15.05 (3).

② New York Penal Law (Mckinney's Consolidated Laws of New York Annotated Currentness) §15.05 (4).

③ New York Penal Law (Mckinney's Consolidated Laws of New York Annotated Currentness) §15.20.

抢劫。①

5.§35.20：正当化事由；防卫住宅

如果行为人合理地相信对他人使用武力，是阻止或中止他人正在对或者企图对自己或第三人的住宅或其他建筑物侵犯所紧迫必要的，行为人可以使用合理的武力进行防卫。②

6.§35.25：正当化事由；防卫财产

如果行为人合理地相信对他人使用武力，是为防止他人在当时情况下盗窃或损害自己财产所紧迫必要的，行为人可以使用合理的武力进行防卫，该武力的使用具有正当性。③

7.§35.25：正当化事由；执法防卫

（1）下列情形下，治安官有合理相信时，其使用武力是正当的……

（2）下列情形下，治安官有合理相信时，其使用致命性武力正当的……

（3）当普通公民合理相信使用武力，是抓捕犯罪嫌疑人或者逃犯所紧迫必要的，该普通公民可以使用合理的武力进行防卫……④

8.§35.35：胁迫

在任何刑事诉讼中，被告人在胁迫之下实施了法律禁止的行为，如果该胁迫足以使一个普通坚韧的人在当时情形下无法抵抗，那么该胁迫就是一个积极的辩护。⑤

---

① New York Penal Law（Mckinney's Consolidated Laws of New York Annotated Currentness）§35.15.

② New York Penal Law（Mckinney's Consolidated Laws of New York Annotated Currentness）§35.20.

③ New York Penal Law（Mckinney's Consolidated Laws of New York Annotated Currentness）§35.25.

④ New York Penal Law（Mckinney's Consolidated Laws of New York Annotated Currentness）§35.30.

⑤ New York Penal Law（Mckinney's Consolidated Laws of New York Annotated Currentness）§35.35.

9.§125.25：故意杀人罪

下列情形构成故意杀人罪的积极辩护：(a)被告人在心理状态极度混乱的情况下实施的杀人行为，构成故意杀人罪，但被告人行为时的极度混乱心理状态有合理的理由或解释的除外。"合理的理由或解释"是指将平均人置于行为人行为时的具体情形下，以行为人的主观认识为基础，也会出现极度混乱的心理状态。①

10.§125.25：刑事强制；辩护

如果被告人合理地相信其威胁被害人的事项是真的，并且其唯一目的是通过威胁被害人，而强迫或诱导被害人采取合理的措施补救自己的行为。②

（二）肯塔基州修订法关于平均人标准的规定

1.§501.020（3）：行为人认识到自己的行为具有导致制定法所禁止危害后果发生的实质且不正当的危险，而径直去冒险，放任该危害后果的发生是为放任（wantonly）。危险的性质和程度必须达到，其无视行为严重偏离在当时情形下平均人所遵守的行为标准。③

2.§501.020（4）：疏忽是指，行为人没有预见到自己的行为在当时情形下具有导致制定法禁止危害后果发生的实质且不正当的风险。危险的性质和程度必须达到，其未能认识行为已严重偏离在当时情形下平均人所应遵守的注意标准。④

3.§501.070（3）：行为人关于法律的认识错误不是辩护理由。除非行

---

① New York Penal Law（Mckinney's Consolidated Laws of New York Annotated Currentness）§125.25.
② New York Penal Law（Mckinney's Consolidated Laws of New York Annotated Currentness）§135.75.
③ Kentucky Revised Statutes §501.020（3）.
④ Kentucky Revised Statutes §501.020（4）.

为人的法律认识错误建立在对官方法律解释合理信赖基础之上，具体包括……①

4.§501.090（1）：行为人在对他人或其他人实施不法武力威胁之下，被迫实施了法律禁止的行为，如果在当时情形下，不能指望行为人合理地抗拒该威胁，行为人成立胁迫辩护。②

5.§507.020（1）：下列情形时，行为人的行为构成谋杀罪：(a) 故意造成某人死亡；除非行为人受到心理状态极度混乱的影响，且行为人出现该心理状态极度混乱有合理的解释或理由。"合理的解释或理由"是以行为人的主观认识为基础，将平均人置于当时的情形下，也会出现极度混乱的心理状态。③

（三）北达科他州法典关于平均人标准的规定

1.§12.1-02-02-1.c：轻率是行为人清晰地意识到自己的行为有可能导致制定法禁止的实质性危险的发生，而径直去冒险，这种冒险严重偏离了平均人在当时情形下遵守的行为标准。④

2.§12.1-02-02-1.d：疏忽是行为人的行为严重偏离了平均人的行为标准，忽视了自己的行为蕴含有不合理的实质危险。⑤

3.§12.1-05-09：如果行为人善意地相信自己的行为不构成犯罪且该相信有合理的根据，该根据包括（①法律、法规；②司法裁定或判决；③行政命令或授权许可；④负有解释、执行和实施相关法律的法定职责的公职人员或机构所作的解释），那么该相信导致的法律认识错误是有效的辩护。⑥

---

① Kentucky Revised Statutes §501.070（3）.
② Kentucky Revised Statutes §501.090（1）.
③ Kentucky Revised Statutes §507.020（1）（a）.
④ N. D. Cent, Code §12.1-02-02；1（2005）.
⑤ N. D. Cent, Code §12.1-02-02；1（2005）.
⑥ N. D. Cent, Code §12.1-02-09（2005）.

4. § 12.1-05-10：行为人在暴力或暴力威胁的强迫下实施了法律禁止的行为，在当时情形下，行为人真实地相信自己无法抵抗该强迫，如果具有普通意志力的人在当时情形下也无法抵抗该暴力或暴力威胁，那么行为人成立胁迫辩护。①

5. § 12.1-16-01-2：行为人在心理状态极度混乱的影响下实施了杀人行为，如果行为人的心理状态极度混乱的产生有合理的理由，那么该心理状态极度混乱构成故意杀人罪的辩护理由。这里的"合理理由"是指根据行为人的主观认识，将平均人置于当时的情形下，也会产生极度混乱的心理状态。②

6. § 12.1-17-08-1：被害人承诺在下列情形下可以作为伤害罪的辩护事由：(a) ……；(b) 该行为和伤害是在共同参加的合法体育竞赛、合法竞技运动中能够被合理预见的伤害；(c) 该行为和伤害发生在使用公认的科学方法进行的医学试验或科学试验过程中，且参与试验的各方能够合理预见到可能产生的伤害。③

7. § 12.1-23-09-1：下列情形可以作为盗窃罪的辩护事由：(a) 行为人合理地相信对财产或服务有控制权的人如果在场的话，会同意其实施的行为……④

（四）佐治亚州修订法关于平均人标准的规定

1. § 13-105 (10) (c)：轻率是指，行为人预见到自己的行为在当时的环境下，具有引起制定法规定的某种犯罪的危害结果发生的实质的和不正当的危险，但行为人无视该危险而实施其行为，这种无视从本质和程度上严重背

---

① N. D. Cent. Code § 12.1-02-10 (2005).
② N. D. Cent. Code § 12.1-16-01 (2005).
③ N. D. Cent. Code § 12.1-17-08 (2005).
④ N. D. Cent. Code § 12.1-23-09 (2005).

离了平均人在当时情形下遵守的行为标准。①

2.§13-105（10）（d）：刑事疏忽是指，行为人的行为有发生制定法规定的某种犯罪危害结果发生的实质的和不正当的危险，但行为人没有认识到该危险而实施行为，该行为严重偏离了平均人在当时情形下遵守的行为标准。②

3.§13-404.A：行为人相信自己对他人使用的武力或威胁要使用的武力，是保护自己免受他人实施的不法暴力或企图实施的不法暴力的侵害所紧迫必要的合理武力，如果平均人处在当时情形下也会如此相信，那么行为人成立防卫自身辩护。③

4.§13-405.A-2：行为人为避免受到他人非法致命性暴力或他人企图实施的非法致命性暴力的侵害，而对他人使用或企图使用的致命性武力，如果平均人在当时情形下也会如此行为，那么行为人成立防卫自身辩护。④

5.§13-406.A：行为人为保护第三人免受他人的不法侵害，而实施武力或致命性武力，如果平均人在当时情形下也会如此行为，那么行为人成立防卫第三人辩护。⑤

6.§13-407.A：住宅的合法占有人或合法控制人或者二者的代理人，相信对他人使用武力或致命性武力是阻止或排除他人对住宅的进入或者其他侵犯所紧迫必要的，如果平均人在当时情形下也会如此相信，那么行为人成立防卫住宅辩护。⑥

7.§13-408：行为人相信对他人使用武力是阻止他人盗窃或损害自己占有或控制的有形可动财产所紧迫必要的，如果平均人在当时情形下也会如此

---

① Arizona Revised Statutes §13-105（10）（c）.
② Arizona Revised Statutes §13-105（10）（d）.
③ Arizona Revised Statutes §13-404.A.
④ Arizona Revised Statutes §13-405.A-2.
⑤ Arizona Revised Statutes §13-406.A.
⑥ Arizona Revised Statutes §13-407.A.

相信，那么行为人成立防卫财产辩护。①

8.§13-409.1：行为人相信对他人使用武力或对他人威胁使用武力，是抓捕或拘留犯罪嫌疑人或阻止罪犯逃跑所紧迫必要的，或者是帮助抓捕或拘留犯罪嫌疑人或阻止罪犯逃跑所紧迫必要的，如果平均人在当时情形下也会如此相信，那么行为人成立执法防卫辩护。②

9.§13-412.A：行为人在胁迫者武力威胁的强迫下实施了法律禁止的行为，如果平均人处在当时情形下也无法抵制该危险，那么行为人成立胁迫辩护。③

10.§13-417：行为人在别无选择的情况下，通过造成较小损害的办法来避免较大利益免受紧迫危险的侵害，如果平均人在当时情形下也会如此行为，那么行为人成立紧急避险辩护。④

11.§13-1101.4：充分的挑衅，是指当时情形下的行为足以剥夺平均人的自控能力。⑤

12.§13-1208.E：在本节中，"合理注意"是指注意的程度达到一个普通谨慎的人在相同或相似情形下所遵守的注意标准。⑥

13.§13-1302.C-2：被告人是孩子的父母，且对孩子有监护权的，在下列情形下，被告人成立干涉监护权的辩护：(a) 被告人善意且合理地相信将孩子从合法看管人的监护下带走或者引诱走，是保护孩子免受紧迫威胁必要的。(b) 被告人是家庭暴力中的受害人，被告人善意且合理地相信孩子留给另一方监护使孩子处于紧迫的危险之中。⑦

---

① Arizona Revised Statutes §13-408.
② Arizona Revised Statutes §13-409.1.
③ Arizona Revised Statutes §13-412.
④ Arizona Revised Statutes §13-417.
⑤ Arizona Revised Statutes §13-1101.4.
⑥ Arizona Revised Statutes §13-1208.E.
⑦ Arizona Revised Statutes §13-1302-C-2.

（五）伊利诺伊州汇编法典关于平均人标准的规定

1.§5/2-19："合理相信"或"合理信赖"是指，行为人相信存在的相关事实，这种情形下，平均人也相信存在该相关事实。[1]

2.§5/4-6：轻率是指，行为人有意识地忽视自己行为在当时情形下具有引起制定法禁止的危害结果发生的实质和不正当的危险，径直去冒险，该冒险行为严重偏离了平均人在当时情形下遵守的行为标准。[2]

3.§5/4-7：疏忽是指，行为人没有预见到自己的行为具有引起制定法禁止的危害后果发生的实质和不正当的危险，行为人的没有预见严重偏离了平均人在当时情形下应当遵守的注意标准。[3]

4.§5/4-8（b）：行为人基于以下情形合理相信其行为不构成犯罪是一种积极辩护：（i）规定犯罪的制定法或者其他成文法，在行为发生之前没有出版发行或者以其他合理的方法使得行为人可以知悉，从而导致行为人不知道该法律的存在；或者（ii）行为人行为时所依据的制定法事后被认为无效；（iii）行为人行为时所依据的伊利诺伊州上诉法院或伊利诺伊州最高法院或美国联邦上诉法院的决定或意见事后被推翻；（iv）对规定犯罪的法律、决议或行政法规负有解释、实施或者执行职责的公职机关及其工作人员作出的正式解释。[4]

5.§5/7-1（a）：行为人合理地相信对他人使用武力是保护自己或他人免受不法武力侵害所紧迫必要时，对他人使用该武力具有正当性。[5]

6.§5/7-2（a）：行为人合理地相信对他人使用武力，是阻止或排除他人非法侵入住宅或攻击住宅所紧迫必要时，对他人使用该武力具有正

---

[1]　Illinois Compiled Statutes §5/2-19.

[2]　Illinois Compiled Statutes §5/4-6.

[3]　Illinois Compiled Statutes §5/4-7.

[4]　Illinois Compiled Statutes §5/4-8.

[5]　Illinois Compiled Statutes §5/7-1（a）.

当性。①

7. § 5/7-3（a）：行为人合理地相信对他人使用武力，是阻止或排除侵犯或干涉自己合法的不动产（住宅除外）、其他个人财产、自己合法占有、控制财产或自己有义务保护的财产所紧迫必要时，对他人使用该武力具有正当性。②

8. § 5/7-5（a）：治安官在实施抓捕过程中，合理地相信对他人使用武力是保护自己或第三人免受身体伤害所紧迫必要时，对他人使用该武力具有正当性。③

9. § 5/7-13：行为人实施犯罪行为时，合理地相信该行为是避免更大的公共或个人损害所紧迫必要时，行为人的行为具有正当性。④

10. § 5/9-2（b）：严重挑衅是指足以使平均人产生强烈激情的行为。⑤

（六）特拉华州法典关于平均人标准的规定

1. § 231（d）"疏忽"——对于自己的行为有引起犯罪构成要素发生的实质危险，行为人应当认识该危险但没有认识，对于该行为，行为人具有疏忽。从危险的性质和程度来看，行为人未能认识该危险严重偏离了平均人在当时情形下所应遵守的注意标准。⑥

2. § 231（e）"轻率"——行为人认识到自己的行为具有引起犯罪构成要素发生的实质且不正当的危险，而无视该危险，对于该行为，行为人具有轻率。从危险的性质和程度来看，行为人的无视行为严重偏离了平均人在当时情形下所应遵守的行为标准。⑦

---

① Illinois Compiled Statutes § 5/7-2（a）.
② Illinois Compiled Statutes § 5/7-3（a）.
③ Illinois Compiled Statutes § 5/7-5（a）.
④ Illinois Compiled Statutes § 5/7-13.
⑤ Illinois Compiled Statutes § 5/9-2（b）.
⑥ 11 Delaware Code § 231（c）.
⑦ 11 Delaware Code § 231（d）.

3.§431（a）被告人受到对自己或者他人使用或者威胁使用非法武力的胁迫，在胁迫之下实施了构成犯罪的行为，如果平均人处在当时情形下不能抗拒该胁迫时，胁迫成立积极辩护。①

4.§452 在对犯罪的起诉中，被害人对发生的行为的承诺在下列情形中构成辩护理由：(i) 承诺的行为是造成轻微身体伤害或轻微身体伤害危险的行为；或者（ii）承诺的身体伤害或身体伤害危险是在共同参加的合法体育竞赛、合法竞技运动中能够被合理预见的身体伤害。②

5.§1312（a）跟踪罪是指，行为人明知自己在实施对某人的跟踪行为，且该跟踪行为能使处于当时情形之下的平均人：(i) 相信自己或他人可能受到身体伤害；或者（ii）产生严重的精神痛苦或者精神错乱，但该精神痛苦或者精神错乱没有达到需要接受医学或者其他专业治疗的程度。③

6.§1312（e）：(ii) 平均人是指处于被告人当时所处情形之下的平均人。④

三、平均人标准立法规定的评析

（一）立法表现形式的多样性

总结模范刑法典及上述各州制定法的规定，可知英美刑法中关于平均人标准的立法形式有两种：

第一种形式是直接规定某种情形下应当适用平均人标准，这是制定法规定平均人标准的主要形式。该立法形式具体又可分为三种类型：（1）适用平均人标准，如模范刑法典第 2.02 条（d）关于"疏忽"的规定：危险的性质

---

① 11 Delaware Code §431（a）.

② 11 Delaware Code §452.

③ 11 Delaware Code §1312（a）.

④ 11 Delaware Code §1312（e）.

和程度必须达到，从行为人的行为性质、目的和行为人知道的情况予以考虑，其未能认识该危险严重背离在行为人的处境下平均人所应遵守的行为标准；① 纽约刑法典 15.05 条对刑事疏忽的规定：行为人行为时没有预见到自己的行为会具有导致法律规定危害结果发生的不正当危险。该危险在本质和程度上必须达到严重偏离当时情形下平均人遵守的行为标准。② (2) 适用普通人标准或守法的人标准，如模范刑法典第 2.02 条（c）关于"轻率"的规定：危险的性质和程度必须达到，从行为人的行为性质、目的和行为人知道的情况予以考虑，其无视行为严重背离在行为人的处境下守法的人所应遵守的行为标准。③ 本书认为尽管在轻率的判断中使用"守法的人"这个术语代替了平均人，但是二者适用的原理是一致的：判断轻率冒险责任的唯一方法，就是衡量行为人的行为对社会期待的违反。无视危险的选择在本质上并不是可以谴责的，只有在它没有达到合理的（守法的）举动的社会标准时，才是可以谴责的。④

另外，如前文所述，英美刑法理论界和实务界的主流意见是将平均人解释为普通人，因而普通人标准与守法的人标准就是平均人标准。(3) 要求行为人合理相信或合理心理，如伊利诺伊州制定法第 5/7 条第 1 款(a) 项规定：行为人合理相信对他人使用武力是保护自己或他人免受不法武力侵害所紧迫必要时，对他人使用该武力具有正当性。⑤ 该规定并没有直接要求在判断防卫必要是否合理时适用平均人标准，但该制定法在一般性规定中指出，合理

---

① 美国法律协会：《美国模范刑法典及其评注》，刘仁文、王祎等译，法律出版社 2005 年版，第 24 页。

② New York Penal Law（Mckinney's Consolidated Laws of New York Annotated Currentness）§15.05 (4).

③ 美国法律协会：《美国模范刑法典及其评注》，刘仁文、王祎等译，法律出版社 2005 年版，第 23—24 页。

④ [美] 乔治·弗莱彻：《刑法的基本概念》，蔡爱惠等译，中国政法大学出版社 2004 年版，第 153 页。

⑤ Illinois Compiled Statutes §5/7-1 (a).

相信或合理信赖是指，行为人相信存在某种相关的事实，如果平均人处于当时情形下，也会相信存在该相关事实。①

由于该种立法形式明确规定特定情形下判断行为人的主观心理事实是否合理应当适用平均人标准，因而在司法实践中不会产生该种情形下判断行为人主观心理事实是否合理应当适用平均人标准还是行为人标准的争论，这是该立法形式的最大优点。唯一可能产生争论的地方在于：平均人标准中的平均人应当如何拟制或者建构，但英美的陪审团制度可以很好地将该争论解决。

第二种形式是要求特定情形下行为人的行为或者行为人的心理状态应当是合理的。如纽约刑法典第35.20条规定：如果行为人合理地相信对他人使用武力，是阻止或中止他人对或者企图对自己或第三人住宅侵犯所紧迫必要的，行为人可以使用合理的武力进行防卫；②第125.25条规定：如果被告人合理地相信其威胁被害人的事项是真的，并且其唯一目的是通过威胁被害人，而强迫或诱导被害人采取合理的措施补救自己的行为。③该种立法模式没有直接指出"应当由平均人来判断行为人当时的所为所信是否合理"，而是通过要求行为人的行为或相信必须是合理的，间接地表明判断行为人所为所信是否合理时应当适用平均人标准，因为"合理的"一词通常被拟人化为平均人。

尽管一般认为"合理的"一词通常被拟人化为平均人，即"合理的"一词是针对平均人而言的，但它还是为将"合理的"解释为针对行为人而言留下了可能性。因此，与第一种立法模式相比，间接规定适用平均人标准的方

---

① Illinois Compiled Statutes §5/2-19.

② New York Penal Law（Mckinney's Consolidated Laws of New York Annotated Currentness）§35.20.

③ New York Penal Law（Mckinney's Consolidated Laws of New York Annotated Currentness）§135.75.

式在司法实践中判断行为人所为所信是否合理时，容易引起应当适用平均人标准还是适用行为人标准的争论，以 State v. Simon[①] 一案为例，审判过程中，被告人西蒙提出防卫自身辩护。一审法院的法官在指示陪审团判断被告人对防卫必要的认识是否合理时指出，"是否合理应是针对当时具体情形下的被告人而言的，因而判断被告人为保护自己免受紧迫的不法侵害行为的攻击而使用的武力是否合理时，应当根据被告人行为时的主观认识来决定"。[②] 初审法院认为在判断行为人的防卫认识是否合理时应当适用行为人标准，该标准显然是对被告人有利的且不恰当的，被告人很容易被判无罪，该案初审的判决结果正是被告人得以无罪释放。之后，堪萨斯州最高法院认为初审法院将"是否'合理'解释为针对被告人而言"是不适当的，[③] 其隐含的意思是"是否'合理'应解释为针对平均人而言的"，即合理相信或合理信赖应是平均人在当时情形下也会相信或信赖。

综上所述，本书认为，为了避免平均人标准在适用过程中产生不必要的争论，同时为了科学地判断行为人的主观心理事实是否合理，对平均人标准的立法规定统一采用第一种立法形式为宜，即直接规定某种情形下应当采用平均人标准的方式。

（二）内容上的主观化

模范刑法典和各州制定法中规定的平均人标准明确肯定了平均人标准不

---

① 该案的基本案情：被告人西蒙是一位上了年纪的白人，被害人斯蒂芬·王是一位亚裔美国人，年轻力壮，居住在被告人西蒙的隔壁。案发当天西蒙和斯蒂芬·王之间发生了一些冲突，但仅仅处于口角的程度，二人并未发生肢体冲突，争吵过程中西蒙突然拔枪并向斯蒂芬·王开枪，后者当场死亡。在审判过程中，一些证据证明西蒙患有一种害怕带有亚洲血统的人的心理疾病。由于斯蒂芬·王具有亚裔血统，西蒙认为这个年轻人肯定是个崇尚武力、好斗争勇的人，争吵使自己处于紧迫的危险之中。State v. Simon, 646 P.2d 1119, 1121 (Kan.1982).

② State v. Simon 646 P. 2d 1120 (Kan.1982).

③ State v. Simon 646 P. 2d 1119 (Kan.1982).

是一个完全与被告人性格特征无关的判断标准，呈现出一种平均人标准主观化的倾向。刑法中的主观具有多重含义，这里的主观化，是指构建平均人标准时吸收了行为人的特殊性格特征。但这里的主观化与主观标准或行为人标准是不同的，后者拟制的参照对象不但需要考虑行为人性格特征，而且要考虑行为人的所有性格特征。① 人们之所以会产生上述混淆，原因正如多夫曼（Avihay Dorfman）所言，矛盾的根源在于，人们长期以来形成这样一种共识，即将客观标准（平均人标准）与人的自身性格特征割裂对待。② 事实上，平均人标准并非完全排斥行为人的特殊性格特征，只是当我们主观上将平均人视为一种固定不变的客观存在，认为其与行为人完全无关时，才存在无法包容的问题。

平均人标准的主观化只是对早期英美刑法中严格客观的平均人标准的修正，修正的目的是确保对被告人适用的刑罚具有道义上的正当性。正如高夫勋爵在批判与被告人性格特征无关的平均人标准时所言，"如果一位曾多次入狱的老囚犯，现在正在试图正经做人，却被人辱骂为'惯犯'，那么，指示陪审团考虑这样的激怒在一个品行端正的人身上会发生什么影响事实上没有多大意义，因为品行端正的人面对'惯犯'的辱骂通常不会有强烈的反应，因而构建平均人标准时应考虑被告人'惯犯'这一特殊经历。"③ 换言之，吸收行为人的特殊性格特征是为了以该特殊性格特征为根据，将平均人调整为社会某一特定领域或某一阶层的平均人，从而确保被告人刑事责任的承担具有道义上的正当性。由此可见，修正之后的平均人标准不再仅仅关注社会保护的需要，而是将对被告人的正义与对社会保护的需要融洽起来。④ 需要强

---

① Joshua Dressler, Understanding Criminal Law, 5th ed [M]，New York：Matthew Bender & Company, Inc, 2009: 238.

② Avihay Dorfman, "Reasonable Care: Equality as Objectivity" [J]，Law and Philosophy, 2012: 378.

③ [英] J.C. 史密斯、B. 霍根：《英国刑法》，李贵方等译，法律出版社 2000 年版，第 402 页。

④ [美] 乔治·弗莱彻：《反思刑法》，邓子滨译，华夏出版社 2008 年版，第 370 页。

调的是，修正之后的标准不是主观标准，其仍是平均人标准，只是与之前相比，范围较小的平均人标准。

平均人标准的主观化主要通过将平均人限定为"处于被告人相同或相似的情况下"的平均人来实现的。如特拉华州法典第 1312 条 e 款规定：平均人是指处于被告人当时所处情形之下的平均人。① 模范刑法典第 2.09 条规定：行为人受到对自己或者他人使用或者威胁使用非法暴力的胁迫，实施被指控构成犯罪的行为，如果一个具有普通坚定性的人在当时的状况下不能抵抗该胁迫时，胁迫可作为积极抗辩事由。② 肯塔基州修订法第 501.020 条第 3 款规定：行为人认识到自己的行为具有导致制定法所禁止危害后果发生的实质且不正当的危险，而径直去冒险，放任该危害后果的发生。危险的性质和程度必须达到，其无视行为必须严重偏离在当时情形下平均人所遵守的行为标准。③ 所谓"处于被告人相同或相似的情况下"，是指行为人行为时的具体环境，但模范刑法典的评注者在评注"处于被告人相同或相似的情况下"时认为：被告人的一些特殊身体特征，如双目失明或者心脏病发作的事实"将毫无疑问地在刑事责任的自由裁量过程中应当予以考虑"，但是一些遗传因素、智力和性格因素将"被认为不具有实质意义，如果考虑这些因素，将会破坏平均人标准的客观性。"④ 根据该评注，模范刑法典中规定的"在被告人相同或相似的情况下"，除了包括被告人行为时的具体环境，还应当包括被告人的特殊性格特征，美国绝大多数的州均采纳了该立场。⑤ 至于评注者

---

① 11 Delaware Code §1312（e）.

② 美国法律协会：《美国模范刑法典及其评注》，刘仁文、王祎等译，法律出版社 2005 年版，第 39 页。

③ Kentucky Revised Statutes §501.020（3）.

④ American Law Institute, Comment to § 2.02, p.242.

⑤ 尽管美国各州和联邦政府都有自己的刑法典或单独的刑法规范，但美国绝大多数州的刑法典和联邦刑法均是以《模范刑法典》为蓝本制定的，此外《模范刑法典》对美国各州法院和联邦法院的刑事司法审判也产生了极其重要的影响。各州法院和联邦法院虽未将《模范刑法典》及其评注作为权威性的法源，但是通常将其作为有说服力的法源来加以援

认为只能考虑被告人的身体特征而不能考虑被告人的心理特征的观点是否科学，则另当别论。制定法通过"处于被告人相同或相似的情况下"对平均人加以限定，使得被告人的个别特殊性格特征加入到平均人，从而确保了给予被告人的刑罚具有道德上的正当性，这也是立法者面对"平均人标准是个'社会的'标准，其只关注社会保护的需要，不按照个人的罪责来分配刑罚"①的批判而对平均人标准作出的立法完善。

（三）采用"空壳"规定的方式

立法明确规定平均人标准的一大优点在于，平均人标准能够明确告诉人们在当时情形下如何行为是法律允许的或者至少是法律不反对的，使得人们可以预测自己行为的法律后果，这种可预测性能够帮助人们独立地规划自己的未来。② 相反，不明确的平均人标准则不具有预测可能性的功能，不能对人们的行为起到指引作用，相应的，由于人们在行为前不能预测其行为的法律后果，人们行动自然就会萎缩，从而限制了人们的自由。③

根据模范刑法典和各州制定法的立法现状，尽管它们都规定了在何种情形下应当适用平均人标准，但对于平均人标准是什么，即平均人应当如何拟制则没有做出明确规定。因此，有学者形象地将平均人标准称为"空壳"标准，即立法只规定在当时情形下应当适用平均人标准，但平均人标准的内容则由陪审团根据各种社区规则、法律原则和道德判断结合行为时的具体情况来确定。④ 这种理解得到一些学者的赞同，如保罗·海登认为"平均人标准

引。参见储槐植、江溯:《美国刑法》，北京大学出版社 2012 年版，前言第 14 页。

① ［美］乔治·弗莱彻:《反思刑法》，邓子滨译，华夏出版社 2008 年版，第 370 页。

② ［德］约瑟夫·夏辛、容敏德:《法治》，阿登纳基金会译，法律出版社 2005 年版，第 45 页。

③ 张明楷:《刑法学》，法律出版社 2011 年版，第 59 页。

④ Steven P. Scalet, "Fitting The People They are Meant to Serve: Reasonable Persons in the American Legal System" [J] , *Law and Philosophy*, 2003, 22: 75.

是等待社会可接受的社区规则来填充的标准";① 奥斯本·雷诺兹认为"实际上，通过陪审团拟制的平均人标准我们可以知道社区认为的'适当'是什么";② 罗纳德·德沃金也做过类似的表述，他认为"平均人标准的解释依赖于规则之外的原则和政策",③ 换言之，平均人标准就是各种法律基本原则和政策之间的平衡物。

但也有一些学者对"空壳"标准提出了严厉批判，例如，有学者认为"空壳"使得平均人标准的含义具有很大程度的开放性，人们在该标准面前无所适从，人们不知道自己在当时情形下如何行为才是法律允许的或至少是法律不反对的，这严重损害了法律的可预测性和法治原则。④ 奥利弗·温德尔·霍姆斯大法官也认为"空壳"的平均人标准不能给人们的行为提供一个稳定的指引。人们需要知道在当时情形下如何行为是合理的，因此，应当用法律直接规定平均人标准内容的方式代替陪审团个案决定平均人标准内容的方式，只有这样，才能给人们的行为提供一个明确的、稳定的指引。⑤

本书认为，法律应该给法院提供一个能够适用于各个具体案件的一般标准，且该标准应当最大限度地明确化。由于现实生活中人们实施的行为形形色色，立法者不可能将现实中各种可能发生的情况都预测到，如果标准的含义规定得过于特殊或者具体，将导致该标准在一些新奇的情形下无法适用，这决定了立法上不可能给法院提供一个具体清晰的标准，其能够提供的

① Hayden, P. T., "Cultural Norms as Law：Tort Law's 'Reasonable Person' Standard of Care "[J]，*Journal of American Culture*, 1992:46.
② Reynolds, O. M. Jr., "The Reasonable Man of Neglience Law: A Health Report on the 'Odious Creature'"[J]，*Oklahoma Law Review*, 1970, 23:423.
③ Dworkin,R. M.,"The Model of Rules", in R. S. Summers (ed.)，Essays in Legal Philosophy, Berkeley and Los Angeles: University of California Press, 1967:41.
④ Abraham, K. S.,"Symposium: The Trouble with Negligence"[J]，*Vanderbilt Law Review*, 2001, 54:1192.
⑤ Steven P. Scalet,"Fitting The People They are Meant to Serve: Reasonable Persons in the American Legal System"[J]，*Law and Philosophy*, 2003, 22:77.

只能是一个抽象的、一般的标准。换言之，制定法的一般性和明确性天然存在着冲突，制定法僵硬的一般性规定必然会影响规范的明确性，制定法的明确性必然会削弱规范的一般性，这决定了平均人标准只能是一个相对明确的标准。实际上，"空壳"规定的方式与英美司法中陪审团制度是相得益彰的。诉讼过程中，陪审团的主要任务就是认定事实，认定事实的任务之所以交给陪审团，原因正如美国学者托马斯·库利所言："法律之所以设置陪审法庭，原因在于相信，从陪审团的成员、遴选模式以及他们是来自社会各个阶层这个事实来看，陪审团比单个的法官更加善于判断行为的动机，衡量证据的盖然性，而无论单个的法官是如何地英明、睿智。"① 行为人的行为是否合理作为一个事实问题，是由陪审团来认定的。从陪审团的人员结构来看，陪审团成员一般都是从普通生活中临时召集来的人，② 他们与被判断者之间的价值观和生活常识差别不大，一般来说，他们所认为的"合理的"与被判断者所认为的"合理的"基本一致。因此，批评者提出"'空壳'规定的方式严重破坏了人们的可预测性"的批评有失偏颇。事实上，"空壳"规定的方式只是为法官和陪审团指明了判断方向，告诉他们判决时应朝着这个方向，至于要在这个方向上走多远，则全凭法官和陪审团根据案件的具体情况自己去判断，这为实现被告人的个人正义提供了充分的灵活性和回旋余地。

综上所述，在英美特有的陪审团司法制度下，"空壳"规定平均人标准的方式是协调制定法明确性和可预测性的最佳方式。

（四）适用范围的广泛性和判断目的的相同性

平均人标准在英美刑法中适用的范围很广，模范刑法典和各州制定法对平均人标准的适用范围都作出了广泛的规定。尽管各州之间规定适用的范围

---

① 汤维建：《英美陪审团制度的价值论争——兼议我国人民陪审员制度的改造》，《人大法律评论》2000 年第 2 期。
② ［美］史蒂芬·耶泽等：《民事陪审团》，《哈佛大学法学研究》1997 年第 1 期。

并不完全一致。例如，纽约州刑法典、佐治亚州法典、伊利诺伊州法典对正当防卫中行为人防卫必要认识是否合理规定适用平均人标准，而模范刑法典、北达科他州法典则规定适用行为人标准。但总的来说，从犯罪主观要件中的轻率、疏忽以及不知或者错误，到辩护事由中的正当防卫、紧急避险、胁迫辩护，以及分论中的个罪，只要涉及需要判断被告人行为时的主观心理状态是否合理的，都会有平均人标准的规定。

关于平均人标准的判断对象，各州的规定大同小异。纽约州刑法典第15.05条第4款对刑事疏忽的规定：行为人行为时没有预见到自己的行为会具有导致法律禁止的危害结果发生的不正当危险。该危险在本质和程度上必须达到严重偏离当时情形下平均人遵守的行为标准。① 依据该规定，行为人是否构成疏忽，需要判断行为人在当时情形下实施的行为是否合理，从形式上看，平均人标准在疏忽中的判断对象是行为人的行为。佐治亚州修订法第13-404条A款规定：行为人相信自己对他人使用的武力或威胁要使用的武力，是保护自己免受他人实施的不法暴力或企图实施的不法暴力的侵害所紧迫必需的合理武力，如果平均人处在当时情形下也会如此相信，那么行为人的行为是正当的。② 依据该规定，判断行为人是否成立正当防卫时，既需要判断行为人关于防卫必要的主观认识是否合理，也需要判断行为人的防卫武力强度是否合理，即在正当防卫中，平均人标准的判断对象既包括行为又包括行为时的主观心理状态。特拉华州法典第431条a款规定：被告人受到对自己或者他人使用或者威胁使用非法武力的胁迫，实施构成犯罪的行为，如果平均人处在当时情形下不能抗拒该胁迫时，胁迫成立积极辩护。③ 依据该规定，判断行为人是否成立胁迫辩护时，需要判断行为人当时产生的恐惧心

---

① New York Penal Law（Mckinney's Consolidated Laws of New York Annotated Currentness）§15.05（4）.

② Arizona Revised Statutes §13-404.A.

③ Delaware Code §431（a）.

理状态是否合理，即平均人标准在胁迫辩护中的判断对象是行为人的主观心理状态。

从形式上看，平均人标准有两类不同的判断对象，即行为人的行为和行为人的主观心理状态。但本书认为平均人标准不论用于判断行为是否合理还是用于判断心理状态是否合理，都是为了判断行为人的心理状态是否合理。以疏忽的判断为例，尽管各州制定法都明确规定疏忽的判断对象是行为人的行为，即行为人在当时情形下实施的行为是不合理的；司法实践对疏忽的认定一般分为两个层次：首先将平均人置于被告人行为时的具体情形之下看平均人会如何行为，然后将被告人的行为和平均人的行为相比较，如果被告人的行为严重偏离了平均人的行为，那么被告人就成立疏忽；[①] 反之，则不成立疏忽。尽管立法和司法实践都是通过判断被告人的行为是否合理来认定疏忽，但本书认为对行为是否合理的判断只是形式，其本质是通过判断行为人行为时的主观心理状态是否合理。在英美刑法中，一般认为，犯罪心态是指行为人在实施社会危害行为时的应受社会谴责的心理状态。[②] 疏忽是一种犯罪心态，是可责性程度最低的犯罪心态类型，[③] 其心理状态表现为空白的心理状态。诚如学者所言，没有预见就像有预见一样，也是一种心理状态，是

---

① 美国刑法理论认为，评价一个行为是否"偏离平均人的行为标准"，应当综合考虑三个方面的因素：（1）行为人的行为可能引起的危害后果的严重程度。可能造成的后果越严重，行为越偏离平均人的行为；（2）危害后果发生的可能性的高低。同样的结果，发生的盖然性越高，行为偏离平均人的行为程度越高；（3）行为人回避危险行为的可能性的大小，即回避行为的负担的大小。在前两个因素一定的情况下，行为人回避、放弃危险行为的可能性越大，危险背离平均人的程度越高。美国法官汉德曾经用数学公式说明上述三个要素之间的关系，他说：如果把结果发生的可能性称作 P，把危害的严重程度称作 L，把回避行为的负担称作 B，责任取决于 B 是否小于 P 与 L 的积，即 B ＜ PL。对这个公式虽然不能作数学意义的精确量化理解，但是它清楚地说明了上述三个要素在判断行为是否偏离平均人行为规范中的作用和相互关系。参见刘士心：《美国刑法中的犯罪论原理》，人民出版社 2010 年版，第 80 页。

② 储槐植、江溯：《美国刑法》，北京大学出版社 2012 年版，第 45 页。

③ 刘士心：《美国刑法中的犯罪论原理》，人民出版社 2010 年版，第 79 页。

一种不注意或者没有考虑的心理，也就是说行为时行为人没有考虑到自己的行为可能产生某种危害社会的后果。没有考虑属于一种空白的心理状态。① 换言之，疏忽是行为人在实施行为时，心理上没有达到其应当达到的注意程度的一种不正常或不良的心理状态。② 换言之，并不是所有的空白心理状态都可以认定为疏忽，只有基于不合理根据产生的空白心理状态才能认定为疏忽。正如罗森本里（Rosenberry）在 Osborne v. Montgomery 中所言，"坦白地讲，并非任何注意之欠缺均会导致法律责任。为了确定注意的范围，我们必须采取某些判断标准，此种标准通常被称为普通的注意，即在同样的或同种情况下人们通常所达到的注意程度。"③

　　基于疏忽的性质，④ 本书认为，在疏忽判断中适用平均人标准的目的是

---

① ［英］J.C. 史密斯、B. 霍根：《英国刑法》，李贵方等译，法律出版社 2000 年版，第 108 页。

② 在过失的心理中，潜意识是一个核心概念。这里的潜意识，又称无意识，它是心理深层的基础和人类活动的内驱力，它决定着人的全部有意识的活动。潜意识作为一种无意识，它与意识之间的关系十分类似于不作为与作为之间的关系。过失与故意相比，其规范性要素起着不可或缺的作用，但这种规范性要素仍然是建立在一定的心理要素基础之上的。尽管过失具有心理内容，但不可否认的是，过失的本质在于规范性，即该心理内容没有达到一定的标准。参见陈兴良：《教义刑法学》，中国人民大学出版社 2010 年版，第 178 页。

③ Osborne v. Montgomery, 203 Wis.223 234, N. W. 372（1931）.

④ 英美有学者认为疏忽并不关注行为人的心理状态，如格兰威尔·威廉姆斯指出，"如果行为人没有意识到危险，那么他就是无意疏忽的。疏忽意味着行为人的责任基于这样的事实，即他实施了法律禁止的行为，而没有意识到其应该意识到的危险，没能相应地规范自己的行为。之所以用平均人这一法律拟制的人作为疏忽的检验标准，是因为这种标准不依赖被告人的实际心理活动"。参见 Glanville Williams, *Textbook of Criminal Law* [M]，London：Stevens, 1983：88。该观点将疏忽视为一种评价性概念，完全否认了疏忽的心理性，这是不妥当的，从心理学的发展来看，心理学是一个从关注人的意识到关注人的意志，再进而关注人的潜意识这样一个不断深化的过程。最初的心理学建立在"心理的即意识的"这一命题的基础之上，这是一种意识心理学。此后对人的心理的认识由意识而及于意志，由此形成意志心理学，意志心理揭示了心理的本质特征。然而，意识与意志并非人的心理现象之全部，在人的心理活动中还存在大量的潜意识。因而本书不赞同该观点，认为疏忽是一种不合理的空白心理状态。

为了判断行为人行为时的空白心理状态是否合理。但人类无法像上帝那样看人，可以对人百分之百地理解，只有全能的上帝才能知道我们的一切。① 在目前的科技条件和司法条件下，人们无法直接地判断人的内心活动和心理状态，人们只能通过外在的客观因素——主要是行为人实施的行为来认识行为人当时的心理状态。② 由于行为是在行为人意识或意志支配之下实施的身体动静，③ 是主观见之于客观的表现。因此，通过判断行为人在具体情形下实施的行为是否合理能够判断出行为人行为时的空白心理状态是否合理，即如果平均人处在当时情形下也会像行为人一样行为，那么行为人的空白心理状态就是合理的，也就不能认定行为人主观上存在疏忽了；反之，如果平均人处在当时情形下不会像行为人那样行为，那么行为人的空白心理状态就是不合理的，从而就可以认定行为人主观上存在疏忽。由此可见，在疏忽的认定中，判断行为人的行为是否合理，只是证明疏忽存在与否的标准或手段，它并不是疏忽本身。认定疏忽标准的客观化，不能导致疏忽本质属性发生质的改变，疏忽本质上还是一种主观心理状态。换言之，在认定疏忽过程中，平均人标准评价行为人实施的行为是否具有合理性只是认识手段，其目的是通过评价行为人实施的行为是否合理来认识行为人的空白心理状态是否合理。同样，在轻率的认定中，判断行为人的行为是否合理，是为了认识行为人轻信结果不发生的"轻信"心理状态是否合理。

　　相应的，在胁迫辩护、挑衅辩护、正当防卫辩护中，制定法通常规定平均人标准的判断对象是行为人的主观心理状态，即恐惧、愤怒心理状态是否合理。以挑衅辩护的判断为例，美国绝大多数州是通过判断被告人产生的激

---

①　Oliver Wendell Holmes, *The common law* [M]，New York：Dover Publications, Inc., 1991:108.

②　马宁:《期待可能性研究——我国犯罪成立体系下的引入论》，吉林大学法学院 2010 年版，第 124 页。

③　高铭暄、马克昌:《刑法学》，北京大学出版社、高等教育出版社 2010 年版，第 70 页。

情是否合理来决定挑衅辩护是否成立，因而在美国，挑衅刺激辩护又被称为激情辩护。激情通常被认为是一种心理状态，如根据佛罗里达州最高法院的解释，激情是"表现为愤怒、恐怖、极度绝望、惊吓等形式的心理状态"，[①]田纳西州法院则将激情解释为"最强有力和最深沉的情绪状态"。[②] 需要说明的是，一小部分州在判断是否存在法律上的充分挑衅时，聚焦于作为激情状态结果的自我失控，即如果平均人在当时的情形下也会失去自我控制，那么就存在法律上的充分挑衅。例如佐治亚州的判例将充分挑衅定义为"行为或环境足以剥夺一个平均人的自控能力"；[③]哥伦比亚特区的判例将挑衅定义为"挑衅行为足以致使平均人在当时情形下出现盛怒以至于失去自控并且冲动的实施行为"，[④]威斯康星州的判例也将挑衅定义为"足以使平均人在当时的情形下完全失去自我控制"。[⑤] 尽管这些州的陪审团被指示认真审查被告人的失去自控是否合理，而不是去审查盛怒心理状态是否合理，但由于失去自控是盛怒心理状态的自然产物，因而这里对失去自控是否合理的审查实质上还是对被告人盛怒心理状态是否合理的判断，而不是对失去自控后的行为是否合理的判断。如前所述，由于人的心理状态无法直接认定，因而一般通过判断平均人在当时情形下是否会如此行为来判断行为人的主观心理状态是否合理，即通过判断行为人的行为是否合理来判断行为人的主观心理状态是否合理。

综上所述，制定法规定平均人标准的判断对象是行为时，其侧重点在于平均人标准的判断形式；制定法规定平均人标准的判断对象是心理状态时，其侧重点在于平均人标准的判断目的，两种规定方式殊途同归，都是为了判

---

① Febre v. State,30 So.2d 367,369.（Fla.1947）.
② Drye v. State,184 S.W.2d 10,13（Tenn.1944）.
③ Recommended Arizona Jury Instructions（Criminal）,No.11.032（1989）.
④ Criminal Jury Instructions for the District of Colubia,No.4.18（4th ed. 1993）.
⑤ Wisconsin Jury Instructions（Criminal）,No.21（2001）.

断行为人的主观心理状态是否合理。

第二节　平均人标准的司法实践

一、采用平均人标准的重要判例

（一）英国采用平均人标准的重要判例

1.1954 年的拜德尔案

英国判例最初将平均人标准视为与被告人完全无关的判断标准，因此，在构建平均人标准时，被告人的任何性格特征都不会被考虑。采用该种平均人标准的代表性判例是 1954 年的拜德尔案。该案中的被告人拜德尔是一个十八岁的年轻人，他患有性功能障碍，一天他企图与一名妓女乙进行性交易，交易过程中乙嘲笑拜德尔性无能并试图离开性交易场所。拜德尔因被嘲笑而抱住乙，阻止乙离开，乙为了离开就打了拜德尔两个耳光，并用拳击打拜德尔的腹部、用脚猛踢拜德尔的生殖器，拜德尔自知有性功能障碍，因被取笑性无能而被激怒，盛怒之下完全失去自控，用刀猛刺被害人给其造成致命伤害。① 审判过程中，被告人提出挑衅辩护，② 辩称自己确实有性功能障碍并且自己对该生理缺陷特别敏感。法院认为挑衅辩护的成立需要满足两个条件：第一，被告人确实产生了愤怒的心理事实；第二，被告人当时产生愤怒的心理事实是合理的。大家对拜德尔当时真实地产生了盛怒的心理事实没

---

① 　[英] J.C. 史密斯、B. 霍根：《英国刑法》，李贵方等译，法律出版社 2000 年版，第 399 页。
② 　必须要注意的是，如果有好的无罪辩护理由，被告方乐于采用的辩护策略是反对法官给陪审团关于挑衅刺激和非谋杀的指示，这是因为，通过这种反对，可以迫使陪审团在谋杀和无罪两个极端之间选择。People v. Harris,8 Ⅲ . 2d 431,134 N. E. 2d 315（1956）.

有异议，在判断当时产生盛怒的心理事实是否合理时，法官指示陪审团应该考虑乙的嘲笑行为会在一个普通人身上会产生什么作用，而不是考虑在一个性无能者身上的作用。[1] 拜德尔提出上诉，英国上议院肯定了初审法院的法官对陪审团的指示，认为被告人的性无能在判断挑衅辩护时不应当考虑。上议院的理由可能是这样的：无论被告人是否有性功能障碍，在当时情形下，他都应当能够控制自己。拜德尔一案的判决也得到 1957 年的英国杀人罪法的认可，"只有当挑衅足以使一个普通人也像被告人一样行为时"，才可以将挑衅作为杀人罪的减轻理由。[2]

根据初审法院和上议院的意见，平均人标准中的平均人就是普通人，由于普通人一般都没有生理缺陷或者心理缺陷，所以被告人的生理缺陷或者心理缺陷在构建平均人标准时都不应当考虑，即平均人标准是一个与被告人个人情况完全无关的判断标准，因而这种平均人标准也被称为完全客观的平均人标准。

拜德尔案的判决受到了很多批评。批评者认为这种完全不考虑被告人任何性格特征的平均人标准是不公正的。因为，与性功能正常的人相比，性无能者面对性无能的嘲笑时，更不容易克制自己的情绪，在当时的情形下，其遵守法律的能力也显然低于性功能正常的人，对二者适用相同的平均人标准来判断因受到和性功能有关的嘲笑而盛怒是否合理时，对性无能者显然是不公平的，因为性无能者达到平均人标准的能力是低于性功能正常者的，性无能者将因为他事实上达不到的标准而被要求承担刑事责任，所以该案的判决有强人所难之嫌。正如一个法院所解释的："什么构成充分的挑衅刺激……应当随着个人脾气和争吵程度的不同而有不同的变化。"[3] 刑法学者施密特教授和苏丽文教授也认为，被告人只应当被期待实施达到与其具有相同身体特

---

① Bedder v. Director of Public Prosecutions, (1954) 2 All. E. R.801 （H.L.）.

② Homicide Act 1957, c.111. § 3.

③ Commonwealth v. Paese, 69 A.891, 892 （Pa, 1908）.

征（年龄、身体残疾等）的平均人一样的行为标准的行为。例如，一个盲人只能按照普通的盲人行为标准来判断其行为的合理性。[①] 事实上，法官们也知道这种标准是不公正的，但对于被告人哪些性格特征可以纳入平均人标准之中，法官们一直存在争议，有人认为如果生理缺陷和暂时精神障碍被看成相关重要的因素，那将顺理成章得出这样的结论：一个人的坏脾气依法也应受到特殊考虑。[②] 由于法官们不知道应在哪里划分界限，所以他们宁愿不将被告人的任何非正常的性格特征包括进来。另外，法官们认为，如果考虑被告人性格特征的因素，最终将违背平等对待的法律原则。梳理英美刑法早期适用平均人标准的案件，我们看到平均人标准是一种严格客观的尺度，即法官和陪审团在拟制平均人标准时，对被告人特殊的身体特征和心理特征都没有予以考虑，适用的平均人标准都是完全客观的标准。[③]

2. 1978 年的坎普林案

从前文可知，拜德尔一案判决之后，受到多方的批评。因此，1978 年的坎普林一案对拜德尔一案确立的平均人标准作出了一些修正。该案中，被告人坎普林是一个只有 15 岁的少年，被害人是一名中年男子，该男子对坎普林实施了暴力性的性攻击，之后又对其发出了性嘲弄。上述行为导致坎普林完全失去了自控力，因而手持炊具两次重击被害人的头部致其死亡。坎普林被指控犯了谋杀罪。审判过程中，被告人提出了挑衅辩护，辩称正是被害人对自己的暴力性的性攻击以及之后的性嘲弄激怒了他，导致他丧失了自控

---

① 王雨田：《英国刑法犯意研究——比较法视野下的分析与思考》，中国人民公安大学出版社 2006 年版，第 83 页。

② Royal Commission on Capital Punishment, Report 52-53 （1949-1953）.

③ R. v. Alexander（1913）109 L.T.745; 23 Cox C.C.604;9 Cr.App.R.110,C.C.A .（被告人的智力缺陷在构建平均人标准时没有被考虑）；R. v. Lesbini（1914）3 K.B. 1116; 112 L.T.175; 24 Cox C.C. 516; 11 Cr. App. R.7.C.C.A.（被告人的智力缺陷在构建平均人标准时没有被考虑）；Mancini v .D. P. P.（1942）A. C. 1; 165L. T.853（被告人的醉酒状态在构建平均人标准时没有被考虑）。

力。法官指示陪审团应当适用拜德尔一案确立的判断标准，即根据普通的成年人面对暴力的性攻击和性嘲弄的挑衅会有什么反应来判断坎普林的反应是否合理。由于成年人面对当时的挑衅通常能够控制住自己的冲动，因而被告人坎普林的回击行为被认为不构成挑衅辩护。坎普林不服判决，提出上诉，上院认为挑衅一般都是针对行为人的某些特殊个性特征或者特殊经历，例如，针对被告人过去实施的行为、被告人的生理缺陷或者人种等等，因此，在判断是否构成挑衅辩护时，将被告人与没有上述特殊个性特征或特殊经历的平均人比较是没有意义的。至少从判断挑衅严重性程度的目的出发，平均人应当被建构为考虑被告人相关特殊性格特征的人，只有这样才能体现出挑衅辩护是对人性弱点的宽容。迪普洛克大法官认为该案适用的平均人标准应当考虑被告人的年龄和性别这两个特征，换言之，陪审团应当判断一个和被告人具有相同年龄与性别的普通人面对当时的挑衅会有什么反应，是否也会像被告人那样失去自控并且实施杀人行为，而不是判断一个成年人在上述挑衅时是什么反应。① 迪普洛克大法官的建议得到参加上诉听证会的其他成员的赞同。

总的来说，按照上诉法院的观点，法官应当指示陪审团：在拟制平均人标准时应当考虑被告人的特殊性格特征。由于这种平均人标准考虑了被告人的特殊性格特征，因而平均人标准不再是一个与被告人完全无关的标准。可以说，坎普林一案适用的平均人标准与之前案件中的平均人标准相比，有了一个相当大的改变，他在一定程度上考虑了被告人的守法能力以及被告人承担刑罚的道义性。事实上，美国在更早些的时候就打破了拜德尔确立的平均人标准，《模范刑法典》规定"判断行为人精神或情绪混乱是否合理，应以行为人行为时所形成的观点加以判断"，② 为了避免这种个别化的探询会使减

---

① Director of Public Prosecutions v. Camplin (1978), 2 W. L. R. 679, 682 (H.L. 1978).

② MPC §210.3 (1) b; accord, Del Code tit. 11; N. D. Cent. Code §12.1-16-02.

轻理由泛滥于所有被挑起的杀人罪中，《模范刑法典》的起草者又附加了一个"但书"条款，对于行为人"极端的心理或情绪混乱"，必须有"合理的解释或借口"。① 根据《模范刑法典》审理拜德尔案，陪审团在拟制平均人时将不得不考虑拜德尔的性功能障碍，也不能得出"平均人一般都不会是性功能障碍者"的结论。

坎普林一案确立的平均人标准保持了大约 20 年的效力，之后，平均人标准又发生变化。2001 年，英国上议院在解释英国杀人罪法时，认为构建平均人标准时不应当考虑被告人的任何个性特征，即平均人标准又回到了完全客观的标准。讽刺的是到了 2005 年，英国枢密院在解释泽西杀人罪法时，明确否定了英国上议院回归完全客观的平均人标准的做法，重申坎普林标准的有效性，同时强调只有被告人的年龄和性别在构建平均人时可以予以考虑。②

（二）美国采用平均人标准的重要判例

1.1977 年的威廉姆斯案

该案中，被告人沃尔特·威廉姆斯和他的妻子柏妮丝·威廉姆斯都是印第安人，他俩有两个孩子，其中小孩子塔拉方达·威廉姆斯才 17 个月大，他们一家生活在华盛顿州。沃尔特是一名劳工，只接受过六年教育，柏妮丝接受过 11 年教育，平时也在外工作，两人的教育程度均低于普通人的水平。两人在外工作时，两个孩子由柏妮丝 85 岁的祖母照顾。不幸的是，9 月 1 日塔拉方达牙齿感染并于 9 月 3 日恶化为坏疽性牙病，该牙病引起特拉方达的脸颊肿胀并且散发出臭味，牙病也影响了特拉方达的正常饮食和休息，进而导致其免疫能力下降，9 月 12 日塔拉方达死于肺炎，这期间，沃尔特和柏妮丝并没有带塔拉方达到医院进行治疗。

---

① MPC §210.3（1）b;, Del Code tit. 11; N. D. Cent. Code §12.1-16-02.

② Peter Westen,"Individualizing the Reasonable Person in Criminal Law" [J] , *Criminal Law and Philos*, 2008, 2:150.

　　根据华盛顿州的法律，沃尔特和柏妮丝被指控涉嫌过失杀人罪，即因为疏忽没有送孩子到医院治疗而致孩子死亡。审判过程中，下级法院认为：被告人具有疏忽。被告人辩称孩子只不过是牙疼，牙疼通常不可能会危及人的生命安全。被告虽然没有将孩子送往医院治疗，但他们在家给孩子喂吃阿司匹林用以止疼，这说明他们还是爱孩子的。另外，被告人担心医生误会他们虐待孩子，作为印第安人，如有虐待孩子的现象，孩子将会被政府当局从父母身边带走，送去儿童福利院抚养。根据以往的经验，被告知道当时将孩子送往医院更有利于孩子牙疼的有效治疗，但是被告基于上述原因没有将孩子送到医院治疗。① 法院否认被告的上述理由是不带孩子到医院治疗的正当理由，因此被告人被判有罪。

　　被告人提出上诉，上诉法院的霍洛维茨审判长认为，本案中认定被告人构成过失杀人罪不需要被告人积极的作为，只要证明被告人没有履行作为父母的义务即可。是否履行作为父母义务的判断标准是平均人标准，即普通、谨慎的父母在当时情形下会怎么做，事实上，绝大多数父母都不会认为牙疼会引起孩子的死亡，但是"一个普通、谨慎的父母，通常对孩子的健康很关心，急切希望孩子早日康复，因而在当时情形下都会选择将孩子送到医院治疗"，② 因而霍洛维茨审判长认为被告人没有履行作为父母在当时情形下应履行的义务，严重偏离了普通父母在当时情形下的行为标准。因而被告人的过失杀人罪成立。

　　该案的两级法院认为应当依照平均人标准对被告人行为的合理性进行判断，在具体建构平均人标准时，将平均人等同于"普通、谨慎的父母"，即美国社会中的"普通、谨慎的父母"，由于印第安人处于社会中的边缘地位，界定"普通、谨慎的父母"时根本不会考虑被告人印第安人的特殊身份，尽

---

① 　State v. Willams, 4 Wash. App. 908 P. 2d 1170（1971）.
② 　State v. Willams, 4 Wash. App. 908 P. 2d 1173（1971）.

管该特殊身份与被告人没将孩子送往医院治疗紧密相关，即担心自己孩子因此事被政府当局带到福利院。该案的判决结果也受到了一些批评，例如梅奥·莫兰教授认为，我们需要更多地了解那个时候华盛顿州的儿童福利院以及进入儿童福利院之后孩子们的命运，当时进入儿童福利院的孩子基本上是印第安人，他们在儿童福利院经常受到怠慢甚至虐待。如果考虑到被告人的印第安人身份，即从印第安人普通父母的视角出发，当时情形下选择不将孩子送到医院治疗不仅是合理的，而且是正确的。因此，对威廉姆斯适用不考虑被告人个性特征的平均人标准是不公正的。①

2. 1994 年的陈东路案

1986 年，中国大陆的陈东路带着妻子和三个孩子移民到美国。那年陈东路已经 53 岁，由于没有什么手艺，他只能在马里兰州的一家饭店做洗碗工并居住在马里兰州。他的妻子领着三个孩子生活中在纽约，并在纽约的一家服装厂做兼职工人。每到休息日，陈东路就从马里兰州赶到纽约与家人团聚。在一次团聚时，由于妻子拒绝和他发生性关系，他开始怀疑妻子有外遇。1987 年 6 月，陈东路搬到纽约和家人生活在一起，之后他发现妻子对自己很冷淡，于是就更加怀疑妻子有外遇了。同年 8 月 25 日，他质问妻子是不是有外遇，妻子向其坦诚有外遇。陈东路什么也没说就走开了。两周后，也就是 9 月 5 日，陈东路要和妻子发生性关系，但遭到了妻子的拒绝，妻子对他说："我不想和你发生性关系，我已经有其他男人了。"妻子的反驳使陈东路很恼怒，陈东路用中文大声问："你们的关系保持多久了？"妻子答道："三个月了。"妻子的回答使陈东路变得更加恼怒。陈东路走到另外一个房间，手持一把羊角锤返回卧室，对着妻子头部猛击八次，妻子当场死去。② 陈东

<hr/>

① Mayo Moran, *Rethinking the Reasonable Person:An Egalitarian Reconstruction of the Objective Standard* [M]，Oxford：Oxford University Press, 2003:313.

② Leti Volpp,"（Mis）identifying Culture: Asian Woman and the 'cultural Defense'" [J]，*Harv. Women's L.J.*，1994，17：57-65.

路被指控涉嫌二级谋杀罪。

在审判过程中，陈东路的律师辩称不能认定陈东路故意谋杀罪，因为在实施杀人行为时他处于暂时精神失常状态。接着陈东路的律师从文化背景出发否定他的责任。首先，大多数中国人因受中国传统文化的影响，思想相对保守，在当时情形下一般都会像陈东路那样行为；其次，如果陈东路居住在中国，他的家人会阻拦他杀死自己的妻子。因为他居住在美国，当他情绪失控时，没有人能够劝阻他。换言之，考虑到陈东路的文化背景及背井离乡的因素，他在当时情形下的失去自控力是合理的。最终，布鲁克林最高法院法官爱德华·平卡斯裁定陈东路有二级故意杀人罪，而不是谋杀罪，判处 5 年的缓刑且没有监禁时间。爱德华·平卡斯法官在解释判决时写道："陈东路是一个生长在中国文化背景下的人，考虑到他的文化背景，在当时情形下，他会比有美国文化背景的人反应更为激烈……中国的文化背景使他当时情形下很容易恼怒。结合陈东路特殊的文化背景，该杀人行为是可宽宥的。"[1]该解释隐含的意思是：普通的土生土长的美国人在当时情形下不会产生陈东路那样的暴怒，并实施陈东路那样的行为。由于陈东路是一个在中国文化背景下成长的人，和普通美国人具有一定的差异。因而在建构平均人标准时，应当在普通的美国人中加入中国文化背景这一特殊因素，以实现对未充分融入美国主流文化的人的公平待遇。

与 1977 年的威廉姆斯案相比，该案中陪审团建构平均人标准时，吸收了被告人的文化背景，即平均人标准不是一个完全与被告人无关的标准，这也是目前美国大多数判例的立场。在确定应当考虑被告人哪些性格特征时，美国判例的一般做法是首先将被告人的所有特征划分为身体特征和心理特征，[2] 其中被告人的特殊身体特征（如双目失明、耳聋、年龄等）可以考虑

---

① Leti Volpp,"（Mis）identifying Culture: Asian Woman and the 'cultural Defense'"[J]，*Harv. Women's L.J.*，1994，17：57-65.

② 该分类方法最早是由 Joshua Dressler 在其 Understanding Criminal Law 203 (1987) 中提出。

在内，但是特殊的心理特征（如性格、受教育程度等）不能考虑在内。① 例如一个腿有残疾的女性面对一个身材高大没拿武器的男性施加的威胁，她产生多大程度的恐惧才是合理的应当与腿有残疾女性的评价能力比较，而不能与腿脚健全的女性的平均能力比较；② 一个双目失明的人应当与双目失明的人的平均水平相比较；一个十五岁的男孩的预见能力应当同十五岁男孩的平均预见能力相比较；而一个患有妄想型精神分裂症的人则不能与普通的患有妄想型精神分裂症的人比较，因为妄想型精神分裂症是心理特征而不是身体特征，而前述的残疾、双目失明、年龄都属于身体特征。③ 该一般做法也得到了一些法官和学者的支持，如普罗塞法官认为："认定疏忽时，精神上有缺陷的人与普通、谨慎的人应当适用相同的判断标准。"④ 施瓦兹教授认为："明显的身体缺陷如双目失明、身体残疾、年龄等在拟制平均人标准应当予以考虑，而特别的心理缺陷则不应考虑。"⑤

二、采用平均人标准判例的评析

（一）平均人标准就是普通人标准

一般认为，英美刑法中的平均人是指具有社会平均水平的人，是一个

---

① 参见 State v. Bourque,636 So. 2d 254,268（La. App.1994）（被告人特异的心理特征在构建平均人标准时被排除考虑）；People v. Thomas C., 183 Cal. App. 3d 786, 798（1986）（被告人的临床阴郁症状不能纳入平均人标准之中）；People v. Dooley, 944 P. 2d 590, 595 Colo. Ct. App.（1997）（因受慢性轻度抑郁和多重药物滥用而产生的激情不是合理的激情）。

② State v. Wanrow, 559 P.2D 548（Wash.1977）.

③ State v. Simon, 646 P.2d 1119（Kan.1982）.

④ Mayo Moran, *Rethinking the Reasonable Person*: *An Egalitarian Reconstruction of the Objective Standard* [M]，Oxford: Oxford University Press, 2003: 23.

⑤ WF Schwartz,"Objective and Subjective Standard of Care：Defining the Reasonable Person to Induce Optimal Care and Optimal Population of Injurers and Victims"[J]，*Georgetown. L. J.*, 1989, 78:269–275.

被法律虚拟出来的标准化的人，尽管他没有血肉之躯，但具有自己的性格特征，如性别、种族、阶层、性取向、宗教信仰以及其他的生理特征，否则就无法发挥其作为裁判标准的功能。由于英美都是多元化的社会，人们有着不同的肤色，有着不同的文化和宗教信仰背景，隶属于社会中的不同阶层，有着不同的人生观和价值观，总之，人们之间的差异比较大。因而确定"具有社会平均水平的人"的难度很大。正如有学者所言，"我们生活在一个多元化的社会里，人们有着不同的文化和宗教信仰背景，有着不同的收入水平以及不同的世界观，在这样的社会中，实在难以确定平均人的概念"。① 面对这一难题，结合上述案例，我们可知在司法实践中，陪审团普遍将平均人解释为普通人，将普通人标准视为平均人标准，即只要是普通人产生的主观心理事实就是合理的。由于人与人之间的差异比较大，陪审团通常将社会中的主流群体作为普通人，因而平均人通常以"白种人、受过良好的教育、异性恋、中产阶级、男性、成年人"② 的形象出现，正如梅奥·莫兰教授所言，"那些主流群体的成员会发现自己的特定、生活经历和自身的限制条件都含蓄地体现在平均人身上"，③ 而边缘群体的性格特征则被陪审团忽略了。

针对司法实践中将普通人标准视为平均人标准的做法，多数学者持肯定的态度，如"平均人就是社区中的普通一员，下班后买本杂志回家阅读，傍晚挽起袖子在自家草坪上劳动的人"，或者说"平均人就是平时出行乘坐克拉彭公交车或者博罗地有轨电车的人"。④ 但也有学者认为这种做法"忽略

---

① Cynthia K. Lee, *Murder and the Reasonable Man*: *Passion and Fear in the Criminal Courtroom* [M]，New York: New York University Press, 2007:203.

② 参见 Andrew E. Taslitz,"A Feminist Approach to Social Scientific Evidence: Foundations" [J]，*Mich. J. Gender & L.*, 1998, 5:1-26。

③ Mayo Moran, *Rethinking the Reasonable Person*: *An Egalitarian Reconstruction of the Objective Standard* [M]，Oxford: Oxford University Press, 2003:203.

④ Hall v. Brooklands Club（1933），1. K. B. 205 p.244.

了家里没有草坪的人和没有能力购买杂志供下班回家阅读的人的存在，也忽略了雇人清理自家草坪的人的存在"，① 换言之，家里有草坪的人与家里没草坪的人相比更像平均人，自己清理自家草坪的人也比雇人清理自家草坪的人更像平均人，其后果正如某些学者所说，"普通人的形象抹杀了行为人之间的差异，可能导致判决结果对某些群体的非正义"。② 具体分析上述拜德尔一案，拜德尔是一个十八岁的青年，在判断拜德尔面对挑衅回击行为是否合理时，陪审团认为应当将拜德尔的回击行为与一个成年人在当时情形下的回击行为相比较，事实上，十八岁的青年和成年人面对相同挑衅时的自控能力是不同的，拜德尔也因而最终入罪；坎普林一案中，坎普林是一个十五岁的少年，在判断坎普林面对挑衅反应行为是否合理时，陪审团认为应当将坎普林的反应行为与一个同龄普通人的反应行为相比较，坎普林与参照对象具有更多的相似性，坎普林最终出罪；威廉姆斯一案中，被告人是印第安人，但陪审团拟制的比较对象是白种人，而印第安人和白人在一些情形下的行为方式是不同的，威廉姆斯最终入罪。由此可见，被告人和普通人的相似程度越高，裁判中越容易受到宽恕；反之，则越不容易受到宽恕，因而将普通人标准作为平均人标准可能对被告人蕴含着某些不公正。还有学者认为刑法欲通过刑罚制裁鼓励人们实施某些行为以及禁止人们实施某些行为，为人们行为的妥当性提供指引，普通人显然难以实现法律这一意图。③

本书认为，尽管普通人也存在着一些缺点和不足，在日常生活中也会犯错误，但只要普通人的这些缺点和不足能够保持在社会所能容忍的限度内，普通人基于这些缺点和不足产生的主观心理事实就是合理的。因而，

---

① Nancy S. Ehrenreich,"Pluralist Myths and Powerless Men: The Ideology of Reasonableness in Sexual Harassment Law"[J] , *Yale L. J*, 1990, 1999:1212.

② Nancy S. Ehrenreich,"Pluralist Myths and Powerless Men : The Ideology of Reasonableness in Sexual Harassment Law"[J] , *Yale L. J*, 1990, 1999:1212-1213.

③ Cynthia K. Lee, *Murder and the Reasonable Man: Passion and Fear in the Criminal Courtroom* [M] , New York: New York University Press, 2007:237.

将平均人解释为普通人基本上是妥当的，只是在界定普通人时应当对行为
人能被社会容忍的缺点和不足予以考虑。司法实践中，法官和陪审团也认
识到了这个问题，对普通人的界定做了一些修正，详言之，平均人一般以
普通人为基础，根据被告人的实际情况对普通人的性格特征进行修正，即
拟制平均人过程中开始考虑行为人的特殊性格特征，使平均人标准呈现出
主观化的倾向。

（二）平均人标准的主观化趋势

平均人标准是一个技术标准，平均人标准应当如何构建取决于刑法要实
现的价值目标。综观英美刑法适用平均人标准的判例，以 20 世纪 70 年代末
为界，平均人标准大致经历一个由严格遵守客观性到放松客观性的变迁过
程，平均人标准从一个完全与被告人无关的标准转变为考虑行为人特殊性格
特征的标准。[1]换言之，平均人标准经历了从一般到具体的过程。毫无疑问，
完全与被告人无关的平均人标准是不公正的，在被告人除了违反法律而别无
选择的情况下，对被告人处以刑罚就可能蕴含着对被告人的某些非正义。因
此，平均人标准发生变迁的主要理由就是为了使平均人标准能够作为责难特
定行为人的适当根基，以实现给予被告人的刑罚具有道德上的正当性。但接
下来的问题是被告人的哪些特殊的性格特征在拟制平均人时应当予以考虑？
如何在应当考虑的性格特征和不应当考虑的性格特征之间划分界限？例如：

---

① Douglas J. Brown,"Disentangling Concessions to Human Frailty: Making Sense of Angle-
American Provocation Doctrine Through Comparative Study" [J] , Journal of International Law
and Politics: 685.参见 People v. Washington, 58 Cal. App. 3d 620, 130 Cal. Rptr. 96 (1976) (同
性恋的特征未被考虑); State v. Madden, 61 N. J. 377, 294 A.2d 609 (1972) (人种未被考虑);
Bedder v. Director of Public Prosecutions, [1954] 2 All E.R. 801 (性无能未被考虑) ; People
v. Golsh, 63 Cal. App. 609, 219 P. 456 (1923) (中暑未被考虑) ; Jacobs v. Commonwealth,
121 Pa. 586, 15 A. 465 (1888) (易怒的性格未被考虑) ; Bishop v. United States, 107 F.2d 297
(D.C. Cir. 1939) (醉酒未被考虑) .

被告人是一个四十岁的男子，那么被告人的参照对象应是普通的四十岁成年男子还是不考虑年龄的普通成年男子？四十岁的成年男子和五十五岁的成年男子在思维和行为方面有没有不同？四十岁的成年男子和二十五岁的成年男子在思维和行为方面有没有差异？如果被告人在实施犯罪行为时处于醉酒状态，被告人是应当与醉酒的人的平均水平相比较还是应当与未醉酒的人的平均水平相比较？如果被告人是一个患有"受虐待妇女综合症"①的妇女，她的比较对象应当是普通男性、普通女性还是患有"受虐待妇女综合症"的女性？

目前英国判例的一般做法是被告人的年龄和性别在构建平均人标准时可以考虑，其他性格特征则不能考虑。美国判例的一般做法是区分被告人的身体特征和心理特征，被告人的身体特征在构建平均人标准时可以考虑，心理特征则不能考虑。上述两种区分方法在司法实践中不无疑问。比如，一名退伍士兵因患上战后心理综合症，面对突然且粗鲁的身后推挤时特别容易愤怒，在判断挑衅辩护时，如果适用英国判例一般的方法选择被告人性格特征，由于战后心理综合症既不是性别，也不是年龄，因而在构建平均人标准时不能被考虑，因此，退伍士兵的行为不能成立挑衅辩护。但退伍士兵愤怒的产生确实与战后心理综合症紧密相关，且退伍士兵对患上战后心理综合症没有任何过错，他本人也没能力控制该症及其产生的影

---

①　受虐待妇女综合症（battered woman syndrome）原本是一个社会心理学术语。这个术语最早由研究家庭暴力的先驱、美国临床法医心理学家雷诺尔·沃克博士提出。1979 年，雷诺尔·沃克出版了其著作《受虐的妇女》（*The Battered Women*）。在该著作中，雷诺尔·沃克指出受虐妇女综合症是由暴力周期和后天无助感两个要素组成，其于 20 世纪 70 年代末 80 年代初在北美成为一个法律概念，具体是指丈夫对妻子进行身体和精神虐待之后求得妻子的谅解，而后又实施虐待，如此反复，使得妻子因为周期性的虐待而形成的一种习惯性的无助感。患有"受虐待妇女综合症"的妇女可能最终杀死丈夫以避免虐待行为的再次发生。它可以解释受虐妇女对施暴者的暴力行为或暴力威胁做出的过激反应的合理性。

响，① 这样的判决结果对老兵显然有失公正。如果适用美国判例一般的方法分析该案，由于被告人的战后心理综合症属于人的心理特征，因而该特征在构建平均人标准不应当被考虑，因此美国判例区分身体特征／心理特征的筛选方法也可能造成对被告人的非正义。

由于上述选择被告人个性特征的方法可能对被告人造成某些非正义，因而陪审团在构建平均人标准时开始对上述方法作出调整。以"受虐待妇女综合症"的案件为例，"受虐待妇女综合症"属于人的心理特征，但陪审团在构建平均人标准时，法官开始指示陪审团将"受虐待妇女综合症"纳入到平均人标准，如 1987 年的菈维利一案中，加拿大最高法院采纳了专家证据，支持被告人菈维利提出的正当防卫的辩护理由。②

---

① Peter Westen,"Individualizing the Reasonable Person in Criminal Law"［J］, *Criminal Law and Philos*，2008，2：150.

② 菈维利杀死了她的丈夫鲁斯特，被控涉嫌二级谋杀罪。对杀人的事实，菈维利供认不讳。她承认当鲁斯特转身离开她的卧室准备返回正在他们家举行的派对时，她向鲁斯特后脑开枪致其当场死亡。该案的辩论焦点是菈维利在当时情形下的开枪行为能否视为正当防卫。有证据证明鲁斯特长期对妻子菈维利施虐。由于菈维利对丈夫开枪发生在他正要离开卧室之时，虽然她丈夫扬言等派对结束之后要杀死她，但这不符合传统正当防卫所要求的紧迫条件。因为菈维利的开枪行为是发生在鲁斯特正准备离开卧室返回派对现场之时，故当时对其并不构成紧迫的人身威胁。除此之外，菈维利不能证实她是在当时没有任何其他选择空间的情况下而采取的防卫。审判过程中，一位心理学家作为专家证人出庭，专家证言的目的是通过提供给陪审团长期虐待对女性心理影响方面的资料，以解决菈维利在不是紧迫危险情形下实施的行为不能构成正当防卫的难题。专家证言的核心观点是从菈维利的行为方式的特征而推断出其患有"受虐待妇女综合症"。她是一名受虐待的妇女，因长期的受虐而产生不能摆脱对鲁斯特的恐惧，易受伤害、无助感。专家证言还指出菈维利在开枪时真实地相信自己的生命面临紧迫的威胁，"我认为，她感到在这最后悲惨的时刻她的生命已到了极限，除非她以暴力方式进行反击，否则她将会死去"。故专家证言说明了菈维利能够感觉到一个致命的攻击马上来临，认为当时保护自己的唯一方法是将鲁伯特开枪打死。菈维利被法庭宣告无罪，但上诉法院在排除了专家证言的基础上，否决了初审法庭的无罪判决，而戏剧性的是加拿大最高法院坚持认为专家证言是保证审判公正的重要因素，因而又恢复了菈维利的无罪判决。参见李伟：《"受虐妇女综合症"——女性主义对传统意义正当防卫的挑战》，《中华女子学院学报》1999 年第 4 期。

三、平均人标准与行为人性格特征的关系

（一）平均人标准与性别

在 19 世纪的英美社会中，女性与男性相比较处于从属地位，[①]另外当时的大多数暴力性犯罪的主体都是男性，因而，法官和陪审团习惯性地认为平均人就是男性，在审判中法官通常指示陪审团将被告人的行为同男性平均人的行为（reasonable man）相比较，[②]来决定被告人的行为是否合理以及能否减免被告人的刑事责任，甚至在被告人是女性的情况下，认为采用男性平均人（reasonable man）标准也是适当的。[③]对平均人以男性的性别出现，实务界和理论界也没有产生太多的争论。

1935 年，赫伯特勋爵在自己虚拟的 Fardell v. Potts 一案中，对女性被告人适用男性平均人标准的做法提出质疑，他认为博学的法官不应该指示陪审团对女性被告人采用男性的平均人标准，否则，容易导致平均人标准可能超出女性被告人的能力水平，这对女性被告人显然是不公正的，因而应当对女性被告人适用与其能力相适应的平均人标准。[④]诚如罗尔斯所言："司法程序中的一些细微偏见就可能对社会中某个特定群体造成实质性的歧视。"[⑤]

[①] 布莱克斯通在《英国法律评论》中陈述这样一种观点：女性特别是已婚妇女没有法律认可的公民地位。其对此作出如下解释：婚后，丈夫与妻子在法律上是一体的，换言之，已婚妇女的真实存在以及她在社会上的法定地位暂时中止了，或者说至少是融合到丈夫身上，即她将在他的翅膀、他的保护和他的掩护之下生活。实际上，这就意味着婚后的女性没有财产权，不能支配她所继承的遗产，没有监护权，而且没有民事诉讼权。参见［美］约瑟芬·多诺万：《女权主义的知识分子传统》，赵育春译，江苏人民出版社 2003 年版，第 5 页。

[②] 参见 R. v. Welsh（1869）11CoxC.C.336, R. v. Alexander（1913）10 9V.T.746; R. v. Lesbini（1914）8K. B. 1116。

[③] 参见 Anderson v. State, 43 S.E.835（GA.1903）。该案中，在判断被告人的行为是否构成正当防卫时，法官指示陪审团对被告人适用男性的平均人标准是合适的，即使被告人是女性也不例外。

[④] A.P Herbert, *Uncommon Law* [M]，London: Metheum, 1935:4.

[⑤] J. Rawls, *A Theroy of Justice* [M]，Cambridge, Mass: Havard University Press, 1971; 235.

　　为避免对女性群体造成歧视，学者和法官开始对女性被告人应当适用何种平均人标准展开讨论，但并未形成共识，总结梳理大致形成三种观点。第一种观点认为，应当建立性别中立的平均人标准。支持该标准的学者们认为男性和女性在本质上是相同的，因此男女应当同等对待，不偏不倚，性别中立的平均人标准是实现男女公平的最佳选择。对该种平均人标准提出的批判是：它只是从形式上实现了男女平等，尽管形式平等对于改变女性在社会中的从属地位，争取与男性同等的法律地位具有重大的意义，但是性别中立的平均人标准忽视了男女生理上的差异与因历史和现实的原因而造成女性在文化、经济上处于的不利处境，这些不利都是客观存在的，因而最终难以实现真正的两性平等。① 第二种观点认为，男女在本质上是不同的，一般说到男性通常和理性联系在一起，而说到女性则通常和感性联系在一起，如此一来，性别中立的平均人事实上成为披着中性外衣的男性平均人，他有着男性的价值观，因而性别中立的平均人标准仍有歧视女性被告人的可能。由此提出第二种观点即法律只有正视男女之间在思维方式、生理特征及其他方面的差异，对男性被告人适用男性平均人标准，对女性被告人适用女性平均人标准，才能真正地实现男女平等。对该观点提出的批判是：该类平均人标准的初衷是为了实现男女实质上的平等，出发点固然是好的，但具体适用中却难以保障男女实质平等的实现。如 People v. Williams 一案，② 两级法院都认为，

---

① 赵明：《女权主义法学的性别平等观对中国立法的启示》，《妇女研究论丛》2009 年第 3 期。

② 该案中，被告人罗宾·威廉姆斯和乔治是一对夫妇，他们居住在伊利诺伊州库克县西华盛顿街 5419 号的一家公寓里。1986 年 4 月 20 日，罗宾·威廉姆斯下班回家，在走向自己卧室的时候，她看到自己的丈夫一丝不挂地与两名女子一起走出卧室，看到眼前的一切，她开始对乔治大吼。乔治让她闭嘴并返回卧室去穿衣服，两名女子也趁机离开了乔治的家。气得浑身发抖的罗宾走进厨房，开始煎炸一些鸡肉。这时穿好衣服的乔治走进厨房和罗宾大吵起来，吵架过程中，乔治击打了罗宾的头部。罗宾拿起了餐刀对乔治持续猛刺，甚至在乔治转身想逃时也没停手。罗宾被指控涉嫌故意谋杀罪。根据伊利诺伊州的规定，是否存在刑法上的挑衅需要比较平均人在当时情形下是否也

在判断女性被告人发现丈夫婚姻不忠实行为之后的暴力反应行为是否合理时，应当适用女性的平均人标准，由于陪审团认为一个普通的女性在当时的情形下与一个普通男性相比，反应行为不会那么强烈，这种性别上的差异将导致女性的暴力反应行为被认为是不合理的，而男性在发现配偶婚姻不忠实时，同样的暴力反应行为则被认为合理的，这样分性别的平均人标准反而造成了对女性的歧视。第三种观点也是最激进的观点认为，所有的被告人都适用女性平均人标准，即使被告人是男性。弗雷尔教授和马修斯教授是该标准的倡导者，他们认为"由于男性和女性在生活经验以及生理特征方面的差异，在性犯罪和攻击性犯罪之中，女性通常是受害者的一方"，采用该标准更有利于保护女性受害人。例如，丈夫杀死了妻子，在法庭上辩称是妻子的通奸行为导致自己情绪失控进而杀人，那么在判断丈夫情绪失控是否合理时，应当采用女性平均人标准，即妻子发现丈夫通奸时，会不会情绪失控进而杀人，事实上该种情形下妻子通常不会杀死丈夫的。① 该标准相比较于前两个标准，一方面男性被告人可能受到更重的判罚，从而可以更好地保护女性，但另一方面对男性被告人适用与其完全无关的标准，其结果必然造成对男性被告人的歧视，使男性被告人受到非正义的裁判。目前英美司法判例适用的平均人标准大部分倾向于采纳第一种修正观点，即用性别中立的平均人取代

会产生突然的激情，即需要平均人标准判断罗宾当时产生的激情是否合理，而不是只要被告人处于激情状态即可。在审判过程中，罗宾的律师辩称罗宾是在突然激情状态下实施的杀人行为，而罗宾的突然激情状态是由乔治的严重挑衅引起的，并且平均人处于罗宾当时的情形下，也会像罗宾那样行为，因而罗宾的行为构成挑衅辩护。陪审团认为这里的平均人并不是具有全伊利诺伊州公民平均水平的人，而应是具有伊利诺伊州平均人水平的普通女性，根据伊利诺伊州普通女性拟制的平均人在捉到丈夫同其他女性通奸并因此争吵时，通常不会使用杀人的暴力来回应丈夫的所作所为。因而罗宾被认定为故意谋杀罪，该判决也得到了上诉法院的认可。参见 People v. Williams, 576 N.E.2d 68（Ill. App.Ct.1991）。

① 参见 Cynthia K. Lee, *Murder and the Reasonable Man: Passion and Fear in the Criminal Courtroom* [M]，New York: New York University Press, 2007: 212–215.

男性的平均人，采用性别中立的平均人标准。①

（二）平均人标准与种族

与男女平等主义者围绕着法律是否应当区分性别展开论战一样，学术界也展开了法律是否应当区分种族的论战。②一方面传统主义者，包括保守派、新保守派和白人自由主义者，认为种族和法律没有关系，法律应该是不分种族的。另一方面，种族批判主义者主张，我们生活的社会中有着不同的种族，法律应当承认这个现实，即法律应当区分种族。

最能体现传统主义者和种族批判主义者论战的是二者关于"赞助性行动"③的立场。④传统主义者认为"赞助性行动"给予黑人、拉丁美洲人和其他种族群体的特殊待遇，对于那些就业困难、晋升困难以及进入好学校困难的弱势白人来说是不公平的。传统主义者同时认为"赞助性行动"建立在少数族裔弱于白人的基础之上，这是对少数族裔的轻视，同时也因为剥夺了白人的就业和其他机会而伤害了白人，造成反向歧视。基于以上原因，传统主义者认为种族应当和法律无关。种族批判主义者对传统主义者的主张提出质疑。⑤例如美国学者德里克·贝尔就认为："在我们的国家，有色人种一直是被歧视的对象。法律与种族无关的原则是有问题的，因为它否认了种族在

---

① Cynthia K. Lee, Murder and the Reasonable Man: Passion and Fear in the Criminal Courtroom [M]，New York：New York University Press, 2007:204.

② 参见 Neil Gotanda,"A Critique of 'Our Constitution Is Color-Blind'" [J]，*Stan. L. Rev.*，1991, 44:1.

③ 所谓"赞助性行动"计划，又称"肯定性行动"计划，就是给传统上受社会歧视的人群（少数民族、女性等）以特殊照顾，以纠正原先的歧视现象。在美国，"赞助性行动"计划通常出现在某些个人的"转折期"：入学或就业等环节。它有很多种形式：优先获得政府的合同、教育或就业机会、取得语言和技能培训机会等。

④ 参见 Randall Kennedy,"Racial Critiques of Legal Academia" [J]，*Harv. L. Rev.*, 1989, 102:1745.

⑤ Richard Delgado, Jean Stefancic, *Critical Race Theory: The Cutting Edge* [M]，Temple University Press, U.S., 2000.

现实生活中的重要意义。它假定不同种族的人能够被平等对待。事实上在入学和就业时，有色种族的人通常被认为各方面的能力要弱于白人。为了纠正这样的种族歧视，'赞助性行动'必须施行甚至要加大力度，尤其是在教育和就业的领域。"①

传统主义者最终取得了这场论战尤其是"赞助性行动"的胜利。上世纪90年代，加利福尼亚州首先发起拒绝在就业、教育以及公共契约中考虑种族、性别、年龄或者民族血统的运动。1996年加利福尼亚州投票通过209号关于废止"赞助性运动"的提案。② 在209号提案的激励下，1998年华盛顿州也废止了"赞助性运动"。③

伴随着传统主义者在这场论战中取得成功，大多数法院也认为被告人的种族应当与平均人标准无关，因而在构建平均人标准时拒绝考虑被告人的种族这一特征。④ 如此一来，在判断黑人因受到带有强烈种族侮辱称谓的挑衅所回击的致命性暴力行为是否合理时，法官通常指示陪审团不应当将被告人同普通的黑人相比较。同样，印第安人由于真实地相信自己的生命安全处于紧迫的危险之中，为了防卫自身安全而开枪打死了执法官员，在判断被告人的防卫认识是否合理时，陪审团被指示不应当与普通的印第安人相比较。以上两个案件的共同点是，在构建平均人标准时，被告人的种族因素没有被纳

---

① Derrick Bell, "Xerces and the Affirmative Action Mystique" [J], *Geo. Wash. L. Rev.*, 1989, 57:1595.

② Steve Geissinger, Proposition 209 Passes, as Does Medical Marijuana Initiative, Orange County Reg., Nov. 6,1996,at G4.

③ V. Dion Haynes, Affirmative-Action Foe is Targeting Racial Data; Plan Would Ban Classification by Race in California, Chi. Trib., Dec.26, 2001, at A1 （记载了华盛顿州在209号提案的激励下，废止了"赞助性运动"计划）.

④ 参见 Trujillo-Garcia v. Rowland, No.93-15096,1993 WL 460961, at1 （9th Cir. Oct. 10, 1993） （拒绝了被告人应当依据普通的墨西哥男人标准而不是泛泛的普通人标准的主张）；People v. Natale, 18 Cal. Rptr.491,494 （Cal. Ct. App. 1962） （构建平均人标准时拒绝考虑被告人是意大利裔美国人这一特征）.

入平均人之中，被告人的参照对象是种族中立的平均人。① 该标准隐含的意思是：法官和陪审团假定所有的美国人，无论其属于哪个种族，他们在相同的情形下会产生相同的主观心理事实。

（三）平均人标准与身体和心理特征

这里的身体特征主要关注的是行为人所具有的身体残疾，如双目失明、腿有残疾、耳聋等。这里的心理特征主要包括行为人的心理、性情、记忆、智力，以及其他精神方面的欠缺。早期英美刑法理论普遍认为，平均人标准应当是一种严格客观的尺度，是一个与被告人完全无关的判断标准，其理由是如果考虑了被告人的特殊性格特征，将违背平等对待的法律原则。因此，早期判例中适用的平均人标准都是完全客观的标准，被告人的身体特征和心理特征在构建平均人标准都没有被考虑。②

刑法学者们显然认识到完全与被告人无关的平均人标准可能对被告人造成某些非正义，因此对平均人标准提出了完善的建议，如严格客观标准的坚定支持者霍姆斯，就对自己宽泛的主张做出了某种限制，承认下面的情况可以构成疏忽的宽宥事由："某人有明显的缺陷，其性质使所有的人都看得出，事先做出某些防范是不可能的。"③ 根据霍姆斯的解释，在分析被告人的行为是否严重偏离当时情形下平均人应遵守的行为标准时，行为人的双目失明、年幼的状态应当予以考虑。霍姆斯的观点受到许多学者的追捧，这些学者认为被告人明显的缺陷如双目失明、身体残疾和年幼在构建平均人标准时可以

---

① Cynthia K. Lee, Murder and the Reasonable Man: Passion and Fear in the Criminal Courtroom [M]，New York: New York University Press, 2007: 223–224.

② R. v. Alexander（1913）109 L.T.745; 23 Cox C.C.604; 9 Cr. App. R.110, C.C.A.（被告人的智力缺陷在构建平均人时不予考虑）; R. v. Lesbini(1914)3 K.B. 1116; 112 L.T.175; 24 Cox C.C. 516; 11 Cr.App.R.7.C.C.A.(被告人的智力缺陷在构建平均人时不予考虑)；Mancini v. D. P. P. (1942) A.C.1; 165L.T.853（被告人的醉酒状态在构建平均人时没有考虑）。

③ Oliver Wendell Holmes, *The common* law[M]，New York：Dover Publications, Inc., 1991:109.

考虑，同时又明确拒绝将被告人可以考虑的特征扩大到心理特征的范围。①
随着时代发展，司法实践中的平均人标准的严格客观性也逐渐放宽，陪审团
在构建平均人标准时开始考虑行为人的特殊性格特征。对于被告人的哪些性
格特征在构建平均人标准应当考虑，目前美国大多数法院的做法是，首先将
被告人的特征分为身体特征和心理特征，被告人的身体特征如性别、年龄、
生理缺陷等会被考虑在内；被告人的心理特征则不会被考虑。② 即如果被告
人是双目失明的人，则应以一个普通的双目失明的人在同样情形下的主观心
理事实来确定被告人的主观心理事实是否合理。只要一个普通的双目失明的
人在当时情形下也会产生某种主观心理事实，被告人的主观心理事实就是合
理的。当然，这一立场也受到了批评。

（四）平均人标准与特殊技能、特别认识

在我们的社会中，有些人由于接受过特殊知识或技能的培训，具有普通
人所不具有的一些特殊技能和特别认识，例如，在需要具有从业资格能力的
行业工作的人，医生、司机、工程监理师、会计师等等；还有些人由于和被
害人之间具有某种特殊的关系，从而知悉一些普通人不知道的被害人的爱
好、性格或近期行为动向等信息。这些人在实施与其特殊技能或特殊认识有
关的行为时，在判断他们行为时的主观心理事实是否合理时，应该构建何种
平均人标准？

对于这些人，英美判例的一般原则是，行为人的特殊技能或特殊认识在

---

① Mayo Moran, Rethinking the Reasonable Person：An Egalitarian Reconstruction of the Objec-
tive Standard[M]，Oxford:Oxford University Press, 2003:29.

② 参见 State v. Bourque, 636 So.2d 254, 268（La. App.1994）（该案的平均人标准拒绝考虑被
告人特殊的心理特征）；People v. Thomas C., 183 Cal.App.3d 786, 798（1986）（该案认为临
床忧郁症不是平均人的性情，也拒绝考虑）；People v. Dooley, 944 P.2d 590, 595（Colo. Ct.
App.1997）（该案认为拟制平均人时不应考虑慢性轻度抑郁的症状和因多重药物滥用产生
的症状）。

构建平均人标准时应当考虑。如美国曾有这样一个案件：被告人（实施防卫行为的人）开枪杀死了正威胁要杀他的人，当威胁者把手伸向口袋时被防卫人开枪打死。事后查明，威胁者口袋里除了一条手绢外根本没有任何武器。虽然发生了事实上的认识错误，但威胁者曾经威胁用枪打死被告人，因而被告人的认识错误是合理的。[①] 显而易见，该案在判断被告人的认识错误是否合理时，平均人标准考虑了行为人的特殊认识，因为没有这种特别认识的普通人是不会产生这样的认识错误的。但是，在司法实践中，被告人所知悉的特别认识必须具有可靠、可信赖的依据，才能在构建平均人标准时予以考虑。如前文的 State v. Wanrow 一案，被告人辩称自己开枪的一个重要原因就是她从其他邻居那里得知被害人曾是一名精神病患者，该特别认识在构建平均人标准时没有被考虑，因为被告人的特别认识是道听途说得到的，是不可靠的特别认识。一般认为，普通人不会将不可靠的特别认识作为自己作出决定的根据。

对于行为人的特殊技能，陪审团在构建平均人标准通常会予以考虑，但法律并不要求行为人在行为时发挥其所拥有的最高技能，只要发挥具有该特殊技能领域的平均水平即可。例如，根据英国《1988 年道路交通法》第 3 条规定，在道路上驾驶机动车时，没有合理谨慎和注意，或没有合理考虑其他人也在使用道路，就构成犯罪。一般认为该条确认："一个客观的、非个人的、普遍的标准。它与高速公路其他所有人的安全有关，与个人开车的熟练程度或经验大小无关。"因此，一个刚学开车的人，虽然"尽了他的全部技术和注意力"，但是没有达到所要求的标准而被判有罪。一个慎重和熟练的司机可以正确判断却判断错了，也可能构成犯罪。[②] 换言之，刚学开车的人与熟练的司机适用的是同一个注意标准。

---

① 储槐植、江溯：《美国刑法》，北京大学出版社 2012 年版，第 77 页。

② ［英］J.C. 史密斯、B. 霍根：《英国刑法》，李贵方等译，法律出版社 2000 年版，第 109 页。

（五）平均人标准与年龄

这里的年龄主要关注的是未成年的问题。英美普通法认为，低于一定年龄的人没有认识自己行为的性质和意义的能力，他们实施的危害行为不是自己自由意志的体现，无法形成犯罪要素要求的犯罪心态，因此不具有主观可责性。①

由于英美普通法和制定法对刑事责任能力的年龄做出了详尽的规定，因而未成年这一特征在构建平均人标准时能否考虑只需遵循法律规定即可，换言之，以法律规定为根据，决定未成年人的年龄在构建平均人标准时是否应当考虑。这种方法适用简便，且人们对判决结果的可预测性高。因而，该方法曾一度为英美司法实践所采用。

但是，这一方法近来受到学术界的严厉批评，批评者认为，尽管16岁和35岁都达到了完全刑事责任年龄，但是由于社会阅历、知识结构以及心理承受能力等方面的不同，导致他们在同样的情形下会出现不同的主观心理事实，例如，在面对同样的挑衅时会有不同的心理反应，因而在判断挑衅是否成立时，应该脱离法律对刑事责任年龄的规定，采用个案分析的方法，对他们适用与自己年龄相适应的平均人标准。个案分析法与前一种方法相比，适用起来要更复杂，成本更高，而且，判决结果的可预测性较差。但是，其更能保证判决结果的实质公正。因此，司法实践中，也有判例采用个案分析的方法，如在坎普林一案中，法官指示陪审团应当将坎普林同一个与

---

① 英美普通法对刑事责任年龄的划分经历了漫长的发展过程，最终形成刑事责任年龄划分为三个阶段的制度。即，（1）7岁以下为"没有刑事责任能力"。（2）7岁至14岁为"推定缺乏刑事责任能力"，即如果缺乏证据证明有责任能力的情况下就被推定为没有责任能力。有些行为本身就能说明行为人有责任能力，例如杀人之后，去隐藏尸体，去贿赂证人，或者嫁祸于人等等，这就说明行为人对杀人行为有责任能力。一旦确定为有责任能力而被定罪时，则可以和成年人处同等刑罚。（3）有刑事责任能力的年龄为14岁。现在未成年是美国各个司法区普遍承认的一种辩护理由，美国大约有半数的州已明文规定了未成年人的刑事责任年龄，其余的州仍沿用普通法的规则。参见储槐植、江溯：《美国刑法》，北京大学出版社2012年版，第58—59页。

其具有相同年龄、相同性别的普通人进行比较，以判断他当时的盛怒心理是否合理。事实上，个案分析的方法将未成年人刑事责任能力的判断作为一个事实问题来处理。如果人们对未成年人是否具有刑事责任能力产生较大争议时，则不再适用法律的具体规定，而由陪审团在法官的指示下完成未成年人刑事责任能力的判断，此种情况下，平均人标准的构建应当考虑行为人的未成年。

第三章 平均人标准的困境、原因分析及挑战

第一节 平均人标准的困境及原因分析

一、平均人标准的困境

平均人标准作为陪审团判断行为人行为时的主观心理事实是否合理的工具，在英美司法实践中发挥着重要的作用。但是，平均人标准并不是一个完美的标准，其在司法实践的具体运用中也暴露出一些缺陷，如平均人标准最初运用于刑事案件的审判时，由于男性在社会生活中处于支配地位，规则的制定和适用是以男性为主，因而法官通常指示陪审团将平均人拟制为男性的平均人，该标准在女性从属于男性的社会中具有相对的合理性，但随着女性社会、政治、经济地位的提高，该标准对女性的歧视暴露无遗，因而性别中立的平均人取代了男性的平均人。实际上，平均人由男性修正为性别中立，只是解决了女性被告人受到歧视的问题，[1] 司法实践中，平均人标准还有如

---

① 女性主义的核心观念是，传统思想中存在一种根本性的男性偏见。传统理论主要是在男

下的问题有待解决。

（一）平均人标准的模糊性

判断的标准是用以衡量判断对象的尺度，只有已知的、确定的尺度才能衡量出未知事物的性质，如果以模糊不清的平均人作为标准来判断行为人行为时的主观心理事实是否合理，被告人行为时的主观心理事实的合理性根本无从判断，就相当于用一个没有标明刻度的尺子去测量一根木头的长度，根本不能得出任何结论，更不要说正确的结论了，因而明确平均人的含义是适用平均人标准的前提。一般认为，平均人就是具有社会平均水平的人，一些学者批判该界定之下的平均人含义过于模糊、抽象，外延难以确定，① 因此难以承担作为参照判断对象的重任。为了明确平均人含义的模糊性，英美判例的通常做法是将平均人解释为普通人，如在威廉姆斯一案中，在判断威廉姆斯的主观心理事实是否合理时，将威廉姆斯的主观心理事实同普通、谨慎的父母在相同情形下产生的主观心理事实相比较，在拜德尔一案中，将拜德尔盛怒的心理状态同普通人在相同情形下产生的心理状态相比较，在坎普林一案中，将坎普林的心理状态同普通人在相同情形下产生的心理状态相比较。陪审团试图通过将平均人解释为普通人，以解决平均人标准含义模糊的问题。英美刑法理论界的多数意见也持相同的观点。

将平均人解释为普通人，看似明确了平均人的含义——平均人就是普通人，他和我们身边的大多数人一样，具有我们身边大多数人的性格特征。事实却非如此，因为人们对"究竟谁是普通人"，即我们身边的大多数人具有

性至上社会中男性思考的产物，表现为男性不知不觉地把男性的观点推定为普世的真理。参见〔美〕朱迪斯·贝尔：《女性的法律生活》，熊湘怡译，北京大学出版社 2010 年版，第 31、34 页。

① 参见 Cynthia K. Lee, *Murder and the Reasonable Man: Passion and Fear in the Criminal Courtroom* [M]，New York: New York University Press, 2007: 203–204.

什么样的性格特征存在很大的争议。例如有学者将普通人界定为"就是社区中的普通一员，下班后买本杂志回家阅读，晚饭后挽起袖子推起割草机在自家草坪上劳动"。① 该界定下的普通人满足了客观、明确的条件，但随之而来的问题是，社会中并不是所有的人下班后都会买本杂志回家阅读，也不是所有的人吃完晚饭后都会挽起袖子在自家草坪上割草，有的人下班后会在家里看电视或者到健身房锻炼身体，有的人会雇用工人打理自家的草坪或者有的人家里根本就没有草坪，上述对普通人的界定明显忽略了前两类之外的其他人的存在，将其他人等同于前两类人，忽略了他们之间客观存在的差异。一言概之，该界定之下的普通人不具有普遍代表性，因此其并不能代表普通人的含义。2001 年，为了加强机场安保工作，国会通过立法要求联邦政府雇用的机场安保审核员必须是美国公民。② 根据华盛顿邮报的报道，2002年 5 月 1 日联邦政府共雇用了 1700 多名联邦安保审核员，这些新雇员当中，白人占据压倒性多数，男性占三分之二，58% 的人接受过大学教育，60%的人有过军事背景，美国交通安全部的前副部长接受华盛顿邮报采访时，对新的安保审核员做出如下评价：他们看起来才是美国公民。实际上，这些新的安保审核员根本代表不了普通美国公民的形象，因为接受过高等教育并且有着军事背景的男性白人在美国普通公民中根本不占绝大多数。③ 综上所述，"谁是普通人"看似很容易界定——他就是我们身边的大多数人，但在具体的界定时却给人以无从下手之感，我们身边的大多数人到底有什么样的性格特征、是男是女、是老是幼、有没有生理残疾或者心理缺陷，大家对此难以达成共识，这导致普通人的含义也具有很大的模糊性和不确定性。因而，将

---

① Nancy S. Ehrenreich,"Pluralist Myths and Powerless Men：The Ideology of Reasonableness in Sexual Harassment Law" [J] , *Yale L. J*, 1990, 1999: 1212–1213.

② U.S.C.§ 44935（2002）.

③ Cynthia K. Lee, *Murder and the Reasonable Man: Passion and Fear in the Criminal Courtroom* [M] , New York: New York University Press, 2007: 203.

平均人解释为普通人没能实现平均人标准的明确化。

另外，普通人的心理特征，如思维观念或认识理念在实践中难以确定。因为美国存在着许多不同的社区，在这些不同的社区中，对于什么是"合理的"，不同的社区有着不同的看法，甚至同一社区都有着不同的看法。此外，普通人的理念和认识立场也会随着时间的流逝和空间的不同而发生变化，正如诺曼·芬克尔所言："社区的观点和立场就像风一样，会随着时间和环境的变化而变动着方向和强度，风向计只能记录下瞬间的强风，但只有十分详尽的记录才是有意义的。"①某种理念和认识立场之所以被认为是合理的，仅仅是因为大多人认为该理念和认识立场是合理的，这种认定方式忽略了社会规则在本质上是变动的和因情况而异的。正如有学者所言："普通人眼中的不正当的或无礼的行为和态度会随着时间的流逝而变化。普通人今天认为是可以容忍的行为也许在100年前被认为是具有攻击性的行为。"②

综上所述，将平均人解释为普通人的方法，看似明确了平均人的含义，实则是以一个未知事物代替另一个未知事物，以一把未标明刻度的尺子代替另一把未标明刻度的尺子，并没有解决平均人标准含义不明确的问题，未能给被告人行为时的主观心理事实提供一个明确参照的对象。基于平均人的模糊性和不确定性，导致平均人标准在司法实践中是一个自由裁量空间很大的标准，从而为司法的恣意判断提供了可能。

（二）普通人具有不合理的性格特征

从前文可知，在英美司法实践中，多数法院将平均人解释为普通人，以明确平均人的含义。在英美刑法理论中，多数刑法学者对该解释方法表示支

---

① Norman J. Finkel, *Commonsense Justice*: *Jurors' Notions of the Law* [M], Cambridge, Mass: Harvard University Press, 1995: 8–9.

② Camille A. Nelson, "Enraged or Engaged: The implications of Racial Context to the Canadian Provocation Defense" [J], *U. Rich. L. Rev.*, 2002, 35: 1007–1023.

持，赞同将平均人标准解释为普通人标准，如莱纳德·汉德就认为"将普通的谨慎作为合理的谨慎是合适的"，[①] 即普通人的谨慎就是合理的谨慎。以普通人代替平均人来判断被告人行为时的主观心理状态是否合理，在一般情况下是没有问题的。因为一般来说，普通人实施的行为就是合理的行为，普通人在特定情形下产生的主观心理状态通常也是合理的主观心理状态。[②] 但是，我们不能据此得出只要是普通人产生的主观心理状态，该主观心理状态就是合理的结论。因为某些情形下普通人认为是公平合理的行为不一定就是公平合理的行为，正如罗纳德·德沃金教授所说，"大多数人认为的公平和实际的公平，二者之间是有差异的"，他接着解释道，"我们认为多数人决定的规则是最公平可行的决策程序，但多数人有时或经常会对个人权利问题作出非正义的决定"。[③] 大多数美国人曾一度认为奴隶制度是对待非裔美国人的合理和可接受的方式，因为当时的社会主流理念认为非洲裔美国人与欧洲裔美国人相比是劣等民族，甚至在绝大多数美国人都在谴责奴隶制度的今天，仍有一些人坚持认为奴隶制度不是种族歧视制度。[④] 珍珠港事件发生后，在整个 20 世纪 40 年代，超过 12 万名的日裔美国人因涉嫌对美国不忠诚而被政府限制自由，当时大多数美国人认为政府的强制行为是合理的或者至少持不反对的态度。[⑤] 今天，大多数美国人都不这样认为，相反，大多数美国人认为二战期间美国政府对日裔美国人限制自由的做法是邪恶的。

---

① The TJ Hooper 60 F 2d 737,740（2nd Cir 1932）.

② Mayo Moran, *Rethinking the Reasonable Person*: *An Egalitarian Reconstruction of the Objective Standard* [M]，Oxford: Oxford University Press, 2003:134.

③ Ronald Dowrkin, *Law Empire* [M]，Cambridge, Mass.: Belknap Press, 1986: 177–178.

④ 参见 Dinesh S'souza, The End of Racism: Principles For A Multicultural Society[M]，1995: 67–114. 该书作者声称奴隶制度不是种族主义制度。非洲裔美国黑人今天之所以在社会和经济中处于弱势地位与奴隶制度无关，要不是奴隶制度，他们现在可能在非洲生活得更惨。

⑤ Walter Pincus. Silence of 4 Terror Probe Suspects Poses Dilemma for FBI [N]．Wash. Post, 2001-10-21（A6）.

现在回过头去观察人们以前对某些问题所持的看法或态度，很容易发现这些看法或态度是错误的，但是在那个时候想改变人们的这种看法和态度是很困难的，尤其是大多数人都对这个问题持有相同或类似看法时。以美国人对黑人的看法为例：尽管奴隶制度在美国已经废除了，公民权利法案和其他法律关于黑人的规定也有了积极的变化，公开的种族偏见明显减少了，但是隐性的种族歧视在今天仍然存在。例如美国媒体对黑人的一个定式看法[1]就是：非洲裔的美国黑人特别是年轻黑人和其他种族的人相比，有更大的危险性，更倾向于实施暴力行为，也更容易卷入犯罪。[2]当人们谈论到犯罪高发率的社区时，经常联想到这些社区的居民以黑人为主，当一个年轻的黑人男子出现在以白人为主的社区时，居民通常都会报警，因为他们担心这位黑人男子在社区里实施抢劫或其他犯罪。根据艾缔思（Addis）的说法，犯罪变成"形容年轻黑人的标签"，[3]使得人们总会过高地估计黑人实施犯罪的现实可能性。事实上，在美国"媒体总是喜欢报道黑人对白人实施的犯罪，实际上，黑人犯罪占犯罪总量的比例其实很低"，[4]一项调查显示黑人和拉丁人"经常在关于犯罪的新闻报道中出现，并且新闻报道中黑人和拉丁人通常是犯罪者，白人是受害者；相反，白人经常在公益性的新闻报道中出现"。[5]媒体有选择性的报道对黑人"喜欢犯罪的形象"的形成起了错误的推波助澜作用，但定式看法一旦形成，人们产生的心理事实就会受到这一定式看法的

---

[1]　所谓定式看法，是指当人们谈论到社会中某个群体时，就会自动、本能地把这个群体和某些特征联系起来。

[2]　Cynthia K. Lee,"Race and Self-defense: Toward a Normative Conception of Reasonableness" [J]，*Minn. L. Rev.*, 1996, 81:367.

[3]　Adeno Addis,"'Hell Man, They Did Invent Us' :The Mass Media, Law, and African Americans" [J]，*Buff. L.Rev.*, 1993, 41:523–555.

[4]　Leonard M. Baynes,"Paradoxes of Racial Stereotypes, Diversity and Past Discrimination in Establishing Affirmative Action in FCC Licensing " [J]，*Admin. L. Rev.*2000, 52:979–985.

[5]　Daniel Romer et al.,"The Treatment of Persons of Color in Local Television News: Ethnic Blame Discourse or Realisitc Group Conflict ?" [J]，*Comm. Res.*, 1998, 25:286.

影响。例如，即使黑人男子双手空空，没有持任何武器，也会被认为是危险的，这样的话，当一个白人被告人被控杀死了一个年轻黑人，审判时白人被告人提出防卫自身的辩护，"年轻的黑人就代表犯罪"的标签就会影响陪审团对被告人防卫必要认识是否合理的判断，这个标签对作为被害人的黑人显然是不利的，因为"年轻的黑人就代表犯罪"，所以当年轻的黑人出现在白人被告人面前时，白人被告人产生防卫必要的认识当然是合理的。最终，白人被告人依靠这种定式看法得以逃脱刑罚的惩罚。一般来说，较之于社会弱势群体的观念认识，社会主流群体的观念认识更多地被普通人的观念认识所体现，即平均人的观念认识和主流群体成员的观念认识更加相似。这样一来，主流群体的成员较之于弱势群体的成员更容易在司法实践中获益，这对弱势群体显然是不公平的。① 因此，我们不能因为大多数人都有这样的定式看法，就认为这种定式看法是合理的，更不能以该定式看法为根据，认为被告人在该定式看法支配下产生的心理状态是合理的。就像家长绝不会因为孩子辩解其他孩子都是这样行为的而原谅孩子的粗鲁行为。同样，刑法也不能仅以大多数人都是这样行为的为根据，而宽恕实施了这样行为的被告人。②

　　另外，从经验事实出发，认为普通人的行为和心理事实就是合理的行为和心理事实的立场在司法实践中难以贯彻执行。因为在现实生活中，绝大多数人看到配偶的出轨行为时，并不会变得如此暴怒以至于通过杀人的方式来报复配偶的出轨行为；还有，大多数人在面临死亡或严重身体伤害的胁迫时，通常都不会去实施胁迫者要求实施的危害行为；在面临具有紧迫性的不

---

① Mayo Moran, *Rethinking the Reasonable Person*: *An Egalitarian Reconstruction of the Objective Standard* [M]，Oxford: Oxford University Press, 2003:306.

② People v. Glosh, 63 Cal. App.609, 219 P.456（1923），本案中被告人行为时处于中暑状态；State v. Nevares, 36 N.M.41, 7 P.2d 933（1932），本案中被告人头部受伤；Bedder v. Director of Public Prosecutions,（1954）2 All. E. R. 803（H.L.），本案中的被告具有性功能障碍。前述三个案件在适用平均人标准时对被告人的中暑、头部受伤和性功能障碍没有考虑，原因就是普通人没有性功能障碍，也没有中暑或者头部受伤。

法侵害时，大多数人的做法通常是当场吓呆、尝试使用非致命行为进行防卫或者试图逃跑，选择通过正当防卫来保护自己的只是极少数。所以，如果将该立场贯彻到底的话，被告人提出的防卫自身、胁迫、挑衅等辩护在司法实践中几乎都不能成立，因为当时情形下普通人是不会实施正当防卫行为、被胁迫行为和致命性报复行为的。①

综上所述，普通人在特定情形下产生的主观心理状态并不总是合理的主观心理状态，因而司法实践中不应当将普通人产生的主观心理状态等同于合理的主观心理状态。

（三）平均人标准变为陪审团标准

司法实践中，平均人标准的构建是由陪审团在法官的指示下完成的，陪审团通过平衡社区规则、法律原则和道德原则之间的关系，最终明确平均人标准的含义。在平衡社区规则、法律原则和道德原则的过程中，陪审团成员通常会受到他们自己的社会经验、个人经历以及其他个人情况的影响，正如有学者所言，"平均人的个人情况通常都是陪审团成员个人情况的反映，陪审团也不需要向大家解释他们为什么拟制出这样的平均人"，②陪审团成员将他们自己等同于平均人，如此一来，平均人标准就变成了陪审团成员的标准。③ 美国法学家波斯纳曾指出，正义的司法应是"较少主观性、'政治性'和易变性，也不应根据法官个人的价值和他们的道德政策偏好来裁判"。④

---

① Cynthia K. Lee, *Murder and the Reasonable Man*: *Passion and Fear in the Criminal Courtroom* [M], New York: New York University Press, 2007: 237.

② Saltman M.,"The Demise of the 'Reasonable Man':A Cross-Cultural Study of a Legal Concept" [J], American Ethnologist, 21 (4) 908-909, nov, 1994.

③ 平均人的形象很有可能是陪审员个人喜好和成长经历的反映。参见 Andrew E. Taslitz,"A Feminst Approach to Social Scientific Evidence：Foundations" [J], Mich. J. Gender & L., 1998, 5:1-26（当陪审员们界定"预谋"、"激情"或者"防卫自身中防卫必要的认识"这些主观心理状态是什么时，结论通常在一定程度上体现了他们的态度和设想）。

④ [美] 波斯纳:《法理学问题》，苏力译，中国政法大学出版社 1994 年版，第 67 页。

因此，平均人标准变为陪审团成员标准必然会给司法公正带来不良影响。司法实践中，陪审团标准可能在以下两方面有损司法公正：

第一，歧视社会某一群体。平均人标准变成陪审团成员标准的结果就是，如果陪审团成员的绝大多数是白人、男性、具有异性恋的性取向，那么平均人通常会被拟制为白人、男性、具有异性恋性取向的人。而白人和黑人相比、男性与女性相比、具有异性恋倾向的人和具有同性恋倾向的人相比，他们有着不同的信仰、有着不同的生理特征、属于不同的种族、有着不同的价值观，总之他们之间的差异很大，在相同的情形下，他们会有不同的心理感受，例如，洗澡时对于同性偷偷抚摸自己身体的行为，异性恋的人常常认为是性骚扰、难以接受并且会大发雷霆、不能自已，而同性恋的人在此种情形下则会表现得较为冷静、克制。如果异性恋的人因为洗澡时遭到同性偷偷抚摸自己的身体，变得勃然大怒而失去控制杀死了偷偷抚摸者，被告人提出挑衅辩护，辩护成立与否需要经过平均人标准的检验，这时可能出现以下两种结果：第一种，陪审团成员多为异性恋性取向的人，陪审团成员在此情况下通常会产生与被告人类似的心理感受，从而会认为被告人在当时情形下产生愤怒的心理状态完全是合理的，因而其杀人行为应认定为非预谋故意杀人罪而非故意谋杀罪；第二种，陪审团成员多为同性恋性取向的人，陪审团成员与被告人对同性触摸的心理感受相去甚远，从而陪审团可能会认为被告人在当时的情形下大发雷霆完全是小题大做，产生愤怒的心理状态是完全不合理的，因而其杀人行为应认定为故意谋杀罪。[①] 一言概之，陪审团成员在日常生活中对一些问题的认识可能具有歧视性或存在偏见，在拟制平均人时，这些具有歧视性的认识或者说偏见就会融入拟制的平均人之中。以带有偏见的平均人作为判断标准，最终必然

[①] 例如，Taylor v. Louisiana, 419 U.S. 522 (1975)，该案审理中，完全由白人组成的陪审团通常不会把种族歧视作为挑衅杀人的合理根据，而完全由少数种族人员组成的陪审团则会产生完全相反的看法，即把种族歧视作为挑衅杀人的合理根据。

会影响到被告人的行为和心理状态是否合理的判断。诚如卡多佐所言："一个法官如果打算将他自己的行为癖好和信仰癖好作为一个生活规则强加给这个社区的话，那么他就错了。"①

综上可知，被告人在性格特征、社会经验以及个人阅历等方面，如果和陪审团成员越相似，被告人行为时的主观心理状态就越容易被认为是合理的，被告人减免责任的可能性就越大；反之，越偏离陪审团成员的性格特征、社会经验以及个人阅历，被告人行为时的主观心理状态越容易被认定为不合理的，被告人减免责任的可能性就越小。现实中，由于陪审团成员多是"受过良好的教育、白人、异性恋的性取向、中产阶级、男性"，因而平均人也多以"受过良好的教育、白人、异性恋的性取向、中产阶级、男性"的形象出现，这导致司法实践中通常会得出如下结论，白人相比黑人和其他少数族裔更像平均人，男人与女人相比更像平均人，美国本土出生的人与移民到美国的人相比更像平均人，具有异性恋性取向的人与具有同性恋性取向的人相比更像平均人，② 每一组的前者与后者相比，其个人情况与平均人更为相似，其在特定情形下产生的主观心理状态更容易被陪审团成员理解，相应的，他们行为时的主观心理状态往往更容易被认为是合理的，判决结果也使他们更容易减免责任；而后者与平均人的差异较大，其在特定情形下产生的主观心理状态与前者相比，不容易被陪审团成员理解，从而他们行为时的主观心理状态被认为是合理的可能性相对低了很多，减免责任的可能性也就小了很多，这显然对后者及其所属的群体是不公平的。

第二，削弱刑法的指引作用。法的指引作用是指法律作为一种行为规范，为人们提供某种行为模式，指引人们可以这样行为、必须这样行为或不得这样行为，从而对行为者本人的行为产生的影响，也就是说，法的指引作

---

① [美]卡多佐：《司法过程的性质》，苏力译，商务印书馆2002年版，第67页。
② Cynthia K. Lee, *Murder and the Reasonable Man: Passion and Fear in the Criminal Courtroom* [M], New York: New York University Press, 2007:204.

用是通过规定人们的权利和义务来实现的，它涉及的对象主要是指本人的行为。指引作用的发挥以人们对法律规定的知晓为前提，这就要求法律必须具体并且明确，以便人们知晓哪些行为是可以实施的行为，哪些行为是法律禁止的行为，使人们能够预测自己的行为，并限制国家恣意地发动刑罚权。因此，平均人标准作为判断行为人行为时的主观心理事实是否合理的标准，能够发挥指引作用的前提是明确告诉人们在特定情形下如何行事是合理的，这样才能发挥刑法的指引作用。

如前所述，平均人标准是陪审团平衡各种法律原则和法律政策后形成的标准，① 陪审团在平衡各种法律原则和法律政策的过程中，通常会依据他们自己的社会经验、能力水平以及价值观来决定特定情形下如何行事是合理的，这使得平均人标准的含义严重依赖于陪审团，因而"什么行为是合理的"对人们来说变得模糊不清，无法清晰地告诉人们特定情形下什么行为是合理的，从而不能给人们的行为提供一个稳定的指引。因此，一些批判者认为平均人的含义由陪审团解释是"法治的倒退"，使得"平均人的含义具有很大的恣意性"。② 还有学者认为陪审团和法官对平均人含义有着不受限制的解释权利，这使得他们可以自由创设法律规范，这严重损害了法律的可预测性和权威性。③ 因而，霍姆斯大法官在其传世之作《普通法》中指出，平均人标准的含义应当由法律明确规定，列举出特定的情形下如何行事是合理的，这样才能给人们的行为提供一个明确的、稳定的指引，即应该为法官制定一个一劳永逸、明确的判断标准，而不应由陪审团根据案件的具体情况来具体拟制。

---

① Dworkin, R. M., "The Model of Rules" [J], *The University of Chicago Law Review*, 1967, 35:41.

② Henderson, J. A., "Expanding the Negligence Concept: Retreat from the Rule of Law" [J], *Indiana Law Journal* 1976, 51: 468.

③ Abraham, K. S., "'Symposium: The Trouble with Negligence'" [J], *Vanderbilt Law Review*, 2001, 54: 1187–1223.

（四）选择被告人性格特征的方法不科学

毫无疑问，完全不考虑被告人个人情况的平均人标准是不公正的，在被告人除了破坏法律而别无选择的情况下，对被告人分配的刑罚就可能蕴含着对被告人的某些非正义。因此，部分刑法学者、法官和律师认为在拟制平均人时应当考虑被告人的某些特殊个性特征。但接下来的问题是被告人的哪些特殊个性特征在拟制参照对象——平均人时应当予以考虑？目前英美刑法中大多数判例的立场是，首先将被告人的所有个性特征划分为身体特征和心理特征，其中被告人的特殊身体特征（如双目失明、耳聋、年龄等）可以考虑在内，但是特殊的心理特征（如性格、受教育程度等）不能考虑在内。[①] 在一般情况下，借助区分身体特征/心理特征来选择被告人特征的方法简单有效，但在一些疑难案件中使用该选择方法是不无疑问的。该选择方法的缺陷具体体现在以下两个方面：

第一，该选择方法的潜台词就是，尽管被告人特殊的身体特征（如双目失明）可能与案件无关，但还是要被纳入平均人标准，而被告人特殊的心理特征则不会，即使它可能与案件相关。事实上，该选择方法并不具有普遍适用性，并不能在所有的案件中都可奏效。例如，几乎所有的非专业人员以及相当一部分的法官和律师认为种族（race）属于人的身体特征，[②] 如果适用区分身体特征/心理特征的方法，种族在拟制平均人时就应当予以考虑。但目前的司法实践是，当被告人是少数种族时，种族这一特殊身体特征通常被忽略。[③] 另外一个例子是患有"受虐待妇女综合症"的妇女杀死丈夫的案件，

---

① 刘士心：《美国刑法中的犯罪论原理》，人民出版社2010年版，第81页。

② 越来越多的学者认为种族是一种社会构成，而不是人的生理特征。关于种族是一种社会构成的相信研究请参见 Michael Omi, Howard Winant, *Racial Formation in The United States: From The 1960s to The 1990s*, London: Routledge, 1994.

③ 参见 People v. Green, 519 N. W. 2d 853, 856 (Mich. 1994)。该案中，一个非洲裔美国人 D 杀死了他的白人邻居 V，因为 V 告诉 D 说，几周前他故意开枪打死了他家的狗，并且他之所以这样做是因为"和黑鬼做邻居实在糟糕透了，黑鬼连狗都不如"，D 在 V 的侮辱言

由于"受虐待妇女综合症"属于人的心理特征，因而在拟制平均人时不应当考虑，但目前司法实践涉及"受虐待妇女综合症"的判例在拟制平均人时，法官都会指示陪审团考虑"受虐待妇女综合症"，甚至在一些案件中，即使妇女受到丈夫虐待但没有患上"受虐待妇女综合症"，法官也认为妇女受虐待的经历及对妇女产生的影响在拟制平均人时应考虑在内。[①]

第二，并没有哪个特殊的身体特征永远和平均人相关，如果认为哪个特殊身体特征无论什么情况下都应作为平均人的个性特征必然是错误的。以双目失明对疏忽判断的影响为例，假设一个双目失明的家长在客厅听到孩子在卧室里大声尖叫而无动于衷，结果孩子发生了重大伤害。该案中，双目失明的身体特征对于家长判断是否存在实质的和不正当的危险没有影响，因为双目失明并不影响家长对孩子处于实质性危险境地的知晓，所以双目失明虽然是被告人的特殊身体特征，但在拟制平均人时却不应考虑；相反，被告人如果有耳聋的特殊身体特征，拟制平均人时则应考虑在内，因为耳聋可以影响到家长对孩子处于实质性危险境地的知晓。同样，被告人的心理特征也并不是永远和平均人无关，例如，被告人因闭合性脑损伤或中风而患上健忘症，被告人对由此引起的健忘无论如何努力都无法控制，在判断被告人是否成立疏忽时，如果对被告人适用不考虑被告人健忘这一心理特征的平均人标准，对被告人无疑是不公平的。

由于区分身体特征／心理特征的方法在司法实践中存在上述缺陷，一些学者对该方法进行了批判并提出了替代的选择方法，如在分析挑衅辩护时，有学者主张在决定被告人的哪些性格特征应当纳入平均人标准时，主张应当选择与挑衅行为或者挑衅语言相关的性格特征，正如卡米尔·尼尔森所言：

语挑衅之下产生了极度愤怒，杀死了 V。审判中，D 提出挑衅辩护，在适用平均人标准判断被告人的愤怒是否合理时，陪审团拒绝考虑 D 的种族特征。

① 参见 State v. Hundley, 693 P. 2d 475（Kan. 1985）。该案中被告人因长期遭受虐待而导致认不清现实，被告人认不清现实的特征在构建平均人标准被予以考虑。

"对十字架的亵渎只可能对信仰天主教的人才能产生挑衅的影响，而对无神论者和不可知论者是个无所谓的事；同样，如果询问亵渎可兰经对一个非信仰穆斯林的人有什么影响，这样的问题是没有任何意义的。"① 该种选择方法之下，被告人特殊的心理特征有机会纳入平均人标准，如被告人的智力低下只要和被告人的行为选择有关，就可以纳入平均人标准。但是不足之处在于，该种选择方法忽视了被告人性格特征的规范性，使得马虎大意、贪婪或者非自愿性醉酒状态这些作为责任承担基础的性格也可能也纳入平均人标准。

综上所述，对于应当将被告人的哪些性格特征加入平均人，不论是区分身体特征／心理特征的方法还是其他的替代方法，都是有疑问的。

（五）容易枉纵被告人

与被告人无关的平均人标准可能蕴含着对被告人的某些非正义，现代文明社会的刑法绝不应该适用这样的标准。因此，人们可能认为法官一定会赞同在拟制平均人时应当考虑被告人的特殊性格特征。然而，事实却并非如此。② 法官和刑法学者对于如何筛选被告人的性格特征以加入平均人感到十分困惑甚至绝望，例如，有学者认为在应当如何拟制平均人这个问题上，刑法学者没有能力在应当考虑的性格特征和不应当考虑的性格特征之间清楚地划分界限；③ 英国上议院是英美法系国家中对平均人标准研究最多的机构，但经过多年的研究之后，对于如何筛选被告人的性格特征以加入平均人也彻底地丧失了信心；之后梅奥·莫兰教授承担了如何拟制平均人这项最深奥的学术任务，最后其失望地得出结论说"平均人标准是如此的折磨甚至荒

① Camille A. Nelson,"Enraged or Engaged: The Implications of Racial Context to the Canadian Provocation Defense"[J]，*U. Rich. L. Rev.*, 2002, 35: 1007–1025.

② Peter Westen,"Individualizing the Reasonable Person in Criminal Law"[J]，*Criminal Law and Philos*, 2008, 2:138.

③ Robinson, P,"Criminal Law scholarship: Three illusions"[M]，*Theoretical Inquiries in Law*, 2001, 2:320.

谬……我们应该废除平均人标准"。① 由于法官们不知道在拟制平均人时应当如何筛选被告人的非正常的性格特征以加入平均人，所以，在一些案件中他们宁愿不去考虑被告人的任何非正常的性格特征。② 换言之，陪审团在构建平均人标准时完全不考虑行为人的任何性格特征，直接将平均人解释为普通人。这种平均人标准的优点在于，以法律的公平和正义为出发点，在相同的案件中对性格特征存在差异的各个被告人适用相同的标准，实现了法律的同等对待，因而其结论较容易为人们接受。但是，一旦我们将平均人标准界定为"不去考虑被告人的任何非正常的性格特征"的标准，隐含的意思就是这个标准不能作为责难特定个人的适当根基，否则，司法实践中容易枉或纵被告人，这既不符合法治国理念下尊重人权的要求，也不能实现刑法维护社会秩序的目的。

英国学者哈特认为，"证明责任原则正确的基本理由可以基于这样一种简单的思想，即除非某人有能力和公平的机会或机遇调整自己的行为以符合法律的要求，否则不应对他适用刑罚。"③ 司法实践中，如果将平均人标准界定为"不去考虑被告人任何非正常性格特征"的标准，将会出现一些被告人因自己确实没有能力或公平的机会去调整自己的行为，因而没能符合法律的要求而受到刑罚的处罚。这样的刑罚并不是按照被告人的责任来分配的，而是根据保护社会的需要来分配的，因此对被告人是一种非正义。诚如大哲学家康德所言，"刑罚不仅是一种道德性命令，而且也是一种正义性的命令，如果失去正义，那么就不再存在任何使人生存于世上的意义"。④ 以 State v.

---

① Mayo Moran, *Rethinking the Reasonable Person*: *An Egalitarian Reconstruction of the Objective Standard* [M], Oxford: Oxford University Press, 2003: 303–316.

② ［美］乔治·弗莱彻：《反思刑法》，邓子滨译，华夏出版社 2008 年版，第 182 页。

③ ［美］哈特：《惩罚与责任》，王勇译，华夏出版社 1989 年版，第 66 页。

④ Immanuel Kant, *The Metaphysics of Morals* [M], Mary Gregor trans., Cambridge: Cambridge University Press, 1991: 141. 转引自［美］乔治·弗莱彻：《刑法的基本概念》，蔡爱惠等译，中国政法大学出版社 2004 年版，第 39 页。

Wanrow ① 一案为例，该案审理中，法官指示陪审团适用不考虑被告人任何性格特征的平均人标准，即将一个腿有残疾身体偏弱的女人与一个没有任何生理缺陷的普通男性相比较，来判断被告人当时情形下产生的防卫必要认识是否合理。由于男性比女性更强壮，更容易保护自己，身体健全者与残疾人相比，也更容易保护自己。因此，本案中对被告人适用"不考虑被告人性别特征和身体特征"的平均人标准，对被告人显然是不公平的。由此可见，法律原理虽然脱胎于道德情感，却又能够完全脱离于道德情感，② 其结果是给被告人分配刑罚时忽视了道义上的正当性，使被告人承担本来不应该承担的刑事责任，产生客观归罪的结果，严重损害了刑法保障人权的机能。上述分析得到了华盛顿最高法院的赞同，其认为初审法院指示陪审团适用男性的平均人标准是有问题的，"初审法官给予陪审团的指示中连续多次使用'他'，给人留下冲突发生在两个男性之间的印象，而事实上防卫者是一个身高 5 英尺 4 英寸腿有残疾且依靠拐杖行走的妇女，而袭击者是一个身高 6 英尺 2 英寸的壮汉，这种在性别和体格上的差别，对于评价她在当时情形下对发觉到的袭击所做的反应是否合理是很重要的，因而在构建平均人标准时，应当对与防卫必要认识息息相关的被告人的性别和身体残疾予以考虑。换言之，初审法院对正当防卫的女性适用男性的平均人标准就相当于没有给予被告人以平等的法律保护。"③

　　司法实践中，也会出现相反的情况，假如行为人是一个容忍能力显著高于平均人的人，面对被害人的挑衅行为，行为人并未被激怒或者情绪失控，其仍能像未受到挑衅时一样，自由地支配、控制自己的行为，行为人只是基于往日的怨恨，决定以此为借口而杀死了被害人。相比较，平均人在面对该种挑衅时，通常会被刺激的失去理智和自我控制能力。本案中，在判断行为

---

① State v. Wanrow, 559 P.2d 548, 558 (Wash. 1977).
② [美] 乔治·弗莱彻：《反思刑法》，邓子滨译，华夏出版社 2008 年版，第 182 页。
③ State v. Wanrow, 559. P.2d 548 (Wash. 1977).

人的杀人行为是否合理时，如果对行为人适用"不考虑被告人任何性格特征"的平均人标准，即将行为人在当时情形下的主观心理状态和完全客观的平均人的主观心理状态相比较，那么行为人的主观心理状态将是合理的，行为人的挑衅辩护就能成立。如此一来，行为人凭借自己高于一般人的容忍能力，使自己本应构成的故意谋杀罪降低为非预谋故意杀人罪，这显然有放纵行为人的犯罪之嫌。

综上所述，司法实践中，一旦我们将平均人标准界定为"不去考虑被告人性格特征"的标准，既可能出现法律强人所难，对被告人客观归罪的情况；也会出现因被告人能力水平强于平均人，法律对其无能为力的情况，无论出现哪一种情况，都是与刑法目的相违背的。

二、平均人标准困境的原因分析

从前文可知，理论和司法实践中对平均人标准的批判主要集中在以下五方面：平均人标准的模糊性、平均人标准本身并不合理、平均人标准变为陪审团标准、平均人标准可能枉纵被告人、选择被告人个性特征的方法不合理。上述批判指出的缺陷有些是客观存在的，但有些批判却并不能让人信服，甚至有些批判之间还相互矛盾，如一方面批判平均人标准完全不考虑被告人的非正常性格特征，另一方面又批判选择被告人非正常性格特征的方法不够合理，二者之间显然存在矛盾。只有认真分析平均人标准的缺陷以及缺陷产生的原因，才能找到完善平均人标准的正确方向，从而有助于发挥平均人标准的判断功能。

（一）平均人标准模糊性的原因分析

英美刑法理论中，一些学者批判平均人的含义过于模糊、抽象，外延难以确定，如德雷斯勒教授指出，"平均人应当是指处于与被告人相同情形下的平均人，这个词语（平均人）非常模棱两可"，① 由于平均人标准是将被告人的主观心理事实与平均人的主观心理事实相比较，因而含义模糊的平均人难以承担作为参照对象的重任。平均人标准的模糊性也成为平均人标准最为批判者诟病的缺陷。实际上，英美司法早期曾经适用过具有一般适用性的、确定的平均人标准，② 该种形式的平均人标准可以清楚地告诉陪审团和潜在的被告人什么行为是合理的以及什么行为是不合理的，具有较好的指引性。但是现实生活中的社会成员形形色色，差异较大，对于什么行为是合理的，不同的人有不同的认识。如果标准的含义规定得过于特殊或者具体，将导致标准在一些新奇的情形下无法适用，由此决定了立法上不可能给法院提供一个具体的、清晰的标准，其能够提供的只能是一个抽象的、一般的标准。正如一些法院针对挑衅辩护所作的解释那样，没有任何一个法庭可以"归纳出所有可视为'充分的挑衅'的所有事实以及事实和行为人心理事实受影响的联系"；③ "什么构成充分的挑衅，并非确定不变的……必须随着个人性格特征和挑衅程度的不同而有不同的变化"。④ 因此，平均人标准的含义只能由陪审团根据案件的具体情况具体拟制。在英美司法中，陪审团由社会中的普通公民组成，诚如诺曼·芬克尔教授所言，陪审团体现了常识性的正义，⑤

---

① Joshua Dressler, *Understanding Criminal Law* 2nd ed [M]，New York: Matthew Bender & Company, Inc., 1995:141.

② 1927 年，霍姆斯在审理 Baltimore and Ohio Railroad Co. v. Goodman 一案时指出，应当为所有的法院制定一个可以一劳永逸适用的、明确的平均人标准。但是七年后，面对同样的案件，大法官卡多佐拒绝适用霍姆斯在 Baltimore and Ohio Railroad Co. v. Goodman 一案中确立的平均人标准，理由是该标准不具有灵活性，没能考虑到未来发生的案件所具有的特殊性，由此可能产生不公正的裁判。参见 Steven P. Scalet,"Fitting The People they are Meant To Serve: Reasonable Persons in The American Legal System" [J]，*Law and Philosophy* 2003, 22:78.

③ Maher v. People, 10 Mich.212, 222–223（1862）.

④ Commonwealth v. Pierce, 138 Mass. 165（1884）.

⑤ Norman J. Finkel, *Commonsense Justice: Jurors' Notions of the Law* [M]，Cambridge, Mass: Harvard University Press, 1995: 8–9.

他们能直接反映社会中普通公民的观点，使理论上设想的平均人现实化，从而也使平均人标准的评价客观化。综上所述，世界上没有完全相同的两个案件，也没有完全相同的两个人，由此决定了公正的平均人标准必然要具有一定的模糊性；而陪审团对社会一般成员具有广泛的代表性，这又很好地解决了平均人标准因其模糊性而带来的问题。

（二）平均人标准本身并不合理的原因分析

一些学者批判司法实践中将平均人标准解释为普通人标准有失妥当，因为依据普通人标准，只要是普通人会产生的主观心理事实就是合理的，事实上普通人的某些行为方式和理念认识可能蕴含着不公正，因而普通人产生的主观心理事实并不总是合理，换言之，如果将平均人解释为普通人，将有可能对社会中某一群体造成歧视。例如，男性通常有这样一种观念——"好女孩"对男性提出发生性关系的要求一般说"不"，即使在她内心同意的情况下。① 假设一名男性在女方说"不"的情况下，产生认识错误，误认为女方同意与其发生性关系，② 如果将男性的通常观念纳入平均人标准，男性的认识错误就是合理的，因而不构成强奸罪，这样的结论显然是难以让人接受的。因此，将平均人标准解释为普通人标准，有将普通人某些带

---

① 个别研究也得出结论，即使女性希望进行性交，她们通常也会进行"象征"性的抵抗。参见 Douglas N. Husak & George C. Thomas Ⅲ ,"Rapes Without Rapists: Consent and Reasonable Mistake"[J] , *Social, Political, and legal Philosophy*, 2001, 11: 95–96.

② 对男性易于产生错误认识，德肖威茨举过一个十分形象的例子。"约会后，一名年轻男性邀请一位年轻的女性到他家做客。刚开始他们只是亲吻，当男方想有进一步的发展时，被女方礼貌地拒绝。男方则继续坚持，他认为约会时，男方就是要扮演主动的一方，而女方一开始只不过是象征性地表示拒绝；从过往的经验判断，男方认为女方说'不'意味着'可能'，'可能'则意味着'可以'，除非他脸上挨一记耳光才会否定这种想法；当女方声称自己还没有准备好时，他错误地认为女方要求他进一步发展；而当男方压在女方身上时，女方会认为继续抵抗可能招致暴力；最后，男方推测他终于取得女方的同意，而女方则认为男方违背了她的意愿——她被强奸了。"参见 [美] 安德鲁·卡曼：《犯罪被害人学导论》，李伟等译，北京大学出版社 2010 年版，第 296 页。

有歧视性的观念予以合理化的风险。换言之，将平均人标准解释为普通人标准，可能导致平均人标准本身就包含不合理因素，如果再以其为根据判断被告人的主观心理事实是否合理，就可能得出不公正的结论。[①] 该批判隐含的意思是：对被告人归责时，需要对被告人行为时的主观心理事实进行合理性判断，即需要平均人标准，只是将平均人标准解释为普通人标准不能完成判断的重任，因为普通人标准本身可能蕴含不合理的因素。本书认为，该批判事实上是对平均人标准适用方式的批判，即不应当把"普通人在当时情形下会产生何种主观心理事实"作为参照标准，而不是要拒绝适用平均人标准。有学者认为该缺陷可以通过改变平均人标准的适用方式予以解决，如抛弃事实性的平均人，采用规范意义上的平均人，将参照对象由"普通人在当时情形下会产生何种主观心理事实"改为"普通人在当时情形下应当产生何种主观心理事实"，[②] 从而将平均人标准中蕴含的不合理因素驱逐出去。

（三）平均人标准成为陪审团标准的原因分析

一些学者批判"司法实践中，平均人的个人情况通常都是陪审员们个人情况的反映"，[③] 即陪审员们将他们自己等同于平均人。因此，陪审团对被告人行为时的主观心理事实是否合理的判断，主要依据他们的社会经验和普通常识。司法实践中，陪审团通常由白人、男性、异性恋性取向的人组成，那么白人、男性、异性恋性取向的被告人，由于与陪审团成员有着相似社会经

---

① Mayo Moran, *Rethinking the Reasonable Person: An Egalitarian Reconstruction of the Objective Standard* [M], Oxford: Oxford University Press, 2003:14.

② Cynthia K. Lee, *Murder and the Reasonable Man: Passion and Fear in the Criminal Courtroom* [M], New York:New York University Press, 2007:277.

③ Saltman M., *The Demise of the "Reasonable Man": A Cross-Cultural Study of a Legal Concept* [M], New Brunswick: Transaction Press, 1991:77.

验和普通常识，从而容易在审判中获利；① 此外，平均人标准变为陪审团标准也使得陪审员们可以自由创设法律规范，严重损害法律的可预测性和权威性。② 本书认为，上述对陪审团拟制平均人标准的批判有些牵强，因为平均人标准是一个具有开放性的判断标准，即在适用过程中，需要判断者根据案件的具体情况具体建构平均人标准。只要有判断者，平均人标准的内容必然会受到判断者个人因素的影响，如判断者的过往经历、个人喜好等方面都会对平均人标准的内容产生影响。因此，由法官代替陪审团构建平均人标准的话，平均人标准中将会留下法官个人因素的痕迹。与陪审团相比，如果由法官来构建平均人标准，必然要求法官具有丰富的社会阅历和健全的人格心理，否则，判断结论难免脱离实际。另外，也为法官滋生腐败留下了空间。显然单个的法官不适合承担该任务。根据英美的陪审团制度可知，陪审团成员都是社会中的普通成员，所有的社会成员都是潜在的陪审员。由于社会成员层次繁多，不拘一格，因而陪审员可以来自社会中的不同阶层，形形色色，富有广泛的代表性。他们既可以代表有钱人，也可以代表普通的劳动者；他们既可以代表司机，也可以代表医生或其他职业的人；他们既可以代表执政者，也可以代表普通老百姓。总之，陪审团由十二名成员组成，与单个的法官相比，十二名陪审员能够较好地涵盖社会中的各行各业，能够更好地代表社会全体成员以及反映社会一般人的观点。因此，陪审团构建的平均人标准不会偏离社会一般人的预期，可以说，陪审团构建的平均人标准能够将判断者对平均人标准的不公正影响降至最低。另外，被告人作为社会的普通成员，自己本身就是潜在的陪审员，因而在行为时不会出现严重偏离陪审团的认识。

---

① Cynthia K. Lee, *Murder and the Reasonable Man: Passion and Fear in the Criminal Courtroom* [M]，New York: New York University Press, 2007:204.

② Abraham, K. S.,"Symposium: The Trouble with Negligence" [J]，*Vanderbilt Law Review*, 2001, 54: 1187–1223.

（四）平均人标准枉纵被告人的原因分析

一些学者批判到：将平均人标准解释为普通人标准，使得该标准消弭了被告人之间存在的差异，对不同的被告人采用相同的判断标准。如果依照该标准对被告人归责，可能蕴含着对被告人的某些非正义，因为它没有考虑被告人的非正常性格特征，没有按照个人的罪责给被告人分配刑罚。① 对被告人的非正义具体体现为：可能导致能力高于平均人的被告人凭借自己高于平均人的能力水平逃脱刑罚的惩罚，而能力水平低于平均人的被告人却因自己无论如何努力都达不到该标准而受到刑罚惩罚。事实上，早期的平均人标准从平等对待的角度出发，严格遵循平均人标准的客观性，对被告人不同于普通人的任何非正常性格特征均不予考虑，由于在我们的社会中，某些人比较容易达到该标准的要求，而另一些人则不是，因而完全不考虑被告人性格特征的平均人标准确实有可能导致对某些被告人的非正义，例如，普通人都是心智健全的人，如果被告人是个具有心理缺陷的人，那么对被告人适用普通人标准就可能对被告人造成非正义。但随着时代发展，平均人标准的严格客观性开始逐渐放宽，放宽的原因正是为了避免完全不考虑被告人性格特征的平均人标准可能对被告人造成的某些非正义，实现对被告人的刑罚分配具有道德上的正当性，将刑法对社会保护与对被告人正义的两个功能结合起来。放宽的具体表现在于，在审判实践中，法律并没有把平均人标准绝对化，以一个不变的平均人标准适用于所有的案件。② 相反，法官和陪审团在拟制平均人时通常会考虑被告人的一些特殊性格特征，陪审团依据被告人的特殊性格特征对平均人的范围进行调整，将平均人拟制成为具有社会某一领域或阶层平均水平的人，即平均人标准已不再是一个完全不考虑被告人任何性格特征的判断标准。综上可知，对平均人标准枉纵被告人的批判建立在平均人标

---

① 参见［美］乔治·弗莱彻：《反思刑法》，邓子滨译，华夏出版社 2008 年版，第 370 页。

② 刘士心：《美国刑法中的犯罪论原理》，人民出版社 2010 年版，第 81 页。

准是一个严格客观的标准的基础之上，而现实情况是司法实践中的平均人标准已经抛弃了标准的严格客观性，在构建平均人标准时已经开始考虑被告人的特殊性格特征。因此可以说，该批判的主张者对平均人标准没有全面透彻的了解，该批判完全建立在对平均人标准的错误理解基础之上。

（五）选择被告人性格特征的方法不科学的原因分析

一些法官和学者批判道：在决定被告人的哪些性格特征可以纳入平均人标准时，适用区分身体特征和心理特征的方法会对某些被告人造成不公正。本书认为，法院之所以采用该种区分方法，一方面源于该种方法简单方便，易于操作，能够限制司法的恣意化；另一方面则源于法院没有认识到为什么要对被告人行为时的主观心理事实进行合理性判断。事实上，司法实践中在适用平均人标准时，总是反复指向同样的规范性问题：期待行为人避免违法，这样的期待是否公正？行为人是否有公平的机会预见不正当的风险、避免认识错误、抗拒胁迫之下产生的压力或者对抗心理疾病的影响？这是一些使行为人公正承担责任的关键提问，因而平均人标准应该围绕该规范性问题来构建。由于人与人之间存在差异，相同的身体特征和心理特征在相同的时空条件对不同的行为人会产生不同的影响，区分身体特征和心理特征的选择方法显然忽略了这些规范性问题。诚如大法官迪克森（Dickson）所言："被告人的哪些特殊身体特征可以加入平均人并不是一成不变的，在一个案子中可以加入并不意味着在其他案子中也可以加入。在这里我要强调的是在决定被告人的哪些性格特征可以加入被告人时，陪审团需要运用他们自己的常识根据案件的情况自然妥当地筛选出。"[1]换言之，被告人的特殊身体特征并不是在每个案件中拟制平均人时都必须考虑的，而是需要根据案件的情况进行具体判断，被告人的特殊心理特征也不是绝对不予考虑的，也需要根据案件

---

① R v. Hill[1986] 1 S.C.R.313（Can.）.

的情况进行具体判断。因而可以说，区分身体特征和心理特征以决定被告
人的哪些个性化的特征可以纳入平均人标准的方法在司法实践中确实存在
疑问。

综上所述，平均人标准在司法实践中确实存在着一些缺陷和不足，但是
需要强调的是，批判者所指出的平均人标准的不足并非完全成立，有些批判
甚至建立在对平均人标准没有彻底了解的基础之上。实际上，平均人标准在
司法实践中存在的不足归纳起来其实只有两点：第一，如何处理平均人和被
告人之间的差异，法官和学者们没有提出明确的方法；第二，将平均人标准
解释为普通人标准，导致普通人含有歧视性的性格特征纳入判断的标准。尽
管平均人标准存在着一些缺陷和不足，但这并不意味着平均人标准就必须被
抛弃或者推翻，与其他判断标准相比，它还算是一个相对合理的判断标准，
在我们找到另一个相对而言更为合适的判断标准之前，我们没有理由抛弃它。

第二节　平均人标准面临的挑战

平均人标准并不是一个完美的标准，其在司法审判实践中也暴露出一些
缺陷和不足，在这种情况下，一些制定法和判例明确主张在判断行为人行为
时的主观心理状态是否合理时应当适用行为人标准。

一、来自行为人标准的立法挑战

（一）《模范刑法典》的规定

1. 第 2.04 条　不知或者错误

（3）行为人产生法律上的认识错误，相信自己的行为在法律上不构成犯

罪，下列情形之下，该法律认识错误可作为被指控犯罪的抗辩事由：(a) 规定犯罪的制定法或者其他成文法，在行为发生之前没有出版发行或者以其他合理的方法使得行为人可以知悉，从而导致行为人不知道该法律的存在；或者 (b) 基于官方对法律所作出的错误说明的合理信赖而实施其行为。这些"错误说明"诸如 (i) 其他法律、法规；(ii) 司法判决、司法裁决、法官意见；(iii) 行政命令或者授权许可；(iv) 对规定犯罪的法律负有解释、实施或者执行职责的公职机关及其工作人员所作出的正式解释。①

2. 第 3.02 条　一般性的正当事由：紧急避险

(1) 行为人相信其行为是使自己或者他人免受损害所紧迫必需的，存在下列情形时，行为具有正当性：(a) 行为意图避免的损害必须比发生的损害更严重……②

3. 第 3.04 条　保护自身时使用武力

(1) 为保护自身而使用武力时的正当性。依照本条和第 3.09 条的规定，行为人相信对（upon）他人或者向（toward）他人使用武力，是为防止他人在当时的情况下针对自己使用非法武力所紧迫必要时，对他人使用该武力具有正当性。③

4. 第 3.05 条　为保护第三人而使用武力

(1) 为保护第三人而对他人或者向他人使用武力在同时满足下列条件时具有正当性：(a) 行为人确信其保护的第三人正在遭受危害，而依第 3.04 条规定行为人自己在遭受该种危害时使用武力保护自身也会是正当的；且 (b) 行为人确信在当时的情况下，其所保护的第三人如自己使用该防卫武力也会

---

① 美国法律协会：《美国模范刑法典及其评注》，刘仁文、王祎等译，法律出版社 2005 年版，第 29 页。
② 美国法律协会：《美国模范刑法典及其评注》，刘仁文、王祎等译，法律出版社 2005 年版，第 44 页。
③ 美国法律协会：《美国模范刑法典及其评注》，刘仁文、王祎等译，法律出版社 2005 年版，第 46—47 页。

是正当的；以及（c）行为人确信其介入对于该第三人的保护是必要的。①

5. 第3.06条　为保护财产而使用武力

（1）行为人相信对他人或者向他人使用武力对于实现下列目的有紧迫必要时，使用该武力具有正当性……②

6. 第3.07条　在执法中使用武力

（1）为实施逮捕而使用武力的正当性。当行为人正在实施逮捕或者协助实施逮捕，并且行为人相信使用武力对于实施合法逮捕紧迫必要时，对他人或者向他人使用武力具有正当性。③

由于《模范刑法典》对行为人标准的广泛关注，有人对《模范刑法典》作出如下解释：反映刑法理论界以及其他领域正在兴起的一场运动，就是让刑法重新聚焦行为人的主观心智上的罪责，而把长期占据在刑法中的拟制标准——合理谨慎之人（即平均人）——驱赶出去。④

（二）其他各州的规定

1. 北达科他州的规定

§12.1-05-03：行为人相信对他人使用武力，是为防止他人在当时的情况下针对自己实施非法的人身伤害、性侵犯或非法拘禁所紧迫必要时，对他人使用该武力具有正当性。⑤

§12.1-05-04：行为人为保护第三人而对他人使用武力，行为人行为时

---

① 美国法律协会：《美国模范刑法典及其评注》，刘仁文、王祎等译，法律出版社2005年版，第50页。

② 美国法律协会：《美国模范刑法典及其评注》，刘仁文、王祎等译，法律出版社2005年版，第53页。

③ 美国法律协会：《美国模范刑法典及其评注》，刘仁文、王祎等译，法律出版社2005年版，第56页。

④ ［美］乔治·P. 弗莱彻著：《地铁里的枪声——正当防卫还是持枪杀人?》，陈绪刚、范文洁译，北京大学出版社2007年版，第72页。

⑤ N. D. Cent, Code §12.1-05-03（2005）.

相信第三人正在遭受不法侵害且其介入是紧迫必要时，行为人的行为具有正当性。①

§12.1-05-06：行为人相信对他人使用武力，是为阻止或者排除他人非法侵入或侵入住宅，或者是为阻止他人带走或破坏财产所紧迫必要时，对他人使用该武力具有正当性。②

2.肯塔基州的规定

§503.030（1）：被告人相信自己的造成较小损害的行为，在当时情形下是保全价值更大的利益所紧迫必要时，被告人的行为成立"两害择一"（choice of evils）辩护。③

§503.050（1）：被告人相信对他人使用武力，是保护自己在当时情形下免受非法武力侵害所紧迫必要时，被告人使用的该武力具有正当性。④

§503.070（1）：被告人相信对他人使用武力，是保护第三人在当时情形下免受非法武力侵害所紧迫必要时，被告人使用的该武力具有正当性。⑤

§503.080（1）：被告人相信对他人使用武力，是阻止他人侵入住宅、入室抢劫或实施其他重罪行为所紧迫必要时，被告人使用的该武力具有正当性。⑥

§503.090（1）：被告人相信对他人使用武力，是实施逮捕或者协助实施逮捕所紧迫必要时，对他人使用武力具有正当性。⑦

3.特拉华州的规定

§463 行为人实施犯罪行为时，相信自己的行为是保护因偶然原因或非

---

① N. D. Cent, Code §12.1-05-04（2005）.
② N. D. Cent, Code §12.1-05-06（2005）.
③ Kentucky Revised Statutes §503.030（1）.
④ Kentucky Revised Statutes §503.050（1）.
⑤ Kentucky Revised Statutes §503.070（1）.
⑥ Kentucky Revised Statutes §503.080（1）.
⑦ Kentucky Revised Statutes §503.090（1）.

行为人过错而面临紧迫危险的公共或个人权益免受侵害所必要的紧急措施，且根据普通的道德标准，行为人要保护的权益大于犯罪行为所侵害的权益，行为人的行为是正当的。①

§464（a）被告人相信对他人或向他人使用武力，是为防止他人在当时的情况下针对自己使用非法武力所紧迫必要时，对他人使用该武力具有正当性。②

§465（a）满足下列条件时，被告人为保护第三人而对他人使用的武力具有正当性：（i）被告人相信其保护的第三人正在遭受侵害，依464条规定被告人本人在遭受该侵害时使用武力保护自身也是正当的；且（ii）被告人相信在当时的情况下，其所保护的第三人如自己使用该武力进行防卫也是正当的；（iii）被告人相信当时其介入对于第三人的保护是必要的。③

§466（a）在系列情形中，被告人相信对他人或者向他人使用武力有立即必要时，使用该武力具有正当性……④

§467（a）下列情形中，对他人或者向他人使用武力具有正当性：（i）被告人正在实施逮捕或者协助实施逮捕，并且当时被告人相信使用武力对于实施合法逮捕是立即必要的……⑤

二、来自行为人标准司法实践的挑战

（一）北卡罗来纳州

北卡罗来纳州刑事法典没有规定应当如何判断被告人的主观心理事实是

---

① 11 Delaware Code §463.
② 11 Delaware Code §464（a）.
③ 11 Delaware Code §465（a）.
④ 11 Delaware Code §466（a）.
⑤ 11 Delaware Code §467（a）.

否合理。但是 Stated v. Hazlett 一案表明，法院的法官在解决究竟是应当采用平均人标准还是采用行为人标准来判断被告人的防卫必要认识是否合理的争议时，一致决定采用行为人标准来判断，因为他们认为与平均人标准相比，行为人标准相对而言更为公正。后来在 State v. Jacobs 一案中，法院对先前的决定予以确认，即应适用行为人标准来判断被告人的防卫必要认识是否合理。因为，第一，基于英美司法中遵循先例的要求，该法院在以前的判例中适用行为人标准对行为人的防卫必要认识进行合理性的判断；第二，认为法院在哈兹莱特（Stated v. Hazlett）一案中适用的行为人标准是公正的；第三，该州现行法典中并没有相反的规定……因此法院认为，事实的审判者必须要站在被告人的立场来决定是否有足以使被告人产生诚实而合理的信念，认为使用暴力保护自己免受紧迫暴力的侵害是必要的……①

（二）北达科他州

在北达科他州，只要被告人真实地相信当时有实施防卫行为的必要，被告人就可以被完全的免除责任，即使被告人的"真实相信"在平均人看来是不合理的也不影响。例如，北达科他州最高法院在解释 State v. Leidholm② 一案时，认为"本案中，判断被告人的防卫必要认识是否合理，并不是由平

---

① John Kaplan，Robert Welsberg，Guyora Binder, Criminal Law：Cases and Materials fourth ed [M]，ASPEN，2003：584．

② 该案的基本案情是：詹妮丝和彻斯特尔是一对夫妻，二人的婚姻关系非常不幸福，夫妻两人时常酗酒，彻斯特尔生活中经常虐待自己的妻子詹妮丝。1981 年 8 月 6 日傍晚，彻斯特尔和詹妮丝参加了一次持枪者俱乐部聚会。两人都喝了很多酒，回农场的路上开始争吵，到家之后继续争吵。当时刚过半夜，彻斯特尔又喊又叫，詹妮丝则不停地哭。随后，彻斯特尔开始殴打詹妮丝并把她打倒在地，每当詹妮丝想站起来的时候，彻斯特尔就把詹妮丝重新打倒在地。又过了一会儿，二人回到卧室就寝。彻斯特尔睡着后，詹妮丝进厨房拿了一把菜刀，在彻斯特尔身上连刺几刀。几分钟后，彻斯特尔因惊吓和失血过多而死亡。詹妮丝在审判过程中提出，她刀砍彻斯特尔是为了保护自己的生命安全，而且也是自己"受虐待妇女综合症"的反应，并就"受虐待妇女综合症"的症状表现提供了专家证据。State v. Leidholm, 334 N. W. 2d 811 (1983)．

均人在相同的情形下是否产生防卫必要认识来决定的，而应当由与被告人具有相同身体特征和心理特征，且知道被告人一切的人来判断被告人当时产生的防卫必要认识是否合理，其实质是从被告人的角度出发来判断被告人的防卫必要认识是否合理。换言之，只要被告人本人认为自己的行为是当时情形下保护自己免受杀害或严重身体伤害的危险所必需的，那么防卫行为就是合理的，即防卫必要认识合理与否是针对被告人本人而言的"。① 基于上述理由，该法院认为一个体弱、胆小的男性被告人应当适用体弱、胆小男性的标准来判断防卫必要认识否合理；一个强壮、胆大的女性被告人则应当适用强壮、胆大女性的标准来判断防卫必要的认识是否合理。②

（三）阿肯色州

以 Dixon v. State③ 一案为例，④ 被告人迪克森被控告涉嫌二级谋杀罪。审判过程中，迪克森提出挑衅辩护，辩称他应被认定为非预谋故意杀人罪，而不是二级谋杀罪。因为在实施殴打行为时，他的心理状态处于极度混乱的状态。迪克森接着解释说，他之所以极度混乱的心理状态，是因为他的未婚妻

---

① State v. Leidholm, 334 N.W.2d 811, 818（N.D.1983）.

② State v. Leidholm, 334 N.W.2d at 818. 参见 State v. Wheelock, 609 A. 2d 972, 976（Vt.1992），该案中法院认为在判断被告人当时防卫必要认识是否合理时，法律不会让一个紧张的胆小鬼和一个无所畏惧的暴徒适用完全相同的判断标准。

③ 该案的基本案情：1979 年 1 月 16 日，阿肯色州小石城的迪克森和丽贝卡去一家酒吧举行他们的订婚仪式。在酒吧里，丽贝卡邀请一位男性朋友一起跳舞，迪克森很生气并离开酒吧独自回家。在家里经过姐姐的劝说，迪克森重新返回酒吧。返回酒吧之后，迪克森看到自己的未婚妻仍在和那位男性朋友跳舞且玩得很高兴，就生气地冲过去击倒了丽贝卡并开始殴打她，出手之重以至于一名服务生说整个酒吧都能听到殴打的声音。大约凌晨两点时，酒吧将迪克森赶了出去，出去时他坚持要将丽贝卡带回自己的家。在家里，迪克森继续对丽贝卡殴打，根据迪克森 13 岁的侄女的描述，丽贝卡当时被打的面部瘀青，眼睛青肿，下巴肿胀，鼻子流血。贝丽卡乞求迪克森不要再打了，然后就昏倒了，随后，丽贝卡因脑颅受伤而死。参见 Dixon v. State, 597 S.W.2d 77（Ark.1980）。

④ Dixon v. State, 597 S.W.2d 77（Ark.1980）.

在订婚仪式上邀请其他的男性一起跳舞，他认为他的未婚妻当时不应该这样做，当他返回酒吧时，看到未婚妻仍在和那位男性朋友跳舞并且一副很高兴的样子，于是他就变得极度愤怒，并因此失去了自控能力。在判断迪克森的"极度混乱的心理状态"是否有合理的解释或理由时，法院认为解释或理由是否合理是针对迪克森而不是其他人而言的，① 因而，判断迪克森的"极度混乱的心理状态"是否合理应关注迪克森的自身情况，即只要迪克森本人行为时真实地产生了"极度混乱的心理状态"，那么迪克森的"极度混乱的心理状态"就是合理的。② 最终陪审团对迪克森做出非预谋故意杀人罪的判决。

（四）康乃狄克州

以 State v. Chicano③ 一案为例，被告人奇卡诺被指控涉嫌重罪谋杀罪。审判过程中，奇卡诺辩称实施杀人行为时自己的心理状态极度混乱，原因是自己听到自己的前女友和她的新男友做爱的声音。由三位法官组成的合议庭

---

① Cynthia K. Lee, Murder and the Reasonable Man: Passion and Fear in the Criminal Courtroom [M], New York: New York University Press, 2007: 35.

② 在"心理状态的极度混乱"是否合理是针对被告人而言的情形下，之所以要关注被告人的自身情况，是因为该种情形下判断被告人"心理状态的极度混乱"是否合理的参照对象是根据被告人的自身情况拟制的。由于参照对象拟制的和被告人完全一样，参照对象处在被告人所处的情形下也可以被证明产生同样的心理状态，因而只要被告人本人行为时真实地产生了"极度混乱的心理状态"，那么参照对象也必然产生"极度混乱的心理状态"，从而该"极度混乱的心理状态"对被告人而言就是合理的。

③ 该案中奇卡诺和艾伦曾经是一对男女朋友，1986 年底二人分手。1987 年 2 月 28 日凌晨两点左右时，奇卡诺去艾伦位于东温莎的家。在艾伦的住宅外，奇卡诺恰巧看到了艾伦的新男友雷蒙德进入了艾伦的住宅。之后，奇卡诺绕到了艾伦的卧室窗台下，听到了雷蒙德和艾伦做爱的声音。大约 30 分钟后，奇卡诺悄悄地溜进艾伦家的浴室，在确认艾伦和雷蒙德睡着之后，他手持撬棍进入艾伦的卧室，并用撬棍打击雷蒙德的头部，艾伦大声呼喊并哀求其放过雷蒙德。艾伦这一举动非但没有保护住雷蒙德，反而使得奇卡诺更加愤怒，奇卡诺继续殴打雷蒙德直至其死去。然后，奇卡诺开始殴打艾伦，为了避免反抗奇卡诺将艾伦的双手捆绑起来。这时候，艾伦 11 岁的儿子进入卧室并大声尖叫。奇卡诺转过身卡住艾伦儿子的脖子将其勒死。之后奇卡诺又用撬棍猛击艾伦头部两次，艾伦也死去。参见 State v. Chicano, 216 Conn.699 (1990).

认为奇卡诺行为时真实地处于"极度混乱的心理状态",尽管该"极度混乱的心理状态"对平均人来说是不合理的,但由于被告人本人真实地存在"极度混乱的心理状态",因而该"极度混乱的心理状态"就奇卡诺本人来说是合理的。法院据此认可了奇卡诺的挑衅辩护,最终裁定奇卡诺犯了一级非预谋故意杀人罪。[1]

(五) 英国

以前文所述的摩根案为例,初审法院认为被告人的错误认识只有建立在合理的根据之上时,即平均人在当时情形下也会产生同样的错误认识,被告人的认识错误才能成为有效的辩护理由。英国上议院认为初审判决对强奸罪的罪过要素的理解有误,认为在强奸罪中"关于受害人是否承诺的错误,即便是不合理的,也阻却主观要素的成立而成为强奸罪的辩护理由"。[2] 根据上议院的解释,只要被告人行为时对错误的内容有真实的相信,就可以成为辩护理由,而不管该错误认识本身是否合理。[3]

(六) 爱尔兰

爱尔兰法院在判断挑衅辩护是否成立时采用的是完全主观的标准,即行为人标准。只要被告人因受到挑衅刺激而真实地产生了激情的心理状态,即该激情的心理状态对被告人而言是合理的,那么合适的判决就应是非预谋故

---

[1] Cynthia K. Lee, *Murder and the Reasonable Man: Passion and Fear in the Criminal Courtroom* [M], New York: New York University Press, 2007: 39.

[2] [英] 乔纳森·赫林:《刑法(影印版)》,法律出版社 2003 年版,第 182 页。

[3] 本段提到的合理是针对平均人而言的合理。实际上,只要被告人行为时真实地产生了认识错误,如果适用行为人标准,那么该认识错误就是合理的。这是因为行为人标准所拟制的参照对象和被告人完全一样,如果被告人行为时真实地产生了认识错误,那么参照对象处在被告人所处的具体情形下也会产生相同的认识错误,因而将被告人与参照对象进行比较判断,必然得出被告人的认识错误是合理的结论。

意杀人罪而不是故意谋杀罪，根本不需要陪审团去判断平均人在当时的情形下是否也会产生同样的激情心理状态。①

三、适用行为人标准的理由

从前文可知，行为人标准主张在判断行为人的主观心理状态是否合理时应以行为人的个人情况为标准。该标准在立法实践和司法实践中得到部分支持，支持者的主要理由是：行为人标准符合罪责自负的个人责任原则，有助于个案正义的实现。刑事责任根源于行为人的能力和机会，只有在行为人具有选择做或者不做的能力或机会时，对其施加刑罚才是正当的。② 行为人标准以报应主义③为刑罚的根据，报应主义者认为当刑罚是行为人应得的时候，它就是正当的，当行为人自由选择违反社会规范的时候，刑罚就是行为人应得的。换言之，在适用刑罚时，报应主义者是向后看，并且把自愿犯罪作为刑罚正当化的唯一根据。报应主义者的核心理念在于人通常具有选择自由，因此，当他们选择违反社会规范时，应当受到谴责。④ 美国学者杰罗

---

① 参见 People v. MacEoin 1978 1 IR 27; People v. Davis 2001 1 IR。

② Nicola Lacey,"In Search of the Responsibility Subject: History, Philosophy and Criminal Law Theory"［J］, *Modern Law Review*, 2001, 64: 353.

③ 参见 Immanuel Kant, *The Metaphysical Elements of Justice*［M］, J. Ladd trans., 1965 ; Immanuel Kant, *The Philosophy of Law* ［M］, W. Hastie translation., 1887; Jeffrie G. Murphy & Jean Hampton, *Forgiveness and Mercy*（1988）; David Dolinko,"Three Mistakes of Retributivism"［J］, *UCLA L. Rev.*, 1992, 39: 1623; David Dolinko, "Some Thoughts About Retributivism", *Ethics*, 1991, 101: 537; Johusa Dressler, "Hating Criminals: How Can Something That Feels So Good Be Wrongs: The Goals of Retribution"［J］, *UCLA L.* Rev., 1992, 39:1659; Herbert Morris,"Persons and Punishment"［J］, *Monist*, 1968, 52: 475; Jeffrie G. Murphy, "Retributivism, Moral Education, and the Liberal State"［J］, *Crim. Just. Ethics*, 1985, Winter/Spring:3; Benjamin B. Sendor, "Restorative Retributivism"［J］, *J. Contemp, Leg. Issues*, 1994, 5:323; and Roger Wertheimer, "Understanding Retribution"［J］, *Crim. Just. Ethics*, 1983, Summer/Fall:19.

④ Joshua Dressler, *Understanding Criminal Law* 2nd ed ［M］, New York:Matthew Bender & Company, Inc., 1995:16.

姆·豪也曾主张，"除非行为人自由选择了对义务的违反，否则就不应当让其承担责任"。① 在界定"自由选择"时，弗莱彻教授认为：行为人原本可以不这么做却这么做了，一个作为或不作为就是行为人自由选择的。换言之，如果行为人原本可以克制自己的行为，但他没有克制，那么他的有意图的行为就是自由选择的。同理，如果行为人原本可以避免认识错误，但他却没有避免，那么这个认识错误就是自由选择的。如果依当时的情况，行为人原本可以认识到自己行为中所蕴含的危险，但他竟然选择冒险，那么这个疏忽大意的冒险行为就是行为人自由选择的。② 由此可见，这里的自由选择是行为人个人的自由选择，而不是与行为人无关的其他人或平均人的自由选择。既然刑事责任的本质是个人的责任，是对行为人个人的责难，那么，自由选择的判断理应结合行为人的个人情况进行具体判断，而不应考虑其他人的情况。由于行为人行为时的主观心理状态是否合理关系着行为人的责任，因此，在判断行为人行为时的主观心理状态是否合理时，应该以行为人的个人情况为标准，相关的判例有 State v. Chicano 案，该案中，陪审团就认为行为人能否避免产生"极度混乱的心理状态"是行为人个人的事情，不能因为其他人在当时的情形下能够避免产生"极度混乱的心理状态"，就认为行为人在当时的情形下也能够避免产生"极度混乱的心理状态"，因而行为人产生"极度混乱的心理状态"是否合理应当是针对行为人而言的，而非针对平均人而言的。③ 换言之，采用平均人标准判断被告人产生的"极度紊乱的心理状态"是否合理是不适当的。

综上所述，行为人标准的支持者认为：与平均人标准相比，行为人标准更加遵照客观事实，认为每个人的个人情况的差异是客观存在的，在相同的

---

① J. Hall,"Negligent Behavior Should be Excluded From Penal Liability"[J] , *Colum. L. Rev.*, 1963, 63:632, 635–636.
② [美] 乔治·弗莱彻：《反思刑法》，邓子滨译，华夏出版社 2008 年版，第 516 页。
③ State v. Chicano, 216 Conn. 699 (1990) .

情形下行为人选择实施何种行为也是因人而异的，因而在判断行为人实施的某行为是否属于自由选择时，不能对不同的人适用相同的判断标准。由于行为人标准考虑了行为人的所有个人情况，可以说是最能反映行为人是否"自由选择实施某一行为"这一实际状况的判断标准。因此，行为人标准的支持者认为，至少从理论上讲，行为人标准是根据行为人的自身实际情况在分配刑罚，拒绝将被告人作为增加社会整体福利的手段，坚持贯彻罪责自负的刑事责任原则，体现了其重视人权保障和具体正义的价值取向。①

---

① 本书认为行为人标准支持者提出的理由有待商榷，笔者将在下一章对相关的支持理由提出具体批判。

第四章　英美刑法学界关于平均人标准的完善

第一节　平均人标准保留的必要性

平均人标准绝不是一个完美的标准，其在司法审判实践中暴露出一些缺陷和不足，但与行为人标准相比，其是一个相对合理的判断标准。因此，英美刑法学者和法官的多数意见认为应当保留平均人标准。①

一、行为人标准的弊端

在英美刑法中，与平均人标准相对应的是行为人标准。行为人标准的优点在于能够反映被告人本人的真实情况，更关注被告人行为时的真实感受，体现了其重视人权保障和具体正义的价值取向。当然，行为人标准在司法实践中也存在着弊端，具体表现在以下几个方面：

---

① Cynthia K. Lee, *Murder and the Reasonable Man: Passion and Fear in the Criminal Courtroom* [M], New York: New York University Press, 2007:276.

（一）没有进行任何判断的标准

行为人标准将参照对象界定得在每一方面都和被告人一样，由此导致被告人行为时产生的心理状态是否合理实质上就是由被告人自己来判断的。因为，只要被告人行为时真实地出现了某种主观心理状态，那么与被告人完全相同的参照对象处在被告人所处的情形下也会出现同样的主观心理状态，因而将被告人与参照对象进行比较判断，必然得出被告人的主观心理状态是合理的结论。可以说，行为人标准提供的参照对象并没有实质性的参照价值。换言之，与平均人标准相比较，主观标准不具有外在性，[①] 不能够从外部检验判断对象的合理性，行为人的心理状态合理与否完全取决于被告人内心的真诚相信或者说主观相信，因而可以说适用行为人标准去判断被告人行为时产生的心理状态是否合理完全是多此一举，诚如学者所言，"行为人标准实质上并未对判断对象是否合理提供一个外在的检验标准。当合理与否完全取决于行为人在当时情形下的主观认识时，'合理的'这一要求就变为'真实的'要求，显得多余"。[②] 一般来说，被告人在面临刑事指控时，绝不会承认"自己在当时的情形没有产生恐惧、愤怒或其他的主观心理状态"，相反，被告人会坚称"自己在当时的情形下真实地产生了恐惧、愤怒、认识错误或者其他的主观心理状态"。正如英国刑法学者针对强奸罪所说，"被告人能够轻易地找到他确信受害人已经承诺的充分借口。"[③] 由于行为人标准是根据被告人的个人情况拟制出参照对象，因而采用行为人标准的结果通常是不得不对被告人减免处罚，即如果我们知道了被告人的一切，我们就必须得宽宥他。[④]

---

① 行为人标准形式上具有外在性，实质上并没有外在性，因为根据行为人标准，由于为行为人拟制的参照对象和行为人完全一样，因而行为人的行为是否合理最终还是由行为人的自我评价来决定的，被告人与参照对象的比较判断完全是多余的。

② Cynthia K. Lee, *Murder and the Reasonable Man: Passion and Fear in the Criminal Courtroom* [M], New York: New York University Press, 2007:207.

③ [英] 乔森纳·赫林：《刑法（影印版）》，法律出版社 2003 年版，第 173 页。

④ [美] 乔治·弗莱彻：《反思刑法》，邓子滨译，华夏出版社 2008 年版，第 68 页。

正如英国学者格兰威尔·威廉姆斯所言，"如果必须考虑特定行为人的个人情况，那么在行为的决定论的立场上，我们似乎就被推向这样一个结论，即：根本不存在行为标准。如果行为人的每一个特征，包括遗传因素，都要被考虑，那么结论只能是他的所作所为都是不得已而为之"①。

以 State v. Simon② 一案为例，一审法院的法官在指示陪审团判断被告人防卫必要的认识是否合理时指出，"是否合理应是针对当时具体情形下的被告人而言的，因而判断被告人为保护自己免受紧迫的不法侵害行为而使用的武力是否合理时，应当根据被告人行为时的主观认识来决定"，③ 该指示隐含着这样一层意思，平均人处于当时情形之下是否会产生防卫必要的认识，这对被告人正当防卫是否成立的判断没有任何影响。由法官的指示可知，一审法院支持适用的是行为人标准，这个标准显然是对西蒙有利的，因为只要西蒙个人认为当时情形下的侵害行为是紧迫的，且认为自己在当时的情形下确有正当防卫的必要，那么他的防卫必要认识就是合理的，而无须考虑平均人对被告人防卫必要认识的评价，也无须考虑被告人产生这种主观认识是基于什么样的原因。因此，尽管该案中西蒙先生产生防卫必要认识的理由十分荒谬，且大多数人认为西蒙的防卫必要认识不合理，但陪审团依据行为人标准，认为西蒙当时出现恐惧的心理状态是合理的，最终西蒙也得以无罪释放。另外，在著名的纽约地铁案④ 审理中，下级法院在解释"被告人合理相信"时，认为"被告人合理相信"的成立需要满足两个条件：第一，被告人主观上真实的相信；第二，被告人的真实相信是合理的，这里的合理是被告人本人认为是合理的。纽约州的上诉法院认为，下级法院判断"被告人合理相信"的两

---

① Glanville Williams, *Criminal Law* (The General Part) [M], London: Stevens & Sons, 1953: 82.

② State v. Simon, 646 P. 2d 1119 (Kan.1982).

③ State v. Simon, 646 P. 2d 1119 (Kan.1982).

④ People v. Gotez, 68 N.Y.2D (1986).

个条件，"实际上与仅需要被告人真实相信没有区别，只要被告人在当时的情形下真实的相信有防卫的必要，就可以完全免除被告人的所有责任。"① 因为行为人当时产生什么样的主观认识，是由行为人在行为时的所有性格特征共同决定的，因此，只要满足第一个条件，必然满足第二个条件，所以第二个条件实属多余，根本不需要"自己认为自己的相信是合理"的判断。

由于行为人标准中的参照对象被界定得在每一方面都和被告人一样，因而参照对象仅具有形式上的意义，被告人行为时的主观心理状态合理与否，最终还是由被告人自己来决定，这不仅有导致法秩序的迟缓化、软骨化的危险，更有使责任的判断成为不可能的结果。审理纽约地铁案的上诉法院也认识到了行为人标准的该缺陷，认为"行为人标准只需要被告人真实的相信有防卫必要即可，这使得行为人标准形同虚设，在任何一个案子里，被告人的主观认识都能使被告人得以免除刑事责任"，② 上诉法庭接着指出行为人标准这个弊端的原因所在，"辩护的基本原则不允许重大犯罪的实施者仅仅因为自己相信他自己的行为是阻止不法侵害行为所必需的就可以免除责任。至于被告人产生这种主观相信的理由是什么，则在所不论，哪怕这些理由有多么的荒谬和不可思议都可以，这相当于允许被告人为自己的正当防卫设置成立的标准，很容易使被告人因自己的错误判断而逃脱刑罚惩罚，这是与刑法的基本原则相违背的"。③ 随后，堪萨斯州最高法院（supreme court）也对西蒙一案初审法院作出的裁判做出裁定，认为初审法院适用行为人标准判断行为人在行为时产生恐惧心理状态是否合理是不正确的，④ 只是由于受到美国宪法"禁止双重危险原则"⑤ 的限制，西蒙的无罪判决才得以保留。

---

① People v. Gotez,68 N.Y.2D 96,111（1986）.

② People v. Gotez,68 N.Y.2D 96,111（1986）.

③ People v. Gotez,68 N.Y.2D 96,111（1986）.

④ State v. Simon 646 P. 2d 1119（Kan.1982）.

⑤ "禁止双重危险原则"主要在英美法系国家适用。一般认为，"禁止双重危险"概念在英国普通法中的出现，源于 12 世纪英国国王亨利二世与大主教托马斯·贝克特之间的争

综上所述，采用行为人标准判断行为人行为时的主观心理状态是否合理，实质上并未对行为人主观心理状态做出任何判断。换言之，行为人标准是未作任何判断的判断标准，这不仅有导致法秩序的迟缓化、软骨化的危险，更有使责任的判断成为不可能的结果。

（二）背离社会公共政策的需要

行为人标准认为行为人之间存在差异是客观现实的情况，不同的行为人适用相同的判断标准容易导致客观归罪的结局，在刑事责任上，客观归罪是现代刑法绝对不允许的。行为人标准在拟制参照对象时考虑了行为人的所有个人情况，因而与平均人标准相比，主观标准是符合现代刑法个人责任原则的。但是，完全按照行为人标准，则有缩小处罚范围、为犯罪分子开脱的嫌疑。首先，按照行为人标准的理解，被告人行为时的主观心理状态是否合理，完全由当时行为人本人的个性情况所决定，这样将会出现被告人行为时的主观心理状态是否合理，完全由被告人自己说了算的局面。如在"他平时就是一个胆小懦弱的人，因此无法抵抗胁迫者的胁迫行为"的场合，适用行为人标准的话，被告人将因自己的胆小懦弱的性格特征成立胁迫辩护从而免除刑罚，刑法也就对其无能为力，这显然难以实现刑法打击犯罪、维持社会

端。贝克特认为，在教会法庭判定被告人有罪之后，再由国王的法庭依法判处刑罚，违背了"任何人均不应因其同一项犯罪而被惩罚两次（Nemo bis in idipsum）"的箴言。此后，禁止双重危险原则在英国普通法中的确立经历了漫长而曲折的发展过程。17 世纪后半叶，英国法院通过判例重申或裁定，在案件已作出无罪判决后，起诉一方无权再寻求新的审判；在已作出有罪判决的案件中，如果案件属于轻罪案件，则不得再开启新的审判；如果案件已在其他司法管辖区进行过审判，在英格兰则不得再进行新的审判。在美国，1641 年马萨诸塞《自由宣言》规定："任何人均不应因同一犯罪、违法行为或过错而被法庭判刑两次。"1789 年美国联邦宪法第 5 条修正案规定："任何人均不得因同一犯罪而被迫两次遭受生命或身体上的危险。"由此可见，维护生效裁判的稳定性与保障被告人的权利是确立禁止双重危险原则的主要目的。参见张毅：《刑事诉讼中的禁止双重危险规则论》，中国人民公安大学出版社 2004 年版，第 40 页。

秩序的目的。其次，行为人标准会导致打击先进、鼓励落后的结果，因为被告人行为时的主观心理状态是否合理是由被告人的个人情况决定的，所以势必会出现能力越高，法律对其的要求就越高，责任相应也就越大，能力越低，法律对其的要求就越低，责任相应也就越小的局面。以 Lesbin 一案为例：站在博物馆门前的一名女子对被告人说了一些带有侮辱性的语言，被告人于是开枪杀死了该女子。在一审审理被告人是否犯有谋杀罪时，被告人的意外以及精神错乱的辩护理由被陪审团驳回。在上诉审中，人们认为，关于愤怒的心理事实是否合理的问题，法官应该指示陪审团不应考虑被告人的精神错乱情况。否则，似乎会使人得出这样错误的结论，即脾气坏的人承担非预谋故意杀人罪的责任，而脾气好的人则会承担故意谋杀罪的责任。法庭认为，作为辩护理由，激怒必须起到能够影响平均人的作用，而不是影响行为人本人的作用。① 可以说，采用行为人标准，就是对被告人个人缺陷、业务不精以及其他方面不足的无原则纵容和迁就，甚至引起难以容忍的社会效果，诚如弗莱彻教授在评论戈特茨一案时所言："一项杀人执照颁发给地铁里任何像戈特茨这样被人伸手乞讨的乘客，仅仅因为他真实地相信每一次与少数族裔的年轻人面对面，都有潜在的生命危险的担心。"② 这显然是对社会公共政策的违背。

霍姆斯认为，"法律的标准应当是普遍适用的标准。构成某一特定行为内在特征的脾气、知识、教育等情况，因人而异，法律实在无力顾及。行为人作为社会的一员，必须实施符合一定标准的行为，在一定范围内牺牲个人的某些非正常特征，是增加社会整体福利所必需的。"③ 也就是说，为了社

---

① ［英］J.C.史密斯、B.霍根：《英国刑法》，李贵方等译，法律出版社 2000 年版，第 399 页。

② ［美］乔治·P.弗莱彻：《地铁里的枪声——正当防卫还是持枪杀人?》，陈绪纲、范文洁译，北京大学出版社 2007 年版，第 71 页。

③ Oliver Wendell Holmes, *The common law*［M］, New York: Dover Publications, Inc., 1991: 108.

会整体福利的最大化，社会公共政策要求在制定平均人标准时不能考虑被告人胆小懦弱、业务能力不强的个人特征，亦即期待人们能够控制因个人的不良品性所产生的不良影响。否则，如果采用行为人标准，被告人很容易凭借胆小懦弱、业务能力不强、自愿性醉酒状态等个人特征逃脱刑罚的惩罚，这是不利于社会秩序安宁的，诚如高夫勋爵所言，酒精会降低人的谨慎和自控能力，使醉酒的人比清醒的人更容易冲动，无论激怒的性质如何，但醉酒之所以是特殊的，是因为醉酒不能作为犯罪的辩护理由是社会政策的需要。① 另外，由于世上千人千面，如果一人一个判断标准，就等于没有标准，最终必然会使社会秩序陷入混乱状态。出于社会秩序安宁的需要，法律必然不能照顾到每个人各不相同的气质、智力和教育程度等个人特征，一些个人特殊的品性在审判中是不会被原谅的。这样说来，在判断被告人的行为和行为时的主观心理事实是否合理时，从社会公共政策角度来说不能采用行为人标准。

（三）行为人的某些性格特征恰恰就是行为人被谴责的基础

行为人标准认为一种抽象的和与个人无关的标准② 在本质上是不公正的。这个批评的含义是，公正的标准应当是"主观的"，应当根据被告人的个性特征、具体能力水平来判断行为人行为时的主观心理状态是否合理，即为被告人拟制参照对象时应当考虑被告人的所有个性特征，这样才能保证判决结果在道义上的正当性。本书认为，尽管被告人的个人情况对被告人在特定情形下产生何种主观心理状态有着决定性的影响，但这并不意味着，被告

---

① ［英］J.C.史密斯、B.霍根：《英国刑法》，李贵方等译，法律出版社 2000 年版，第 405 页。

② 这里的"无关"并不是指平均人的所有个性特征与行为人的所有个性特征之间没有相同，事实上，平均人与行为人的个性特征在很多方面都是相同的；这里的"无关"意在强调陪审团在拟制平均人的个性特征时没有去参考行为人的个性特征，平均人具有与行为人相同的个性特征并不是参考行为人个性特征的结果。

人个人情况中的所有性格特征都是平等的因素，且在判断过程应当予以同等程度的对待。如果说被告人的脑部受伤或者性功能障碍在评价被告人行为时的主观心理事实是否合理时可以加以考虑，那么不能据此就可以认为，被告人的其他性格特征如马马虎虎、贪婪、自愿性的醉酒状态甚至他作为一个人的邪恶等也应当予以考虑。

行为人标准之所以对被告人的性格特征予以全部考虑，一方面源于刑事责任是个人责任的考虑，另一方面源于其未能密切关注被告人性格特征的类型。事实上，被告人的性格特征在责任判断上的作用有很大的不同，一些性格特征是被告人免除责任的基础，一些性格特征则是被告人理应受到责难的原因。设想一下，一个摩托车手天生喜欢刺激和冒险，习惯性地以每小时超过一百公里的速度行车。车手是否应当为这个过分的冒险行为造成的人身、财产伤害而受到责难呢？回答是肯定的。脑部受伤[1]和追求刺激的区别，在于被告人潜在的自我控制能力方面的不同。脑部受伤产生的影响是超出被告人自我控制能力之外的。因此，我们不能指望被告人能够控制脑部受伤的影响，因而如果这一事实在当时情况下造成了被告人的情绪亢奋，在评价杀人是否至少缘于单方失控的时候，就没有理由不考虑脑部受伤的影响，否则，法律就有强人所难之嫌，对被告人的责难就失去了道义上的正当性。类似的情形还有，双目失明的人没有察觉到只有视力正常的人才能察觉到的危险，并使这个危险现实地发生了，在判断被告人的行为是否构成疏忽时，必须考虑双目失明对被告人预见危险的影响，因为要求双目失明的人察觉到只有视力正常的人才能察觉到的危险，对双目失明的人来说是强其所难。相比较，对刺激的追求对被告人来说则是可以改正和受约束的，我们完全可以期待被告人在当时的情况下控制自己的冒险欲望——只要这种欲望影响到了他人或公共的安全。与此相似的还有被告人的马马虎虎、贪婪、嫉妒的性格以及行为人的自愿性醉酒状态等等，如果没有可以

---

[1]　State v. Nevares,36 N.M. 41,7 P.2d 933（1932）.

证明的心理障碍，我们完全可以指望被告人予以控制上述几种特殊的性格和状态。因此，如果这些性格和状态在当时情况下左右了被告人的主观心理状态，如被告人原本可以认识到自己行为中蕴含有不正当或不合理的风险，由于习惯性的马马虎虎而没有认识到，竟然还要冒险，或者说被告人原本可以避免认识错误，由于处于自愿性醉酒状态导致被告人没有避免认识错误，那么在判断被告人是否成立疏忽时或者认识错误是否合理时，马马虎虎的性格和自愿性醉酒状态就不应当考虑。换言之，那些对自己不良习惯有约束能力的人因没有约束自己的不良习惯，实施了一定的行为或者产生了特定的主观心理事实，就不能保证自己通过自己的不良习惯融合在判断的标准中而得到宽恕——就好像一个贪婪的人本来应当按照贪婪的人的标准来判断一样，从而证明自己当时的主观心理事实就是合理的。①

总而言之，行为人的性格特征在责任判断中具有不同的作用，因而构建判断标准时应当关注行为人性格特征的种类。详言之，在行为人的性格特征中，某些性格特征是行为人减免责任的根据，某些性格特征是行为人承担责任的基础，二者的作用是不同的。如果对后者所包含的个性特征予以考虑的话，行为人当时产生的主观心理状态必然是合理的，这些性格特征反而成为行为人得到宽恕的理由，这显然是不合理的。因此，行为人标准对行为人的性格特征不加区分，根据行为人的所有个性特征来判断行为人行为时的主观心理状态是否合理是有疑问的。

（四）可能造成歧视社会中的某一群体

按照行为人标准的理解，被告人行为时的主观心理状态是否合理，需要根据被告人行为时的所有个人情况来决定。换言之，只要影响到被告人

---

① 〔美〕乔治·弗莱彻：《刑法的基本概念》，蔡爱惠等译，中国政法大学出版社2004年版，第155页。

何种主观心理状态的因素，在构建行为人标准时都应当予以考虑。行为人标准坚持刑事责任是个人责任的原则，对每个被告人适用最贴近自己真实情况的判断标准，确保了分配给被告人的刑罚具有道义上的正当性。根据行为人标准的构建原理，即使被告人的认识或理念具有歧视性，该歧视性的理念作为被告人性格特征的一部分也将成为判断主观心理状态是否合理的相关因素，即歧视性的理念将被融入判断标准之中。例如，在Commonwealth v. Carr一案中，被告人在露营地正好看到两个女同性恋者在发生性关系，他被眼前的一幕激怒而失去了自控力，杀死了其中一个女人，重伤了另一个女人。审理过程中，被告人提出激情辩护，并出示了精神病学的证据，证明在他成长的过程中，一直遭受母亲的训斥，他还知道母亲与他人长期维持着同性恋关系，成长中的痛苦经历导致他看到同性恋行为就会暴怒且会失去自控能力。该案在判断被告人产生盛怒的心理状态是否合理时，如果适用行为人标准，被告人特殊成长过程中形成的对同性恋人的憎恶心理作为被告人个人特征的一部分，将会作为相关因素予以考虑。事实上，被告人憎恶同性恋的心理确实与被告人当时的暴怒心理状态息息相关，甚至可以说是被告人产生暴怒的主要原因；[1] 同样，如果适用行为人标准的话，在评价像戈特茨这样的人是否合理地发觉一种危险并且合理地对自己的发觉采取相应措施时，被告人认为"年轻的黑人代表犯罪"的歧视性观念就变得与被告人产生防卫必要认识是否合理的判断相关了，[2] 我们不得不将被告人具有歧视性的观念纳入判断标准中去；在评价西蒙产生防卫必要的认识是否合理时，被告人对亚裔美国人的歧视性观念也变得与此相关了。[3] 然而，这些具有歧视性的观念显然都是不合理的。假设承认憎恶同性恋的性格特征和种族歧视的性格特征对被告人行为时的主观心理事实是

---

① Commonwealth v. Carr, 580 A.2d 1362（Pa.Super.Ct1990）.

② People v. Gotez, 68 N.Y.2D 96,111（1986）.

③ State v. Simon, 646 P. 2d 1119（Kan.1982）.

否合理具有影响，且被告人最终还凭借自己种族歧视的性格特征或者憎恶同性恋的性格特征得到法律的宽宥，这相当于变相地向社会公众传递一种信息——憎恶同性恋的理念和种族歧视的理念在法律上是被允许的，具有这些歧视性的理念不但不会受到法律惩罚，而且在某些情况下还会成为免除刑事责任的理由。如此一来，社会中含有歧视性的立场或观念将以法律后盾，强制性地在社会公众中传播蔓延，并强迫社会成员予以接受，强化了整个社会对同性恋群体、黑人及其他弱势群体的歧视，这不但打击了刑法的合乎规范性，而且与法律面前人人平等的基本原则相违背。

综上所述，行为人标准将会使被告人具有歧视性的理念或主观认识堂而皇之地融入判断标准，从而导致社会中原本就存在的对一些弱势群体的歧视，通过法律的强制力量予以强化的危险。

（五）有违公平原则

行为人标准的支持者批判平均人标准对不同的被告人在相同的情形下适用相同的标准，从形式上看符合平等对待原则，但并不能实现实质的平等。因为刑事责任毕竟是个人的责任，是对个人的责难，由于平均人标准忽略被告人的实际情况，对被告人适用与其无关的判断标准，必然有违实质正义的实现。司法实践中，一些法院在追求实质正义理念的指导下，在判断被告人行为时的主观心理状态是否合理时，采用关注被告人个人情况的行为人标准。但是，如此一来，个人化正义扩大了判断标准的关联范围，造成一人一个判断标准，正如廷德尔（Tindal）法官在 Vaughan v. Menlove 一案中所说的那样，"在判断被告人是否成立疏忽时，门列侬（Menlove）主张的行为人标准之所以被拒绝，一部分就是因为他的主张会导致判断标准会像每个人的脚一样，大小变化无常，使标准呈现出不同的模样"，[①] 即在相同或者相似

---

① Vaughan v. Menlove, 3 Bing. N. C. 468, 132 Eng. Rep. 490, (1837) .

的情形下，要求不同的人遵守不同的谨慎注意标准。如果适用行为人标准，一方面，由于判断标准不具有类型性，在司法实践中难免会出现五花八门的不平衡判决结果，这不仅不利于刑法的统一适用，还会损害法的公平性与可预测性。另一方面，法律上的实质正义并非总是高于形式正义，在一定条件之下形式正义可以高于实质正义。代表法律正义的法治，其基本要求是按照既定规则办事，因此社会变化引起的实质正义的变化不能任意影响法律的稳定性。所以为了法治或法律的权威，我们应当在一定程度内允许法律背离实质正义。[①] 实际上，法律的功能在于，设定一个最低限度的责任承担的门槛，以作为对违法进行归责的一个条件。[②] 然而，法律制度在认可罪责的层级和程度时，能力是有限的，因此，法律所做的分类必须是粗线条的。行为人或者有责任，或者没有责任，不应承认"被告人因具有无穷多样的情绪、智力和教育经历，使得同样的行为的性质如此因人而异"，[③] 即拒绝判断标准的因人而异。

另外，行为人与平均人相比，虽然具有一定的具体性，但是以现有的科学技术条件和司法条件，人们还是不可能对行为人进行百分之百的理解，不能完全掌握行为人的所有性格特征。诚如霍姆斯大法官所言，"人无法像上帝那样看人，只有全能的上帝才能知道我们的一切，恰当地判断一个人的能力和缺陷比确定一个人的法律知识还要难以实现"，[④] 可以说，准确认识行为人的所有性格特征对法官和陪审团来说，至少在现阶段是一件不可能完成的任务。从实际操作上来看，行为人只可能被理解到所谓平均人的程度，因为这里的"理解"就是要找出行为人和社会其他人所共有的特性，例如与行为人具有相同的身份、职业、知识背景或者其他特性，离开

---

① 孙笑侠：《法的形式主义和实质正义》，《浙江大学学报》（人文社会科学版）1999 年第 5 期。
② [美] 乔治·弗莱彻：《反思刑法》，邓子滨译，华夏出版社 2008 年版，第 377 页。
③ Oliver Wendell Holmes, *The common law* [M]，New York: Dover Publications, Inc., 1991: 108.
④ Oliver Wendell Holmes, *The common law* [M]，New York: Dover Publications, Inc., 1991: 108.

这一方法，人就无所谓被理解。行为人标准的适用是以掌握行为人的所有性格特征为前提的，如果行为人的所有性格特征无法确定，必将导致性格标准无法确定，行为人标准当然也就无法适用了。诚如廷德尔（Tindel）法官在 Vaughan v. Menlove 一案的判决书中所言："如果判断标准因人不同而变化无常，那么行为人标准将因被告人性格特征难以认定而变得模糊化。换言之，行为人标准根本不具有操作可能性，相当于没有提供任何判断标准。"① 弗莱彻教授则从其他视角对行为人标准进行解读："标准必须具备某些一般性，被删削得只适合于个人的独特个性的标准，就根本不能称作标准。"② 该解读隐含的意思是，所用的标准都必须具有一般性，行为人标准根本就不是判断标准。

二、平均人标准的相对合理性

从前文可知，一些学者批评平均人标准在适用过程中，常常将社会中的主流群体，即白人、异性恋、男性在特定情形下出现的主观心理状态等同于合理的主观心理状态，③ 如此一来，与社会中的弱势群体（包括少数族裔、同性恋、女性等）相比，社会主流群体的成员较之于弱势群体的成员更容易在司法审判中获益，这对弱势群体显然是不公平的。④ 既然平均人标准在司法实践中存在着弊端，女权主义者和种族主义批判者也提出了平均人标准的替代标准，为什么英美刑法还要保留平均人标准，而不采用这些替代标准？事实上，很多英美刑法学者都对平均人标准提出了尖锐的批评，但最终他们

---

① Vaughan v. Menlove, (1837) 3 Bing NC 468, 132 ER 490 (CP), pp.474–475.

② [美] 乔治·弗莱彻:《反思刑法》，邓子滨译，华夏出版社 2008 年版，第 371 页。

③ Cynthia K. Lee, *Murder and the Reasonable Man: Passion and Fear in the Criminal Courtroom* [M], New York :New York University Press, 2007:204.

④ Mayo Moran, *Rethinking the Reasonable Person: An Egalitarian Reconstruction of the Objective Standard* [M], Oxford: Oxford University Press, 2003:306.

认为平均人标准是一个相对合理的判断标准，因而应当保留。

在英美刑法中，与平均人标准相对应的判断标准是行为人标准，即根据行为人的自身情况判断行为人在当时情形下产生的主观心理状态是否合理。司法实践中，在判断被告人行为时的主观心理状态是否合理时，法官和陪审团如果抛弃平均人标准，而选择适用行为人标准，那么结果将会更糟糕。诚如学者所言，"如果选择适用行为人标准，那么所有涉嫌故意谋杀罪的被告人都将有机会完全免除责任，因为他们可以辩称，'我之所以向被害人开枪，是因为当时我真诚地相信我的生命安全处于紧迫的危险之中，我真诚地相信在当时的情形下只有开枪才能保护我自己的生命安全'。即使当时被害人没有向被告人做出任何有威胁的举动或者说出任何显示有敌意的话，这些都是无关紧要的，只要陪审团认为被告人当时的'真诚地相信'是真实存在的，那么，他们将不得不完全免除被告人的刑事责任。同样，涉嫌故意谋杀罪的被告人可以通过辩称实施杀人行为时他真实地处于一种激情盛怒状态，从而将故意谋杀罪减轻为非预谋故意杀人罪，哪怕被告人产生激情盛怒状态的理由十分荒谬或不可思议，对判决结果也没有任何影响。由此可见，司法实践中，如果抛弃平均人标准而采用行为人标准，被告人几乎可以得到他们期望得到的任何结果"。① 一言概之，行为人标准导致判断标准崩溃于对特定被告人的描述之中，使得司法审判中对被告人的责任判断成为不可能。综上所述，行为人标准在判断被告人行为时的主观心理状态是否合理时，也暴露出一些缺陷和不足，且有些缺陷是没有办法克服的。

相比较而言，平均人标准所存在的缺陷则可通过适用中的一些技术操作得到较好的解决。如上所述，司法实践和刑法理论中，一般将平均人解释为普通人，将普通人的性格特征作为平均人的性格特征，将普通人在特定情形

---

① Cynthia K. Lee, *Murder and the Reasonable Man: Passion and Fear in the Criminal Courtroom* [M], New York: New York University Press, 2007:276.

下会出现的主观心理状态作为合理的心理状态。有学者批评该种解释是有疑问的，因为普通人在特定情形下出现的主观心理状态并不一定总是合理的；相反，普通人在特定情形下出现的主观心理状态还可能蕴含着对某些群体的歧视或不尊重。① 司法实践中，如果将这种定式看法视为合理的看法，进而作为判断被告人的主观心理状态是否合理的依据，必然不能得出正义的结论。学者们虽然对平均人标准提出了尖锐批评，但同时又认为平均人标准的弊端，如将平均人解释为普通人导致平均人标准出现的问题不是不能解决的，因为该弊端不是平均人标准本身所固有的，而是平均人标准适用不当所带来的弊端，该弊端通过平均人标准的合理建构可以得到解决。如有学者建议在司法实践中可以将平均人从规范性的视角去解释，规范性视角下的平均人关注行为人在当时情形下应当产生何种主观心理状态，而不再关注普通人在当时情形下会产生何种主观心理状态，这样就解决了以普通人的性格特征为标准可能歧视某些群体的缺陷。②

本书认为，尽管平均人标准不是一个完美的标准，但本来就没有完美的标准。平均人标准虽然具有这样或那样的弊端，但是它的弊端可以通过适用中的一些具体操作予以解决，或者通过具体操作将因弊端产生的不公正影响降低到最低限度。相比较之下，行为人标准也存在一些弊端，但如前文所述，行为人标准"使被告人的责任判断成为不可能"的弊端是该标准无法克服的弊端，由于责任判断恰恰是行为人标准要履行的判断功能，因而行为人标准必须予以抛弃。综上述之，对于被告人行为时的主观心理事实是否合理的判断，与行为人标准相比较，平均人标准是一个相对合理的判断标准。

---

① Mayo Moran, *Rethinking the Reasonable Person: An Egalitarian Reconstruction of the Objective Standard* [M]，Oxford: Oxford University Press, 2003:14.

② Cynthia K. Lee, *Murder and the Reasonable Man: Passion and Fear in the Criminal Courtroom* [M]，New York: New York University Press, 2007:277.

第二节　英美刑法学界完善平均人标准的相关学说

在英美的刑事司法实践中，法官和陪审团通常将平均人标准构建为普通人标准，并通过区分被告人身体特征和心理特征的方法对普通人的范围进行调整，使泛泛的普通人变为社会中某一特定领域的普通人，即根据"社会某一特定领域的普通人在当时情形下会产生何种主观心理状态"来判断被告人的主观心理状态是否合理。法官和学者们针对平均人标准提出了一些批评，例如，罗伯特·米森教授指出，美国的普通人一般都是蔑视同性恋的异性恋主义者（偏袒异性性取向的人）和害怕同性恋的人（敌视同性性取向的人），如果把普通人的这些不合理的性格特征视为"合理的"判断标准，将会对同性恋群体造成不公平。[①] 因而，现行司法实践中的平均人标准有必要在某些方面进行完善。

一、完善平均人标准的理论构想

针对平均人标准在司法实践中的缺陷，学者们提出了完善平均人标准的设想，有代表性的观点主要有以下两种：

（一）将平均人标准构建为理想人标准

由于没有合理的方法确定拟制平均人时应当考虑被告人的哪些特殊个性特征，此外，普通人的一些观念也蕴含着对社会某个群体的歧视，因而，一

---

① 转引自 Cynthia K. Lee, *Murder and the Reasonable Man: Passion and Fear in the Criminal Courtroom* [M]，New York: New York University Press, 2007: 241.

些学者主张抛弃事实性的平均人标准，引入规范性的平均人标准，例如，罗伯特·米森就主张平均人应是一个理想化或梦寐以求的人，[①] 即在适用平均人标准判断被告人的行为和主观心理状态是否合理时，应当将被告人主观心理状态与"社会和正义体系期待公民产生的主观心理状态"[②] 相比较，而不应再去探究"普通人在当时的情形下会产生何种主观心理状态"[③]。例如，行为人因同性的非暴力性侵扰而勃然大怒并杀死了侵害人，在判断行为人是否构成挑衅辩护时，如果适用规范性的平均人标准，就应考虑社会和法秩序是否期待普通公民在当时情形下产生激情的心理状态，而不再考虑普通人在当时的情形下是否也会勃然大怒。一般来说，刑法规范的要求是针对普通公民制定的，刑法规范对行为人的期待自然是以普通公民的守法能力为依据，因而规范性的平均人标准和事实性的平均人标准在多数情况下是相一致的，即社会和法秩序期待普通公民产生的主观心理状态与普通公民实际产生的主观心理状态是一致的。但是，由于普通人的一些观念认识蕴含有对社会中某个群体的歧视，因而社会和法秩序对这些观念认识是不予认可的，这时两者就会有所区别。例如，男性通常认为"好女孩"对男性提出发生性关系的要求一般说"不"，即使在其内心同意的情况下，但社会和法秩序却期待男性避免产生该种带有歧视性的认识。判断男性被告人在上述情形下产生的认识错误是否合理时，如果适用理想化的平均人标准，结论是该认识错误不合理，因为社会和法秩序不期待平均人在当时情形下产生错误的认识；如果适用普通人的平均人标准，结论则正好截然相反，因为普通的男性在当时的情形下

---

① 转引自 Cynthia K. Lee, *Murder and the Reasonable Man: Passion and Fear in the Criminal Courtroom* [M]，New York：New York University Press, 2007:242.

② Mison, R. B.,"Comment, Homophobia in Manslaughter：The Homosexual Advance as Insufficient Provocation" [J]，*California Law Review*, 1992, 80: 160–161.

③ Dressler, J.,"When 'Heterosexual' Men Kill 'Homosexual' Men：Reflections on Provocation Law, Sexual Advances, and the 'Reasonable Man' Standard" [J]，*Journal of Criminal Law and Criminology*, 1995, Winter: 753.

通常都会产生类似的错误认识。这时，事实性的平均人标准和规范性的平均人标准之间就有差异了。

　　主张理想化平均人标准的学者认为：从社会公共利益需要的角度出发，所有的行为人都应达到理想人的行为标准，这样才能更好地保护社会。正如学者所言："由于刑法欲通过刑罚制裁鼓励人们实施某些行为以及禁止人们实施某些行为，为人们实施社会认为适当的行为提供指引，将平均人解释为理想人与将平均人解释为普通人相比，显然更能实现这一法律意图。"① 基于规范性的平均人标准的上述优点，一些法院在判断被告人的主观心理事实是否合理时，就采用了规范性的平均人标准，例如，在 Homles v. Director of Public Prosecution② 一案中，英国上议院认为：妻子向丈夫坦承自己和其他男人有奸情不能构成法律上的充分挑衅，尽管普通人在此种情形下通常都会勃然大怒，但社会和法律期待丈夫在此种情形下能够保持克制。③ 另外，法官维斯康特·西蒙在法庭上拒绝遵循"对通奸或强奸的语言描述可以构成挑衅"④ 的先例，他认为："随着社会的发展，在判断被害人的行为是否足以使被告人失去自控力时，应当采用一个更高的标准。我们可以想象，在这样的社会中，情人或配偶都被指望和期待，在发现对方拈花惹草或红杏出墙后，仍然能够控制自己的情绪。毫无疑问，这种克制要求对普通人来说是反常的，但也是确实存在的。"⑤ 换言之，普通人在当时情形下是控制不住自己情

① Cynthia K. Lee, *Murder and the Reasonable Man: Passion and Fear in the Criminal Courtroom* [M]，New York：New York University Press, 2007: 237.
② Homles v. Director of Public Prosecution, (1946) A. C. 588, (H.L.).
③ Donovan & Wildman,"Is the Reasonable Man Obsolete? A Critical Perspection on Self-Defense and Provocation"[J]，*LOY.L.REV.*, 1981, 14: 435.
④ Maher v. People, 10 Mich.212（1862），该案中，被告人得知其妻子与人通奸，谋杀罪被推翻。因为听到这种事情就如同亲眼看见一样。State v. Flory, 40 Wyo. 184,276 P.458（1929）. 该案中，被告人的妻子向其诉说她的父亲强奸了她；二级谋杀罪的指控被推翻。
⑤ Stephanie M. Wildman,"Ending Male Privilege：Beyond the Reasonable Woman"[J]，MICH.L.REV.，2000, 98:1797.

绪的，但社会和法秩序从社会整体福利角度出发，却期待行为人在当时情形之下应当控制好自己的情绪。

（二）包含规范要素的普通人标准

从前文可知，由于普通人的一些观念认识蕴含有对社会中某个群体的歧视，因而普通人在特定情形下形成的主观心理状态并不总是合理的。为了消除平均人标准中蕴含的不合理因素，英美法学界中的一些学者主张在构建平均人标准时应当对普通人的性格特征进行价值判断，将普通人害怕同性恋、种族主义以及其他极端的性格缺陷从平均人标准中驱除出去。如德雷斯勒教授在回应罗伯特·米森教授[①] 的批判时认为："在构建普通人标准时应当对普通人的性格特征进行规范性思考，这对法律将参照对象假设为与普通人极端性格缺陷无关的人来说至关重要，即普通人极端的性格缺陷与辩护理由不相关。需要特别说明的是，对性格特征进行价值判断之后的普通人不能拥有特异的道德价值观念，例如显示被告人道德败坏的价值观念或者容易导致行为人情绪失控的价值观念，这意味着在判断行为人因他人没有恶意的行为而产生的愤怒是否合理时，作为参照对象的普通人不能是一个种族主义者，反犹太者或者对任何阶层有偏见的人，因此，平均人标准中的普通人也不能是一个惧怕同性恋的人。"[②]

将普通人的极端性格缺陷从普通人的个性特征驱除出去之后，以该普通

---

① 罗伯特·米森教授曾指出，美国的普通人一般都是蔑视同性恋的异性恋主义者（偏袒异性性取向的人）和害怕同性恋的人（敌视同性性取向的人），如果把普通人的这些不合理的个性特征视为"合理的"判断根据，将会对同性恋群体造成不公平。转引自 Cynthia K. Lee, *Murder and the Reasonable Man:Passion and Fear in the Criminal Courtroom* [M]，New York: New York University Press, 2007: 241。

② Dressler,"When 'Heterosexual' Men Kill 'Homosexual' Men：Reflection on Provocation Law, Sexual Advances, and the 'Reasonable Man' Standard" [J]，*J. Crim. L. Criminology*, 1995, 85: 726-748.

人为载体，再去考虑应该吸收被告人哪些有别于普通人的特殊个性特征。该判断一般按下列步骤进行：首先，筛选出被告人有别于普通人的非正常性格特征，如身体残疾、智力低下、非自愿性醉酒状态等，然后判断哪些非正常性格特征与被告人产生的主观心理状态相关；其次，对上一步选出的相关非正常性格特征进行价值判断，将作为责任承担基础的性格特征，如非自愿性醉酒状态、贪婪或者妒忌等性格驱除出去，留下的特殊性格特征是应当加入普通人的性格特征。①

英美刑法中，责难是对行为人行为时所持有的某种特定态度和动机的否定评价，② 或者说，刑事责任就是对行为人价值观念的评价。③ 英美法系中，宪法所确立的基本价值观念被认为是形成和限制法官自由裁量权的根据，因而有学者主张法官和陪审团对普通人和行为人性格特征的规范判断必须在宪法秩序内进行，即以宪法的基本价值观念为根据来排除普通人和行为人的极端个性缺陷。例如，在加拿大，尽管宪法并不直接在普通法的适用中发挥作用，但最高法院仍一贯坚持普通法中与宪法相冲突的价值观念在审判中不能适用。④ 宪法秩序要求保证平等，这意味着在构建平均人标准时，行为人的违反平等的特殊性格特征在构建平均人标准时要被排除，而某些性格特征应当被考虑。换言之，平均人应被理解为在最低限度上是一个遵守宪法根本价

---

① 　Peter Westen, "Individualizing the Reasonable Person in Criminal Law" [J]，*Criminal Law and Philos*, 2008, 2:138.

② 　参见 Westen, P, "An attitudinal theory of excuse" [J]，*Law and Philosophy*，2005，25：353–60；参见 Mayo Moran, *Rethinking the Reasonable Person:An Egalitarian Reconstruction of the Objective Standard* [M]，Oxford University Press, 2003；258; Tadros, V. (2002), "Recklessness and the Duty to Take Care", In S. Shute & A. P. Simester (Eds.)，Criminal Law Theory，pp. 227–58, Oxford: Oxford University Press。

③ 　参见 Mayo Moran, *Rethinking the Reasonable Person:An Egalitarian Reconstruction of the Objective Standard* [M]，Oxford: Oxford University Press, 2003: 259–260、273、284。

④ 　司法中运用的普通法原则应当和宪法确立的价值观念保持一致。参见 RWDSU v. Dolphin Delivery (1986) 2 SCR 573,603; Dagenais v. CBC （1994) 3 SCR 835; Hill v. Church of Scientology (1995) 2 SCR 1130。

值观念的人。根据这个条件，平均人必须接受人人平等这一道德价值观念。从这一观点来看，平均人不能是一个歧视他人的人，例如不能是种族主义者或性别歧视者。总之，普通人以及行为人与宪法根本价值观念不一致的性格特征或理念认识是不能纳入平均人标准的。① 还有学者从法益保护的角度出发，在排除普通人不合理的性格特征时，应以"漠视法益"为根据，即凡是与"漠视法益"有关系的性格特征或理念思维都应当从普通人的性格特征中排除出去；② 同样，在筛选应当考虑被告人的哪些性格特征可以纳入平均人标准时，也以"漠视法益"为根据，即凡是与"漠视法益"有关系的性格特征或理念思维都不应当考虑。③

综上所述，该观点主张平均人标准的构建应当分为三步进行：首先，对普通人的性格特征进行价值判断，以将普通人极端的性格缺陷从普通人身上驱逐出去；其次，筛选出被告人与案件相关的非正常性格特征，之后进行价值判断，确定出应该加入普通人的非正常性格特征；最后，以第一步确定的普通人为载体，加入第二步筛选的被告人的性格特征形成作为参照对象的平均人。

二、理论构想的评析

（一）理想化的平均人标准的评析

理想化的平均人标准认为"合理的"判断标准不应该从普通人或经过修

① Mayo Moran, *Rethinking the Reasonable Person:An Egalitarian Reconstruction of the Objective Standard* [M]，Oxford: Oxford University Press, 2003:284.

② 例如：在限速时速 50 公里的公路上行车，普通司机都以时速 100 公里的速度在行车，那么，在适用平均人标准判断某个司机的行车行为是否合理时，平均人标准不应当考虑普通司机的行为方式，因为该行为方式具有"漠视法益"的性质。

③ Mayo Moran, *Rethinking the Reasonable Person: An Egalitarian Reconstruction of the Objective Standard* [M]，Oxford:Oxford University Press, 2003:12.

正的普通人中去探求，而必须到国家或法秩序的期待中寻求，根据国家或法秩序的期待来判断行为人行为时的主观心理事实是否合理。以前文所述的拜德尔一案为例，在判断拜德尔的挑衅辩护是否成立时，如果适用理想化的平均人标准的话，陪审团既不需要考虑普通人在"受到阳痿嘲笑"后会不会产生激怒，也不应该去考虑"加入阳痿性格特征的普通人"在"受到阳痿嘲笑"后会不会产生激怒，而是要考虑国家是否期待普通人在"受到阳痿嘲笑"后不产生激怒，如果国家不期待人们在当时的情形下产生激怒，那么，拜德尔的激怒就是不合理的；反之，拜德尔的激怒就是合理的。

理想化的平均人标准的特点是从期待主体中寻求判断根据的标准，在思路上是正确的，因为是否"合理"是国家进行的评价，那么评价标准应当是国家的价值标准，是国家根据公正与秩序的要求而选择的判断标准。该标准在保护社会方面有着独特的优势，但在其他方面也暴露出一些不足，具体表现在以下几方面：首先，该标准富有浓厚的国家色彩，采用该种平均人标准有可能将国家对人们不适当的要求予以正当化的风险，对个人权利具有极大的危险性。具体到拜德尔一案，拜德尔在当时情形下能否激怒与拜德尔本人完全无关，而取决于国家是否允许普通人因"受到阳痿嘲笑"产生激怒，这就为国家限制公民的正当权利提供了空间，正如霍姆斯所担心的那样，法律有可能"为求公共利益而牺牲个人"，这对被告人来说显然是不正义的；① 其次，国家对普通人的期待已在制定法和普通法中得到体现，如果适用理想化的平均人标准，相当于直接适用制定法和普通法的规定，如果制定法或普通法允许普通人因"受到阳痿嘲笑"产生激怒，那么拜德尔的激怒就是合理的；反之，就是不合理的，因而本应由陪审团来拟制的平均人标准就失去了存在的意义。

本书认为，平均人标准是判断行为人是否应当有能力避免产生某种特定

---

① Oliver Wendell Holmes, *The common law*[M], New York:Dover Publications, Inc., 1991:48.

心理状态的标准，例如在挑衅辩护的认定中，平均人标准是判断行为人是否应当有能力控制那种特定的对杀人起了决定作用的冲动或激情，并以此为根据来决定能否对行为人减免刑事责任。由于刑事责任是个人的责任，因而平均人标准的构建不能脱离行为人本人的实际情况，这是刑事责任个别化的当然要求。另外，作为社会中的一员，从社会公共秩序角度出发，行为人也应该使自己的行为达到普通人的要求。因此最终来讲，对是否"合理的"判断还是要结合普通人和行为人的具体情况来寻找。综上所述，理想化的平均人标准不是完善平均人标准的好选择。

（二）包含规范性要素的普通人标准的评析

该种观点认为对被告人追究刑事责任时，应当将对被指控者的正义与对社会保护的需要结合起来。平均人标准作为责任判断标准，在判断被告人行为时的主观心理状态是否合理时，应该兼顾以上两方面。一方面，刑事责任毕竟是行为人个人的责任，因而在判断被告人的主观心理状态是否"合理"时不能脱离行为人的具体情况；另一方面，追究刑事责任时也要考虑保护社会的需要，即为了社会公共利益，普通人应该达到一定的行为标准，这个行为标准是根据普通人的实际情况制定的，因而在判断是否"合理"时也应该考虑普通人的一些具体情况。至于应当考虑被告人和普通人的哪些性格特征，则要根据宪法确立的价值观念或"漠视法益"原理① 为根据进行具体的

---

① 所谓"漠视法益"（the indifference account），是指行为人原本可以避免侵害法益，但他却没有避免，那么行为人就存在"漠视法益"。举例来说，如果行为人没有可证明的心理障碍，行为人原本可以控制自己的火暴脾气，如果行为人因自己的火暴脾气而侵害了法益，那么行为人就存在"漠视法益"，相应的，行为人火暴脾气的性格特征在构建平均人标准时就不应当考虑。如果行为人因生理残疾、精神障碍这些超越自己控制的性格特征造成法益侵害，那么行为人就不存在"漠视法益"，相应的，生理残疾、精神障碍这些性格特征在构建平均人标准时应当予以考虑。参见 Mayo Moran, *Rethinking the Reasonable Person:An Egalitarian Reconstruction of the Objective Standard* [M]，Oxford: Oxford University Press, 2003:12。

价值判断。

以 People v. Green[①] 一案为例，该案中，被告人格林是一名黑人小伙，因白人邻居辱骂格林是黑鬼，并告诉格林说，几周前格林家死的狗是他故意开枪打死的，他之所以这样做是因为"和黑鬼做邻居实在糟糕透了，黑鬼连狗都不如"，格林在白人侮辱言语挑衅之下产生了极度愤怒，杀死了该白人。适用该种观点完善的平均人标准来判断格林的愤怒是否合理时，首先，需要确定普通人的范围。一般认为，美国的普通人在种族上是白人，白人通常认为辱骂黑人是黑鬼没什么不妥，很明显，白人的该观念具有种族歧视性，违反了宪法的平等价值观念，因而这里的普通人应该驱除白人这一种族特征；其次，判断行为人的哪些特殊性格特征与行为人的愤怒产生相关。假如格林除了黑人这一不同于普通人的特征之外，还有一个不同于普通人的生理缺陷——跛脚，本案中，格林产生愤怒是因其被辱骂为黑鬼，由于该辱骂是针对格林的种族特征，因而格林的种族特征与愤怒的产生相关，跛脚的生理缺陷则与该愤怒的产生无关；最后，判断格林的黑人种族特征在构建平均人标准时是否应当考虑。种族与性格暴躁的显著不同在于，如果没有可证明的心理障碍，我们完全可以要求人们控制自己暴躁的脾气，可以说，暴躁的脾气恰恰是被告人承担责任的性格基础。而一个人对其属于哪个种族没有任何选择或控制的可能，一个人不能因为其属于某个种族而受到责难，因而在评价格林因被有关黑鬼的辱骂而产生愤怒是否合理时，应当考虑格林黑人的种族特征。

本书认为，包含规范性要素的普通人标准吸纳了行为人符合宪法价值观念的相关性格特征，实现了对个人责任原则的坚持；同时拒绝考虑被告人作为责任承担基础的相关性格特征，实现了保护社会的需要。换言之，包含规范性要素的普通人标准将对被告人的正义与对社会保护的需要融洽起来。与理想化的平均人标准相比，其能够更好地完善英美刑法中的平均人标准。

---

① 　People v. Green, 519 N. W. 2d 853,856（Mich. 1994）.

第五章　平均人标准对我国刑法的借鉴价值

　　"借鉴"一词在当今法学界包括刑法学界，几乎已经成为理论研究的预设目标。长期以来，我国刑法与大陆法系国家的刑法交流频繁，对大陆法系刑法理论的借鉴也颇多。在这一繁荣现象的背后，却反衬出与英美法系国家理论交流的严重匮乏。出现这一现象的原因在于，在大多数中国学者的观念中，英美刑法注重实用，不像德日刑法那样具有发达的理论体系，因此，研究英美刑法，对发展我国刑法理论意义不大。这是一种误解。其实，英美刑法不仅具有完整、系统的理论体系，而且对具体问题的理论探索也颇为深邃。[①] 系统探讨英美刑法中的平均人标准自有其理论意义，以及对我国刑法的借鉴意义。任何国家的刑法及其刑法文化都有其生存的环境，因此在借鉴英美刑法的平均人标准时，必须从中国的实际情况出发。

第一节　借鉴英美刑法平均人标准的必要性

　　由于英美刑法中的平均人标准是判断行为人行为时的主观心理状态是否

[①]　刘士心：《美国刑法中的犯罪论原理》，人民出版社 2010 年版，第 316 页。

合理的标准，因而，在借鉴英美刑法平均人标准之前，有必要了解一下我国刑法与行为人主观心理状态判断相关的理论与司法现状。

一、我国刑法有关主观心理状态判断的现状

（一）理论现状

1. 预见能力的判断 [1]

依照我国刑法第 15 条规定，疏忽大意的过失，是指行为人应当预见到自己的行为可能发生危害社会的结果，因为疏忽大意而没有预见，以致发生这种结果的心理态度。[2] 疏忽大意的过失的本质特征在于应当预见而没有预见。所谓没有预见到，是指行为人在行为当时没有想到自己的行为，可能发生危害社会的结果。这种主观上对可能发生危害结果的无认识状态，是疏忽大意过失心理的基本特征和重要内容。应当预见意味着行为人有预见义务，这里的应当预见实际上是指能够预见，因为刑法只能要求有能力履行义务的人履行义务。因此，行为人是否具有预见能力关系到行为人是否构成疏忽大意的过失。

行为人是否具有预见能力的关键又在于判断行为人预见能力的标准，因为依据不同的判断标准，会得出不同的结论。对于预见能力的判断标准，在刑法理论上是存在争议的，主要存在以下三种观点：[3] 第一，客观标准说，即平均人标准说、常人标准说，该说主张以社会上一般人的水平来衡量行为人是否有预见能力；第二，主观标准说，即行为人标准说，该说主

---

[1] 在"预见能力的标准"之外，还经常可以见到"过失的标准"、"注意义务的标准"或者"预见可能性的标准"等说法，它们实际探讨的是同一个问题。参见韩小梅：《日本犯罪过失研究》，吉林大学法学院 2009 年版，第 34 页。

[2] 高铭暄、马克昌：《刑法学》，北京大学出版社、高等教育出版社 2010 年版，第 123 页。

[3] 高铭暄、马克昌：《刑法学》，北京大学出版社、高等教育出版社 2010 年版，第 124 页。

张在当时的具体情形下以行为人本身的能力和水平来衡量行为人是否具有预见能力;① 第三,折中说,即以主观标准为根据、以客观标准作参考的观点。折中说是我国刑法理论中的通说,如有学者认为,折中说坚持以主观说为根基,同时将以客观说得出的结论与以主观说得出的结论进行相互的比较、印证,这为主观说得出正确的结论提供了保障,因此可以说,折中说完全克服了客观说与主观说的缺陷,且兼具二者之长处,因而是判断行为人是否具有预见能力的正确方法。② 还有学者认为,判断行为人对危害结果能否预见时,首先应当关注在当时的具体情形下,社会一般人对这种结果的发生能否预见,从而作出初步判断。在此基础上,结合行为人的自身特征如年龄、职业、智力、教育程度等,分析他在当时情形下能否预见这种结果的发生。③

2. 轻信的判断

依照我国刑法第 15 条规定,过于自信的过失,是指行为人预见自己的行为可能发生危害社会的结果,但轻信能够避免,以致发生这种结果的心理态度。④ 从一般意义上说,"轻信能够避免"是导致行为人实施该行为的主观原因,详言之,行为人在预见到结果可能发生的同时,又凭借一定的主客观条件,否认结果的发生,即相信自己能够避免危害结果的发生。⑤ 因此,

---

① 还有学者认为对预见能力的判断应当采用主客观统一说,即不仅要考虑行为人自身的特征如智力、知识、经验等,还要考虑行为人行为时的客观条件。参见姜伟著:《罪过形式论》,北京大学出版社 2008 年版,第 222—223 页。主客观相统一中的"主观"是指行为人的自身条件,"客观"是指行为人当时所处的客观环境,主客观相统一的标准表明,在当时的客观环境下,行为人能否预见危害结果的发生完全由行为人的自身条件来决定。因此,主客观相统一的标准实质上是行为人标准。

② 参见高铭暄、赵秉志主编:《过失犯的基础理论》,法律出版社 2002 年版,第 27 页。

③ 参见马克昌:《犯罪通论》,武汉大学出版社 1999 年版,第 356 页。

④ 高铭暄、马克昌:《刑法学》,北京大学出版社、高等教育出版社 2010 年版,第 122 页。

⑤ 轻信能够避免主要表现为三种情况:一是过高估计自己的能力;二是不当地估计了现实存在的客观条件对避免危害结果的作用;三是误以为结果发生的可能性很小,因而可以避免结果发生。参见张明楷:《刑法学》,法律出版社 2011 年版,第 267 页。

行为人是否具有避免危害结果发生的能力成为认定行为人是否构成过于自信的过失的关键。对于采取何种标准来判断行为人的"轻信心理"具有实际的根据，即判断行为人是否具有避免能力，理论上同样存在客观标准说、主观标准说和折中说之争。主观标准说是我国刑法理论中的通行观点，如有学者认为："对于避免能力的判断应当采用主观说，即以行为人的具体状况作为判断在特定情况下是否具有避免能力的标准。"[①] 还有学者认为："在预见到自己的行为可能发生危害结果的情况下，行为人仍然相信能够避免危害结果发生，并因而实施该种行为，他必然是凭借了一定的自认为能够避免危害结果发生的因素，如行为人自身能力方面的技术、经验、知识、体力等因素。"[②]

3."应当知道"的判断

明知是行为人的一种主观心理状态。目前在我国司法解释中，通常将明知解释为知道或者应当知道；[③] 此外，也有个别司法解释将明知解释为知道或者应当知道。[④] 陈兴良教授认为"知道或者可能知道"与"知道或者应当知道"具有相同的含义。[⑤] 由于知道与应当知道是并列的关系，因此二者是不同的。其中，知道是指有证据证明的明知，例如有行为人本人的供述，加上其他证据的佐证，在这种情况下，可以认定行为人具有明知的主观心理状

---

① 陈兴良：《教义刑法学》，中国人民大学出版社 2010 年版，第 497 页。

② 高铭暄、马克昌：《刑法学》，北京大学出版社、高等教育出版社 2010 年版，第 123 页。

③ 例如 2000 年 11 月 22 日最高人民法院《关于审理破坏森林资源刑事案件具体应用法律若干问题的解释》第 10 条规定：刑法第三百四十五条规定的"非法收购明知是盗伐、滥伐的林木"中的"明知"，是指知道或者应当知道。"知道或者应当知道"在之后的司法解释中被最高人民法院广泛使用。

④ 2001 年 6 月 11 日最高人民检察院《关于构成嫖宿幼女罪主观上是否需要具备明知要件的解释》规定：行为人知道被害人是或者可能是不满十四周岁幼女而嫖宿的，适用刑法第三百六十条第二款的规定，以嫖宿幼女罪追究刑事责任。"知道或者可能知道"在该解释之后再未被最高人民法院和最高人民检察院采用过。

⑤ 陈兴良：《刑法中的故意及其构造》，《法治研究》2010 年第 6 期。

态。可以说，知道的判断是相对容易的。"应当知道"则是在没有证据能够直接证明"知道"的情况下，通过推定方式获得证明的明知，例如，有学者认为，"'应当知道'的本质，只是用以证明行为人主观认识状态的一种事实推定方式，是行为人之外的人基于证据之外的客观事实而对行为人主观认识状态的一种判断"。[1] 由于"应当知道"是通过司法推定方式获得证明的明知，有学者将该种明知方式称为"推定知道"。[2]

推定结论的正确性主要取决于基础事实的可靠性，基础事实与推定结论之间具有高度的关联性，是保证推定结论具有可靠性的关键。为防止推定错误的发生，推定的基础事实通常由法律或者司法解释来确定，[3] 基于法律或者司法解释适用的一般性，基础事实通常是根据社会一般人的能力水平来确定，同时，为了避免发生客观归罪的结局，推定过程中允许行为人提出反驳，反驳的依据通常是行为人的自身情况，如行为人的特殊认知能力、特殊的生理特征等。由此来看，推定作为认识行为人是否具有明知这种心理状态的判断标准，其在实质上是一个行为人标准，即能否认定行为人存在法律上的"应当知道"最终由行为人的个人情况来决定。这一做法得到了我国学者的支持。[4]

4.认识错误的判断

刑法学上所说的认识错误，是指行为人对自己的行为的刑法性质、后果和有关的事实情况不正确的认识。刑法理论中，一般将认识错误分为两类：

---

[1] 于志刚：《刑法总则的扩张解释》，中国法制出版社 2009 年版，第 46 页。

[2] 陈兴良：《教义刑法学》，中国人民大学出版社 2010 年版，第 450 页。

[3] 例如：最高人民法院、最高人民检察院《关于办理侵犯知识产权刑事案件具体应用法律若干问题的解释》明文规定：具有下列情形之一的，应当认定为属于刑法第二百一十四条规定的"明知"：（一）知道自己销售的商品上的注册商标被涂改、调换或者覆盖的；（二）因销售假冒注册商标的商品受到过行政处罚或者承担过民事责任又销售同一种假冒注册商标的商品的；（三）伪造、涂改商标注册人授权文件或者知道该文件被伪造、涂改的；（四）其他知道或者应当知道是假冒注册商标的商品的情形。

[4] 参见陈兴良：《教义刑法学》，中国人民大学出版社 2010 年版，第 449 页。

一是行为人在事实上认识的错误；二是行为人在法律上认识的错误。①

（1）事实认识错误，即行为人在事实上认识的错误，是指行为人对自己行为的事实情况的不正确理解。对于事实认识错误的认定，刑法理论认为应当采用推定的方法判断，如有学者在分析盗窃罪关于盗窃数额的是否存在认识错误时指出："行为人是否明知所盗财物数额较大，除了根据证据能判断外，需要根据事实进行推定……一般来说，只要行为人并非盗窃明知是价值微薄的财物，根据行为的时间、地点、对象等因素，就可以推定行为人明知是数额较大的财物，而不致放纵盗窃犯罪。"②实际上，行为人是否存在认识错误的判断和行为人是否明知的判断是同一个问题，即行为人在确实没有认识到盗窃的真实数额的情形下，行为人就存在认识错误。由于采用推定的方法判断是否存在认识错误，故行为人是否存在认识错误最终还是由行为人的个人情况决定的。换言之，对行为人是否存在认识错误的判断适用的是行为人标准。

（2）法律认识错误，③即行为人在法律上认识的错误，是指行为人对自己的行为在法律上是否构成犯罪、构成何种犯罪或者应当受到什么样的刑事处罚的不正确的理解。这类认识错误通常表现为三种情况：一是假想的犯罪；二是假想的不犯罪；三是行为人对自己的罪名和罪刑轻重的误解。④ 关于第二种情况，即"假想的不犯罪"的处理，我国刑法理论一般认为：原则上不能因为行为人对自己行为的法律性质的误解而不追究其应负的刑事责任，以防止犯罪分子借口不知法律而实施犯罪并逃避罪责，即坚持"不知法律也不能免罪"的原则。但是，在某些特殊情况下，如果行为人确实不了解

---

① 高铭暄、马克昌：《刑法学》，北京大学出版社、高等教育出版社2010年版，第132页。

② 张明楷：《论盗窃故意的认识内容》，《法学》2004年第11期。

③ 有学者称法律认识错误为违法性的错误，参见张明楷：《刑法学》，法律出版社2011年版，第301页。

④ 参见高铭暄、马克昌：《刑法学》，北京大学出版社、高等教育出版社2010年版，第132—133页。

国家法律的某种禁令，从而也不知道行为具有社会危害性的，就不能让其承担故意犯罪的刑事责任。如有学者认为："如果行为人认识自己的行为是社会危害性行为而有意识地实施，则不能因为他自称不知法律，而排除故意的罪过……如果行为人确因不认识行为的违法性，从而也不认识行为的社会危害性，则应排除犯罪的故意。"①

对于如何判断行为人是否具有避免法律认识错误的能力，理论界产生了平均人标准说和行为人标准说的争论。平均人标准主张，将平均人置于行为人行为时的具体情形之下，考察平均人是否会产生同样的认识错误，据此来判断认识错误的避免可能性；行为人标准主张，"违法性认识的可能性，是决定责任是否成立的分水岭，因此，最终必须站在行为人的立场上，以违法性的错误是不是能够回避作为判断基准"。② 由于平均人标准有走向"不知法律不能免责"的趋势，进而导致宽缓或苛责行为人，因而行为人标准成为我国刑法理论中的通行观点，如有学者认为："回避可能性的判断基准，不是'一般人'，而是具体状况下的'行为者本人的个人能力'……所以，不能以平均人能否回避为基准。"③

5. 犯罪中止中"自动性"的判断

犯罪中止的自动性，是指"中止必须是基于自己的意思而中止。所谓'自己的意思'，是指没有受到外部因素的干扰。换言之，中止的意思是自发的，这一要件就是所谓中止的自动性。"④犯罪中止的自动性判断，在大陆刑法理论中存在很大的争议，主要包括以下几种观点：⑤ 第一，主观说。该说对于自动性的判断以行为人为标准，主张根据行为人的自身情况判断有无自

---

① 曾宪信、江任天、朱继良：《犯罪构成论》，武汉大学出版社 1988 年版，第 109 页。
② ［日］大谷实：《刑法总论》，黎宏译，中国人民大学出版社 2008 年版，第 317 页。
③ 张明楷：《刑法学》，法律出版社 2011 年版，第 303 页。
④ 黎宏：《日本刑法精义》，法律出版社 2008 年版，第 246 页。
⑤ 参见马克昌：《比较刑法原理——外国刑法学总论》，武汉大学出版社 2002 年版，第 599—602 页。

动性。判断时通常采用弗兰克公式，即"能达目的而不欲"是犯罪中止；"欲达目的而不能"是犯罪未遂。第二，限定主观说，该说认为基于行为人的规范意识或者广义的后悔的场合，是因自己的意思的中止。第三，客观说，该说主张从社会一般人的角度判断中止行为的自动性，即按照社会上的一般观念，外部的事态不足以阻止犯罪完成，行为人的中止行为具有自动性；否则，不具有自动性。第四，折中说，该说主张应首先以一般人为标准作为参考，然后以行为人的自身状况为标准进行判断。

主观说是我国刑法理论中的通说，如有学者认为"只有主观说最为科学"，并主张"在判断犯罪中止的自动性时，以弗兰克公式最为可取"。但该学者同时又认为"弗兰克公式是判断犯罪中止的自动性最为理想的标准，但在司法实践中要想得到完全贯彻尚属不可能，只能通过实施犯罪行为的时间、地点、遇到的外部障碍、中止行为前后行为人的具体表现，以及行为人的平时表现等客观条件最大限度地认定行为人的主观方面"[1]。

6.期待可能性的判断

所谓期待可能性，是指根据具体情况，有可能期待行为人不实施违法行为而实施其他合法行为。期待可能性理论认为，如果不能期待行为人实施其他合法行为，就不能对行为人的行为进行非难，也就不存在刑法上的责任。[2]

期待可能性是一种判断，"只要有一个世界，就得先有一个合理的可接受性标准"[3]，期待可能性的判断也必须遵循该命题，唯有如此才能避免期待可能性被滥用。关于期待可能性的判断标准，历来就是一个存在争议的问题，首先存在着立足于客观情形的标准与立足于人的各种标准之分。[4] 前者

---

[1]　赵秉志主编：《犯罪总论问题探索》，法律出版社 2003 年版，第 463—467 页。

[2]　高铭暄、马克昌：《刑法学》，北京大学出版社、高等教育出版社 2010 年版，第 127 页。

[3]　[美] 希拉里·普特南：《理性、真理与历史》，童世骏等译，上海译文出版社 1997 年版，第 158 页。

[4]　参见童德华：《刑法中的期待可能性论》，中国政法大学出版社 2002 年版，第 89 页。

认为期待可能性的标准是行为时的客观情形，后者则认为期待可能性的判断标准只能是人。由于前者混淆了期待可能性的征表与期待可能性的标准，因而现在很少有学者坚持该标准。那么期待可能性的标准只能是人，对于应是什么人，理论上存在以下三种观点的分歧：① 一是行为人标准说，认为以行为人本人的能力为标准，在该具体的行为情况之下，能够决定期待其他适法行为是否可能；二是平均人标准说，认为通常人处于行为当时的行为人的地位，该通常人是否有实施适法行为的可能性；三是国家标准说，认为行为的期待可能性的有无，不是以被期待的方面，是以期待方面的国家或法律秩序为标准，因此应当根据国家或法律秩序期待什么、期待怎样的程度来决定。

上述三种学说中，行为人标准说是我国刑法理论的通说。如马克昌教授认为："既然个人责任是现代刑法的基本原则，因而判断期待可能性的有无、程度的标准，只能求之于行为人的情况，所以，在我们看来，当以行为人标准说可取。"② 陈兴良教授认为："行为人标准说站在行为人的立场上，使期待可能性的判断成为一种个别判断，能够顾及行为人的具体情状，设身处地考虑其作出意志选择的可能性，纠正刑法的僵硬性，从而使归责更合乎情理。因此，在上述三说中，我赞同行为人标准说。"③

(二) 我国刑事司法实践有关行为人主观心理状态判断的现状

1. 预见能力的判断

以朱家平过失致人死亡案④为例，在案件审理中，被告人朱家平及其辩

---

① 参见马克昌:《比较刑法原理——外国刑法学总论》，武汉大学出版社 2002 年版，第 506 页。

② 马克昌:《德、日刑法理论中的期待可能性》，《武汉大学学报》2002 年第 1 期。

③ 参见陈兴良:《期待可能性问题研究》，《法律科学》2006 年第 3 期。

④ 该案的基本案情：被告人朱家平为了拆迁，从旧货市场购买回来旧砖头、旧钢筋、旧楼板交给没有建筑资质的于全门建造二层楼房，并吩咐于全门为其节省资金。2004 年 5 月中旬的一天，于全门带领王顶玉、王顶宝、王玉喜、王桂莲等人开始施工，施工过程中，

护人均提出，朱家平主观上无过失、无法预见到死伤后果，系意外事件。法院认为被告人应当预见到自己的行为可能造成他人死亡，而没有预见，导致两人死亡、两人轻微伤的结果发生，其行为构成过失致人死亡罪。法院的判决得到了《刑事审判参考》的认可。《刑事审判参考》认为预见能力因人而异，不同行为人的预见能力有高低之分，需要进行具体的判断，因此判断的标准，应当在考察一般人的预见能力基础上充分考虑行为人的具体智能情况。详言之，首先，考察行为人所属的一般人能否预见结果的发生，其次，再考虑行为人的智能水平是高于一般人还是低于一般人。如果一般人能够预见，但行为人智能水平低，则不宜认定过失；如果行为人的智能水平不低于一般人，则可以认定过失；如果一般人不能预见，而行为人的智能水平明显高于一般人，则可以认定为过失。① 这种先对社会一般人对危害结果的发生能否预见作出判断，并在此基础上考察行为人自身情况以确定行为人能否预见的做法，正是我国刑法理论中所主张的折中标准。由此可见，《刑事审判参考》认为在判断被告人的预见能力时应当适用折中标准。

2. 轻信的判断

以孟广超医疗事故案② 为例，一审法院认为被告人作为医务人员，违

并未采取安全防范措施。2004 年 5 月 28 日下午 2 时左右，当被告人朱家平经于全门同意将两桶烂泥浆吊到二楼廊檐顶部不久，在楼板自重和施工操作等负荷作用下，导致挑梁断落，致使王顶玉当场被砸死亡；王顶宝被砸伤后抢救无效死亡；王进喜、王桂莲被砸成轻微伤。经鉴定，该房屋建造标准很低，泥浆强度为 0，主要承重构件构造连接和整体性很差，挑梁不符合现行建筑结构设计规范的有关要求。参见最高人民法院刑事审判第一庭、第二庭编：《刑事审判参考》(2005 年第 3 集，总第 44 集) 法律出版社 2006 年版，第 49 页。

① 最高人民法院刑事审判第一庭、第二庭编：《刑事审判参考》(2005 年第 3 集，总第 44 集) 法律出版社 2006 年版，第 52 页。

② 该案的基本案情：被告人孟广超是一名个体医生，具有行医资格证与执业资格证。1996 年至 1997 年孟广超在某医学专科学校学习，其间一教授传授其一则民间验方，用于治疗腰腿疼等风湿病，该验方临床具有一定疗效。被告人孟广超在此后的行医过程中，在未经国家卫生行政部门批准的情况下，按该民间验方配制胶囊用于治疗，未见不良反应。

反医疗制度，私配含有有毒物质的药物，并在治疗过程中加大药物剂量，造成被害人中毒死亡的后果，其行为构成医疗事故罪。《刑事审判参考》支持一审法院的判决，并对该判决作出解释：医务人员已经预见到自己违反规章制度——使用自配药物的行为，有可能造成就诊人死亡或严重损害就诊人的身体健康，但基于对自身医疗技术或其他客观条件的信赖而轻信能够避免，以致这种结果发生，属过于自信的过失。该案中被告人孟广超是一名具有执业资格的医生，具有专业的医疗知识和医疗经验，其在治疗过程中，并没有一开始就让被害人服用了大剂量的自制药物，而是随着疗效逐步加大用药剂量，说明其对该药的毒副作用是有一定了解的，他也明知该药是其自制药物，使用该药是违反国家有关规定的，[①] 但由于经过长期的临床使用及被害人本人的小剂量试用后，均未见到明显的不良反应，且确有一定疗效，遂对此放松了警惕，轻信该药不会对被害人造成伤害，逐步加大剂量给被害人服用，最终导致其死亡，这种心态应属于过于自信的过失。[②] 在判断被告人的轻信是否有实际根据时，《刑事审判参考》认为应当根据被告人的自身技术水平及治疗过程中形成的认识来判断。因此可以说，《刑事审判参考》支持判断轻信是否有实际根据的标准是行为人标准。

2004 年 5 月 3 日上午，村民孟广义、王相海因腰疼到孟广超的诊所治疗，孟广超给二人开具了自己按上述验方配制的胶囊，二人服用后称有效，于是孟广超加大剂量让二人继续服用，后二人均出现中毒症状，孟广超闻讯后，采取了相应的抢救措施。王相海经抢救脱险，孟广义则抢救无效死亡。经鉴定，孟广义生前患有高血压、冠心病（轻度），因服用了孟广超配制的含有超标有毒物质"乌头碱"的胶囊而中毒，未能及时抢救而死亡。孟广超案后投案自首，并赔偿被害人一方一万五千元。参见最高人民法院刑事审判第一、二、三、四、五庭主办：《刑事审判参考》（2007 年第 1 集，总第 54 集），法律出版社 2007 年版，第 52—53 页。

① 在我国的司法实践中，一般都是以只要行为人具有违反规章的意识，就认定对发生结果具有预见。参见黎宏：《刑法总论问题思考》，中国人民大学出版社 2007 年版，第 283 页。

② 最高人民法院刑事审判第一、二、三、四、五庭主办：《刑事审判参考》（2007 年第 1 集，总第 54 集），法律出版社 2007 年版，第 57 页。

3.应当知道的判断

以周桂花运输毒品案① 为例，运输毒品罪属于直接故意犯罪，要求行为人主观上必须明知是毒品而运输，否则不构成本罪。一般情况下，犯罪嫌疑人到案后为了逃避罪责，都会辩称自己不明知是毒品。为规范对毒品案件被告人主观明知的认定，2007 年 12 月，最高人民法院、最高人民检察院、公安部印发的《办理毒品犯罪案件适用法律若干问题的意见》对此作了规定，列举了七种可以推定被告人主观上系明知的情形；在此基础上，2008 年 12 月，最高人民法院印发的《全国部分法院审理毒品犯罪案件工作座谈会纪要》列举了九种可推定被告人主观上系明知的情形。② 在该案审理过程中，法院查明被告人周桂花以虚假身份办理托运手续，且在其托运的物品中发现夹带

---

① 该案的基本案情：2007 年 4 月 16 日，被告人周桂花在瑞丽市建锋物资转运站以"邵红梅"的名字办理托运手续，将藏有毒品的四箱皮鞋运往昆明。同月 19 日 23 时 15 分许，木康公安边防检查站执勤人员在对运送该批货物的"云 A39938"货车进行检查时，当场从该车内周桂花托运的四箱 96 双"金美丽"牌女式皮鞋中查获海洛因。经称量，查获的海洛因净重 16095 克。随后，公安机关于 4 月 21 日在昆明市建锋物资转运站将以"邹友平"的名义前来提取这四个纸箱的周桂花抓获，并将与周桂花同来提取纸箱的帕塔尔·克依木（同案被告人，已判刑）和等待接货的买买提·阿吾提（同案被告人，已判刑）抓获。参见最高人民法院刑事审判第一、二、三、四、五庭主办：《刑事审判参考》（2009 年第 2 集，总第 67 集），法律出版社 2009 年版，第 126—127 页。
② 《全国部分法院审理毒品犯罪案件工作座谈会纪要》规定：具有下列情形之一，被告人不能做出合理解释的，可以认定其"明知"是毒品，但有证据证明确属被蒙骗的除外：（1）执法人员在口岸、机场、车站、港口和其他检查站点检查时，要求行为人申报为他人携带的物品和其他疑似毒品物，并告知其法律责任，而行为人未如实申报，在其携带的物品中查获毒品的；（2）以伪报、藏匿、伪装等蒙蔽手段，逃避海关、边防等检查，在其携带、运输、邮寄的物品中查获毒品的；（3）执法人员检查时，有逃跑、丢弃携带物品或者逃避、抗拒检查等行为，在其携带或者丢弃的物品中查获毒品的；（4）体内或者贴身隐秘处藏匿毒品的；（5）为获取不同寻常的高额、不等值报酬为他人携带、运输物品，从中查获毒品的；（6）采用高度隐蔽的方式携带、运输物品，从中查获毒品的；（7）采用高度隐蔽的方式交接物品，明显违背合法物品惯常交接方式，从中查获毒品的；（8）行程路线故意绕开检查站点，在其携带、运输的物品中查获毒品的；（9）以虚假身份或者地址办理托运手续，在其托运的物品中查获毒品的；（10）有其他证据足以认定行为人应当知道的。

有毒品，这与《全国部分法院审理毒品犯罪案件工作座谈会纪要》规定的第九种情形完全一致，因而认定被告人对运输的物品是毒品存在明知。①

事实上，在该案审理中，并没有直接证据能够证明被告人对运输的物品是毒品存在明知，在该种情形之下，法院以《全国部分法院审理毒品犯罪案件工作座谈会纪要》为根据，根据纪要所规定的基础事实推定被告人存在明知。基于《全国部分法院审理毒品犯罪案件工作座谈会纪要》适用的一般性，②基础事实通常是根据社会一般人的能力水平来确定，同时为了避免发生客观归罪的结局，推定过程中允许行为人提出反驳，反驳的依据通常是行为人的自身情况，即行为人的年龄、阅历、智力等个人性格特征。综上所述，当行为人和一般人相比，没有特殊个人情况的，直接适用基础事实；如果有特殊个人情况的，则不能适用基础事实，因此可以说，推定的依赖的根据实际是行为人的个人情况，换言之，在司法实践中，对于"应当知道"的认定适用的是行为人标准。

4. 认识错误的判断

以沈某某盗窃案③为例，该案审理中，法院认为被告人顺手拿走手表的

---

① 最高人民法院刑事审判第一、二、三、四、五庭主编：《刑事审判参考》（2009年第2集，总第67集），法律出版社2009年版，第128页。

② 例如：龙正明运输毒品案，在认定被告人是否明知运的物品是毒品时，也是根据《全国部分法院审理毒品犯罪案件工作座谈会纪要》列举的九种可推定被告人主观上系明知的情形来认定的。参见最高人民法院刑事审判第一、二、三、四、五庭主办：《刑事审判参考》（2009年第2集，总第67集），法律出版社2009年版，第124页。

③ 该案的基本案情：2002年12月2日晚12时许，被告人沈某某在某市某区"皇家银海大酒店"3614房间与潘某某进行完卖淫嫖娼准备离开时，乘潘某不备，顺手将潘某放在床头柜上的嫖资及一只"伯爵牌"18K黄金石圈满天星连带男表拿走，后藏匿于其租住的某市某区荷城甘泉街90号二楼的灶台内。次日上午，潘某醒后发现自己的手表不见，怀疑系沈某某所为，便再次约见沈某某。潘某询问沈是否拿走了他的手表，并告诉沈：该手表不值钱，但却对自己有重要的意义，如果沈能退还，自己愿意送2000元给沈。沈某某坚称自己没有拿表。潘某某报案后，公安机关遂将已收拾好行李（手表仍在灶台内，被告人并未携带或藏入行李中）准备离开某市的沈某某羁押。沈某某在被羁押期间供述了自己拿走潘某手表的事实及该手表的藏匿地点，公安人员据此找到了该手表，并

行为是"秘密窃取"的行为，虽然涉案手表价值超过万元，但结合被告人的出身、年龄、职业、见识、阅历等状况来看，被告人没有认识到所盗手表的价值，其所认识的数额远远低于实际数额，即对盗窃物品的实际价值存在重大认识错误，根据主客观相统一的刑法原则，故不能让其对所不能认识的价值数额承担相应的刑事责任，而应按其盗窃时所能认识到的价值数额作为量刑标准。刑事审判参考对一审判决持肯定的态度，① 对于应当如何判断被告人是否产生重大认识错误，刑事审判参考认为"应从主观上进行考察"，即根据被告人的自身状况来判断其能否认识。由此可见，对于被告人事实认识错误的判断，《刑事审判参考》认为应当适用行为人标准。

5. 中止自动性的判断

以朱高伟强奸、故意杀人案② 为例，刑事审判参考在分析该案时认为犯罪中止的成立需要满足中止的时间性、中止的自动性、中止的彻底性三个条

返还给被害人。另在讯问中，沈某某一直不能准确说出所盗手表的牌号、型号等具体特征，并认为该表只值六七百元；之所以拿走潘某手表，是因为潘某在性交易中行为粗暴，自己拿表为了发泄不满。经某市某区价格认证中心鉴定：涉案手表价值人民币 123879.84 元。参见最高人民法院刑事审判第一庭、第二庭编：《刑事审判参考》(2004 年第 5 集，总第 40 集)，法律出版社 2005 年版，第 15—23 页。

① 刑事审判参考认为：对于盗窃对象价值高低的认识错误，一般应当按照盗窃对象的实际价值定罪处罚；但对于将价值高的东西误认为价值低的东西拿走是否全部按实际价值定罪，不可一概而论，个别情况也应因具体案情而定。如果被告人对事实存在严重的认识错误，其所认识的数额远远低于实际数额，不能让其对行为所不能认识的财物数额承担犯罪的责任。参见最高人民法院刑事审判第一庭、第二庭主办：《刑事审判参考》(2004 年第 5 集，总第 40 集)，法律出版社 2005 年版，第 15—23 页。

② 该案的基本案情：被告人朱高伟与被害人陈某(女，20 岁)系租房邻居。2005 年 8 月 2 日 23 时许，朱高伟路过陈某住处，见陈某独自在房内睡觉，遂产生强奸念头，并准备了老虎钳及袜子各一只。次日凌晨 1 时许，朱高伟用老虎钳将陈某住处防盗窗螺丝拧下，从窗户进入室内，把袜子塞入陈某嘴内，又从室内拿了一根绳子将陈捆绑，并将陈拖至隔壁自己住处内实施了奸淫。后朱高伟又将陈某捆绑，因害怕陈报警，便用手掐、毛巾勒其颈部，意图灭口，因发现陈某面部恐怖，心生恐惧，不忍下手遂解开被害人手脚上的绳子，逃离现场。参见最高人民法院刑事审判第一、二、三、四、五庭主办：《刑事审判参考》(2010 年第 1 集，总第 72 集)，法律出版社 2010 年版，第 32 页。

件。其中判断中止的自动性，主要是看实施犯罪时行为人的主观认识，即行为人认识到可以继续实施犯罪但自愿放弃犯罪，犯罪虽然在客观上已无法完成，行为人认为可以完成但还是放弃犯罪的，同样可以认定成立犯罪中止。对于行为人自动中止犯罪的动机即起因，不论是基于真诚彻底悔罪，还是惧怕日后受到惩罚，抑或认为罪行已经暴露而"被迫放弃"，均不影响犯罪中止自动性的成立。① 由此可见，《刑事审判参考》支持中止自动性的判断适用主观标准，即行为人标准。

二、我国刑法有关主观心理状态判断现状的评析

（一）判断标准是一个事实认定标准

从前文可知，无论是在刑法理论中，还是在司法实践中，大家认为行为人标准和平均人标准的争论，聚焦于应该适用哪个标准来判断行为人是否具有特定主观心理状态，② 即行为人标准和平均人标准用来认定某一主观心理状态是否存在，因而它们都是事实认定的标准。我国刑法理论界和实务界之所以将行为人标准和平均人标准作为事实认定标准，与我国刑法的立法规定和司法解释具有很大的关系。例如：我国刑法第 15 条第 1 款规定：应当预见自己的行为可能发生危害社会的结果，因为疏忽大意而没有预见，或者已经预见而轻信能够避免，以致发生这种结果的，是过失犯罪。根据该规定，疏忽大意的过失成立的关键是判断行为人是否具有预见能力，过于自信的过失成立的关键是判断行为人是否具有避免能力，③ 而行为人是否具有预见能力

---

① 最高人民法院刑事审判第一、二、三、四、五庭主办：《刑事审判参考》（2010 年第 1 集，总第 72 集），法律出版社 2010 年版，第 3—35 页。
② 有学者认为个人的预见能力属于个人的心理状态。参见赵秉志、刘志伟：《犯罪过失理论若干争议问题研究》，《法学家》2000 年第 5 期；李希慧、刘期湘：《论犯罪过失中注意义务的实质标准》，《现代法学》2007 年第 1 期。
③ 因为刑法只能要求行为人预见自己有能力预见的危险，同样，刑法也只能要求行为人避

和避免能力对行为人来说都是一个有无的问题，有就是有，没有就是没有，因而，预见能力和避免能力的判断是一个事实判断问题，根本不涉及价值判断。再如，刑法第 24 条第 1 款规定：在犯罪过程中，自动放弃犯罪或者自动有效地防止犯罪结果发生的，是犯罪中止。根据该规定，自动性是犯罪中止成立的重要条件，即行为人出于本人意志而停止犯罪。详言之，行为人自认为可以继续实施和完成犯罪的情况下，在可以继续犯罪也可以停止与放弃犯罪这两条道路之间，出于其本人的主观意志，中止了犯罪的实施。由此可见，自动性的判断实质上是对行为人有无"自认为可以继续实施和完成犯罪"这种主观认识的判断，因而，该判断也是一个事实判断。还有，我国的司法解释通常将明知解释为"知道或者应当知道"，如果从形式上理解"知道或者应当知道"，就是行为人实际知道或者行为人有能力知道，这显然是一个有无的问题，和价值判断无关。因此，对明知的判断也是一个事实判断。

（二）行为人标准盛行

在我国刑法理论和司法实践中，对于行为人是否具有某种主观心理状态的判断，存在应当适用行为人标准还是平均人标准抑或折中标准的争论，由于折中标准只不过是行为人标准的变种，[1] 因而，实际上是行为人标准和平均人标准的争论。目前在我国，无论是刑法理论还是司法实践，通行观点都是适用行为人标准。本书认为之所以出现行为人标准盛行这一情况，主要出于责任主义原则的考虑。刑法理论认为，刑法是国家通过法律进行社会控制的手段，其通过预告刑罚和适用刑罚的方式预防国民犯罪，其适用的前提是犯罪与刑罚必须事先加以明文规定和公布，并且国民具有自由意志，能够通过其心理活动自主地控制自己的行为。如果不能期待国民自主地控制自己的

免自己有能力避免的危险。

[1]　黎宏：《刑法总论问题思考》，中国人民大学出版社 2007 年版，第 280 页。

行为，则不得对其责难，这就是责任主义原则。故现代刑法又被称为责任主义刑法。① 广义的责任主义包括主观责任与个人责任两个原则。其中主观责任，是指只有当行为人对所其实施的违法行为与结果具有责任能力以及故意、过失、违法性认识的可能性与期待可能性时，才能对行为人进行责难；个人责任是指，只能就行为人实施的个人的行为对行为人进行责难。这二者又是密切联系的，其中的关键是主观责任。一般所称的责任主义，是就主观责任而言的。② 责任主义刑法认为，责任不仅是心理责任，而且是规范责任。规范责任论认为应当从与法律规范的关系的视角把握责任。法律规范终究是以对个人的命令、禁止表现出来的，这种命令、禁止就行为人一方而言，只有在能够遵从即能够实施犯罪行为以外的行为时，才是适当的。换言之，行为人仅仅具有故意、过失并非必然存在责任，只有在能够期待行为人在当时情形下实施合法行为，才能考虑非难行为人。根据规范责任论的观点，没有故意与过失固然没有责任，但在特定情况下，即便具有故意与过失，也存在不能给予非难的情形。

责任主义要求归责时应当坚持主观责任，即在行为人不能实施合法行为的情形下不能对其归责，而行为人在当时情形下能否实施合法行为完全是由行为人的个人情况所决定的，如行为人是否对危害结果具有预见能力、行为人是否具有避免危害结果发生的能力、行为人是否产生认识错误或者行为人是否认为当时能够完成犯罪，这些都是行为人个人的事情，完全与他人无关，因此应当根据行为人个人情况进行个别性判断，而不能以他人在当时情形下的能够实施合法行为来推定行为人当时也有能力实施合法行为。换言之，在判断能否对行为人归责时，应以行为人自己的能力为标准，即采用行为人标准。正如李斯特教授在分析预见能力的判断标准时所言，"行为人标

---

① 梁根林：《责任主义原则及其例外——立足于客观处罚条件的考察》，《清华法学》2009 年第 2 期。

② 张明楷：《刑法学》，法律出版社 2011 年版，第 71 页。

准是必要的，因为这里只涉及行为人是否预见行为结果，只涉及行为人是否预见行为结果的智力水平。"①

（三）判断标准由法官来构建

认定事实和适用法律是裁判案件的两项核心任务，因此，裁判者只有对事实问题和法律问题作出解答，才能得出裁判结论。与英美的诉讼制度相比，我国没有实行陪审团制度，我国的法官与英美法系的法官相比，在司法过程中扮演着非常不同的角色，其既负责事实的认定，又负责法律的适用，相应的，我国法官与英美的法官相比也具有更大的自由裁量权。更大的自由裁量权表现之一就是：行为人行为时是否具有某种主观心理事实由法官来判断，而在英美法系，事实认定的工作则是由陪审团承担的。

如前文所述，对于行为人行为时是否具有某种主观心理事实的判断，刑法理论和司法实践中都存在着行为人标准和平均人标准的争论。一般认为，行为人标准是以行为人的个人情况为依据来判断行为人行为时是否具有某种主观心理事实，由于行为人是具体的人，因而从形式上看，法官只需直接依据行为人的个人状况，就可以判断行为人是否拥有某种主观心理事实。换言之，行为人标准根本无须法官构建，它是客观存在的，不以人的意志为转移。事实上，在目前的科技条件和司法条件下，行为人不可能被百分之百地理解，即法官根本不可能完全把握行为人的所有主观特征。法官只能结合案件的具体情况，通过将行为人和其他人比较，去最大限度地理解行为人，因此可以说，司法实践中的行为人标准并不是反映行为人所有个人情况的判断标准，而是由法官根据自己对行为人的理解结合案件的具体情况构建的。与

---

① ［德］李斯特著、施密特修订：《德国刑法教科书》，徐久生译，法律出版社 2006 年版，第306 页。

之相对应的平均人标准则是根据社会一般人的能力水平来确定行为人的能力水平，由于社会一般人具有极大的模糊性和不确定性，因而在确定平均人时，法官通常从自身情况出发，根据自己的社会阅历、知识和经验来拟制平均人。由此可见，如果司法实践中适用平均人标准，那么该标准也是由法官根据自己的主观认识构建的。

三、借鉴英美刑法平均人标准的必要性

（一）行为人标准在司法实践中存在的不足

从前文可知，在我国司法实践中，通行的做法是适用行为人标准来判断行为人是否具有某种主观心理状态，该标准在适用中存在以下几方面难以克服的缺陷：

1. 使责任判断成为不可能

在判断行为人行为时是否具有某种主观心理状态时，如果以行为人标准为根据，就应当考虑行为人的所有主观特征，这意味着不仅要考虑行为人非正常的生理缺陷、精神障碍，也要考虑行为人疏忽大意的性格、暴躁的脾气。[1] 由于行为人是否具有某种主观心理状态是由行为人的所有个人情况所决定的，因此，若以行为人自身的所有个人情况为标准，则必然得出行为人在当时的情形没有预见某种主观心理状态的结论。换言之，适用行为人标准会导致行为人是否具有某种主观心理状态，完全由行为人自己决定的局面，从而导致法律对行为人无能为力。以前文朱家平过失致人死亡案[2] 为例，该案中，被告人朱家平是不希望危害结果发生的，如果朱家

---

[1] 事实上，疏忽大意的性格、暴躁的脾气通常是行为人承担刑事责任的基础，如果在构建判断标准时，将其纳入判断标准的话，行为人反而可以因此出罪，即疏忽大意的性格、暴躁的脾气将成为行为人得到宽恕的理由。

[2] 参见最高人民法院刑事审判第一庭、第二庭主编：《刑事审判参考》（2005 年第 3 集，总

平在当时具有预见能力，能够预见到自己的行为可能导致危害结果的发生，那么，他必定会采取一些措施来预防该危害结果的发生，被告人之所以没有采取相关的预防措施，只能说明在其行为时没有预见能力。由此可见，如果适用行为人标准判断朱家平的预见能力，将会导致我们不得不免除对其的处罚，最终使责任的判断成为不可能。正如学者所言，如果我们将判断标准制定得过于特殊，结论上将会导致"如果知道了被告人的一切，我们终会宽宥他"的缺陷。①

2. 背离法秩序的统一性，导致犯罪认定的恣意化

行为人标准以行为人的所有个人情况为标准判断行为人是否具有某种主观心理状态，实质上是一人一个标准，造成判断标准的极端个别化，违背了法秩序的统一性要求，诚如学者所言，"行为人标准只关注行为人的个人情况，判断的标准不具有类型性，在司法实践中不可避免地会出现五花八门的不平衡判决结果"，② 甚至可能出现打击先进、鼓励落后的局面，仍以朱家平过失致人死亡案③为例，如果被告人朱家平是一个对建筑常识完全不懂的人，那么被告人对危害结果的发生就没有预见能力，其也不会构成过失犯罪；相反，如果被告人是一个了解建筑常识的人，那么他就会对危害结果的发生具有预见能力，其将构成过失犯罪，这样的结果显然是不合理的。另外，完全依靠行为人自身的所有情况去判断，等于没有标准，弗莱彻教授则对此曾解释道：标准必须具备某些一般性，被删削得只适合于个人的独特个性的标准，就根本不能称作标准，④ 其必然后果就是法官根据自己的理解来确定行为人的个人情况，行为人标准最终可能变为法官标准，最终导致标准

第 44 集），法律出版社 2006 年版，第 49 页。
① ［美］乔治·弗莱彻：《反思刑法》，邓子滨译，华夏出版社 2008 年版，第 376 页。
② 梅传强：《犯罪心理形成机制研究》，中国检察出版社 2004 年版，第 171 页。
③ 参见最高人民法院刑事审判第一庭、第二庭主编：《刑事审判参考》（2005 年第 3 集，总第 44 集），法律出版社 2006 年版，第 49 页。
④ ［美］乔治·弗莱彻：《反思刑法》，邓子滨译，华夏出版社 2008 年版，第 371 页。

构建的恣意化。以沈某某盗窃案①为例，法官结合被告人的出身、年龄、职业、见识、阅历等状况来看，被告人对所盗手表的价值存在重大认识错误，显然，法官认为被告人应该是一个阅历较浅、没见过世面的人，认识不到手表的巨大价值，因而被告人行为时对手表的巨大价值存在重大认识错误；实际上，也有法官认为其是一个见识较广的人，行为时能够认识到手表的巨大价值，从而得出被告人行为时没有产生重大认识错误的结论。

3. 混淆了判断标准与判断资料之间的区别

仍以沈某某盗窃案②为例，该案的核心问题之一就是认定沈某某盗窃手表时对手表的价值是否存在重大认识错误，由于沈某某在当时的具体情形下产生什么样的主观认识完全由其自身的性格特征所决定，即不同的人在相同或相似的具体情形下会产生不同的主观认识，因而认识错误的判断必须根据沈某某的自身性格特征以及行为当时的客观环境和条件来认定。在这里，沈某某的主观认识是判断对象，沈某某自身各方面的性格特征如年龄状况、智力发育、文化知识水平、业务技术水平和工作、生活经验等是判断资料。庭审时，法官依据一定的标准，对判断资料进行分析，以确定沈某某在行为时是否存在认识错误。具体地说，法官从沈某某的自身情况出发，来具体判断她在当时的具体条件下，对手表的价值是否存在重大认识错误。显而易见，行为人标准将判断资料当作判断标准来使用，诚如我国学者所言，"从逻辑上讲，行为人标准犯了用论题的真实性来论证论据的真实性的'循环论证'的错误，将判断标准与判断对象混为一谈，以自身为标准来判断自身，根本不可能得出合理的结论"。③同样的错误也发生

---

① 参见最高人民法院刑事审判第一庭、第二庭编：《刑事审判参考》（2004年第5集，总第40集），法律出版社2005年版，第15—23页。

② 参见最高人民法院刑事审判第一庭、第二庭编：《刑事审判参考》（2004年第5集，总第40集），法律出版社2005年版，第15—23页。

③ 李希慧、刘期湘：《论犯罪过失中注意义务的实质标准》，《现代法学》2007年第1期。

在疏忽大意的过失、过于自信的过失、中止的自动性以及期待可能性的判断之中。

4. 消弭了行为人性格特征类型的差异

行为人标准从责任主义原则出发，主张应当将行为人的所有性格特征都纳入判断标准中，这意味着构建判断标准时不仅要考虑行为人的生理缺陷、精神障碍，还要考虑行为人粗心大意、马马虎虎的性格、贪婪妒忌、对冒险的强烈欲望等个人情况，即被告人的所有性格特征在构建判断标准时都是平等的要素。的确，完全与行为人无关的平均人标准可能导致对行为人造成一些不公平，因而判断标准应当予以适当的个性化，即构建标准时应对行为人的性格特征予以考虑，但行为人标准对行为人的所有性格特征不加区分予以全部考虑的做法，实有矫枉过正之嫌，从一个极端走向另外一个极端。行为人标准的过分个性化源于没能认真地注意那些恰当地使实施违法行为的人受谴责性判断的性格特征的种类，事实上，行为人的某些性格特征是行为人理应受到责难的基础，而某些性格特征却是行为人得到宽宥的基础。贪婪妒忌与双目失明的显著不同在于，如果没有可证明的心理障碍，我们完全可以期望人们控制住自己的贪婪妒忌，就像控制自己的暴躁脾气一样，这些性格恰恰是行为人承担刑事责任的基础，那么，就不能认为，"行为人的所有性格特征"包含了他的贪婪妒忌、暴躁等性格。不过一个人不应因自己双目失明而受到责难，因而在评价行为人是否具有预见能力时，必须考虑行为人双目失明的情况，因为我们不能期望一个双目失明的人能够控制双目失明产生的影响。

5. 实践中不具有操作性

虽然在理论上，对行为人百分之百地理解必然会得到行为人被减轻或免除刑罚的裁判结果，这样的结论显然难以让人接受。与平均人相比，行为人虽然具有具体性，但人不可能被百分之百地理解，即法官不可能完全掌握行为人的所有性格特征，正如霍姆斯大法官所言，"人无法像上帝那样看人，只有全能的上帝才能知道我们的一切"。① 在现有的科技条件和司法条件之下，法官只有通过将行为人和其他人比较判断的方法，才能发现行为人具有什么样的性格特征，因此这里的"理解"就是要找出行为人和社会其他人身上所共同的特征，例如，与行为人具有相同的身份、职业、知识背景或者其他特性，超越这一规则，行为人就无所谓被理解。由于世界上没有完全相同的两个人，因而行为人不可能通过与他人的比较判断被百分之百地理解，因而行为人总有一些性格特征由于认识方法的局限性而被法官遗漏。行为人标准的适用是以行为人的所有性格特征被理解为前提的，由于法官根本无法掌握行为人的所有性格特征，因此，行为人标准只是停留在理论构想的阶段，甚至可以说我国司法实践中适用的行为人标准并不是真正的行为人标准。

（二）其他判断标准在司法实践中存在的不足

1.平均人标准在司法实践中存在的不足

平均人标准是与行为人标准相对应的判断标准，基于行为人标准在司法实践中暴露的种种缺陷，有学者建议司法实践中判断行为人有无某种主观心理状态时采用平均人标准。事实上，平均人标准在具体适用中也存在一些问题，具体表现在以下几方面：

第一，平均人含义模糊，不利于实际判断。判断的标准是用以衡量判断对象的尺度，只有已知的、明确的尺度才能衡量出未知事物的性质，如果标准本身模糊不清，就相当于用一个没有标明刻度的尺子去测量一根木头的长度，根本不能得出任何结论，更不要说正确的结论了。一般认为，平均人并不意味着统计学意义上的平均人，而是具有社会平均水平的人，他是审判人员基于司法审判的需要而拟制的技术性概念，用以认定行为人

---

① Oliver Wendell Holmes, *The common law*[M], New York:Dover Publications, Inc., 1991:108.

行为时是否具有某种主观心理状态，因为只有与他人比较，才能判断行为人有无某种主观心理状态。在刑法理论和司法实践中，审判人员通常将平均人理解为普通人、常人、社会一般人等，这些概念都具有高度的抽象性，内涵不确定、外延又十分广泛，换言之，平均人是个什么样的人，平均人在当时的情形下会产生什么样的主观心理状态，这些都是虚无缥缈的，缺乏作为标准所应有的明确性。因此，难以据此来判断行为人行为时是否具有某种主观心理状态。另外，在同样的情形下，如在前文所举的朱家平过失致人死亡案或沈某某盗窃案中，对于平均人应是什么样的人，他应该具有多大多小多高多低的能力水平，诚如学者所言，"法官对于平均人判断的把握完全取决于其社会经验"，① 不同的审判人员由于社会阅历和经验等个人情况的不同，可能对平均人有不同的认识，因而会拟制出不同的平均人，进而容易导致同一个案件由于审判人员的不同而出现不同的裁判结论，损害法律的权威性。

第二，容易枉纵行为人。平均人标准是一种社会客观的标准，它主张法律是为社会一般人制定的，应该于所有人都一样，不能迁就某些特殊的人，只有制定统一适用的标准，才能保证法律的实施。但是，行为人产生什么样的主观心理状态，主要取决于行为人的个人情况，如果对行为人不加区分统一适用平均人标准的话，在一些情况下容易枉纵行为人。以前文所举的沈某某盗窃案为例，如果平均人在当时的情形下能够认识到该手表具有巨大的价值，而沈某某由于自己年龄、职业、见识、阅历等方面的限制，达不到平均人的认识水平，即没有能力认识该手表具有巨大的价值，如果适用平均人标准来判断沈某某行为时是否存在认识错误的话，就会得出沈某某不存在认识错误的结论，从而出现强人所难的裁判结果。这显然会违反近代刑法所坚持的责任主义原则，出现追究行为人的客观责任或者

---

① 　马克昌：《犯罪通论》，武汉大学出版社 1999 年版，第 355 页。

说是结果责任的结局。① 哈特教授对此作出批评："法律制度在主观因素上所作的最重要的妥协包括采纳了被不适当地称为'客观标准'的东西。这可能会导致这样的情况，即为了定罪和惩罚而把一个人看作就算他具备了他实际并没有具备，而某一正常人或有理智的正常人具备并将发挥出的控制行为的能力。"② 同样，平均人在当时的情形下没有能力认识到该手表具有巨大的价值，但沈某某因自己见多识广而能够认识到该手表具有巨大的价值，如果适用平均人标准的话，将会得出沈某某存在认识错误的结论，这显然有放纵犯罪之嫌。

第三，违背客观事实。行为人在当时的具体情形下是否具有某种主观心理状态，对于行为人来说是一个客观的事实问题，它的存在不以人的意志为转移，有就是有，没有就是没有，不可能无中生有，也不可能有变为无。正如世界上没有两片完全相同的树叶一样，世界上也没有完全相同的两个人，不同的人有不同的性格特征和能力水平。由于行为人在当时情形下产生什么样的主观心理状态主要是由其性格特征和能力水平决定的，因而，不同的行为人面对相同或相似的情形将会产生不同的主观心理状态，这是无法否认的客观事实。而平均人标准主张在判断行为人在当时情形下是否具有某种主观心理状态时，应当根据平均人在当时情形下产生的主观心理状态来确定，而不关注行为人自身情况。以朱家平过失致人死亡案为例，如果采用平均人标准来判断朱家平是否具有预见能力，那么就会出现朱家平是否具有预见能力是由与其无关的平均人来决定，而不是由其本人来决定的局面。由此看来，平均人标准忽略了行为人与平均人之间的差异，也消弭了行为人之间的差异，让不同的行为人适用相同的判断标准，这显然是违背行为人主观心理状态的真实情况。

---

① 黎宏：《刑法总论问题思考》，中国人民大学出版社 2007 年版，第 281 页。

② 参见 [英] 哈特：《惩罚与责任》，王勇等译，华夏出版社 1989 年版，第 146 页。

2. 折中标准在司法实践中存在的不足

折中标准认为行为人标准和平均人标准都存在缺陷，因而判断时应当将二者结合起来，即以行为人标准为根据、以平均人标准为参考，这样就可兼顾二者的长处，同时可以克服二者的不足。从前文可知，我国司法实践中在判断行为人有无某种主观心理状态时，主要采用折中标准。详言之，折中标准认为在认定行为人是否具有某种主观心理状态时，应当首先适用平均人标准得出一个判断结论；在此基础上，将行为人的能力水平和平均人的能力水平进行比较，如果行为人的能力水平高于平均人或低于平均人的，则不宜采用前一步判断——适用平均人标准所得出的结论，而需要适用行为人能力标准进行再次判断；如果行为人的能力水平和平均人的能力水平相当，就采用前一步判断——适用平均人标准所得出的结论。实际上，在行为人的能力水平和平均人的能力水平相当的情形下，适用行为人标准与适用平均人标准所得出的判断结论是相同的。换言之，无论是行为人的能力水平是高于平均人还是低于平均人，抑或和平均人相当，最终判断的。根据都是行为人自身的能力水平，即采用的是行为人标准。因此，折中标准只不过是行为人标准的一个变种而已。[①] 既然折中标准是行为人标准的变种，那么上述行为人标准所存在的各种问题，在折中标准中将会依然存在。

综上所述，对于如何判断行为人行为时是否具有某种主观心理状态，我国刑法中有行为人标准、平均人标准和折中标准的争论。由于行为人标准和折中标准存在难以克服的缺陷，使责任判断成为不可能，故不足取。而平均人标准虽然也存在含义不清、容易枉纵行为人等缺陷，但这些缺陷通过借鉴英美刑法中的平均人标准能够很好地解决。

---

① 黎宏：《刑法总论问题思考》，中国人民大学出版社 2007 年版，第 280 页。

第二节 借鉴英美刑法平均人标准的现实可能性

一、借鉴英美刑法平均人标准的可能性

虽然我国刑法理论和英美刑法理论在形式上存在着较大的差异，但是对英美刑法平均人标准进行借鉴并不是不可能的。这主要是基于二者具有相同的判断对象和相同的判断任务。

（一）相同的判断对象

从前文可知，英美刑法中的平均人标准是一个价值判断标准，用来评价行为人行为时产生的主观心理状态是否合理，例如用来判断行为人在受到他人胁迫的情形下产生的恐惧心理是否合理，因而，平均人标准的适用是以行为人真实具有某种特定主观心理状态为前提的。假如行为人在受到他人胁迫的具体情形下，基于自己的个人情况——自己是个散打高手，根本就没有产生恐惧的心理，而是一种自信满满或者无所畏惧的心理状态，那么，判断就无须进行，因为根本不存在平均人标准所要求的判断对象。由此可知，英美刑法中的平均人标准的判断对象是行为人行为时真实具有的特定主观心理状态，适用平均人标准的目的是为了对行为人行为时真实具有的特定主观心理状态进行是否合理的评价。

我国刑法中的平均人标准是一个事实判断标准，用来判断行为人行为时是否真实存在某种主观心理状态，例如用来判断行为人在当时情形下是否真实地产生了认识错误，或者说是否产生了正确的主观认识。以前文所举的沈某某盗窃案为例，沈某某在顺手拿走手表时，对手表的价值有自己的主观认识，至于沈某某主观认识的内容是什么，或者说，沈某某是否具有与真实情

况相一致的主观认识，可以通过平均人标准来认定。详言之，如果平均人在当时的情形下能够正确认识手表的巨大价值，那么行为人当时情形下对手表的价值就有正确的认识；否则，行为人对手表的巨大价值就存在认识错误。由此可知，我国刑法中的平均人标准的判断对象也是行为人已有的主观心理状态，适用平均人标准的目的是为了判断行为人行为时具有的主观心理状态是什么。

综上所述，我国刑法中的平均人标准与英美刑法中的平均人标准虽然在判断目的上有所不同，但二者具有相同的判断对象，即行为人行为时的主观心理状态。

（二）相同的判断方法

英美刑法中的平均人标准是判断行为人行为时已有的主观心理状态是否合理的标准，陪审团在判断时，并不是直接判断行为人行为时的主观心理状态是否合理，而是将平均人置于行为人行为时的具体情形下，考察平均人是否也会产生行为人当时产生的主观心理状态。如果平均人也会产生与行为人相同或相似的主观心理状态，那么行为人的主观心理状态就是合理的；反之，行为人的主观心理状态就是不合理的。由于主观心理状态通常难以把握，司法实践中，陪审团一般通过人们实施的行为来认定人们行为时的主观心理状态，因为行为是在行为人的意志或者意识支配之下的身体动静，[①] 行为人实施的行为可以反映行为人行为时的主观心理状态。基于上述原因，司法实践中在判断行为人的主观心理状态是否合理时，陪审团一般是将平均人在当时情形下实施的行为和行为人在当时情形下实施的行为相比较，判断行为人行为时的主观心理状态是否合理。

我国刑法中的平均人标准是一个事实判断标准，用来判断行为人行为时

---

① 高铭暄、马克昌：《刑法学》，北京大学出版社、高等教育出版社 2010 年版，第 70 页。

是否存在某种主观心理状态，如行为人在当时情形下是否产生认识错误或者产生其他主观认识。司法审判中，法官并不是直接判断行为人是否具有某种主观心理状态，而是通过和平均人比较进行判断，如果平均人在当时的情形下会产生某种主观心理状态，那么行为人在当时的情形下就具有该种主观心理状态；反之，行为人则不具有该种主观心理状态。同样，由于主观心理状态难以把握，法官一般是将行为人的行为与相同情形下平均人的行为相比较，来判断行为人行为时是否具有某种主观心理状态。详言之，平均人在当时情形下也会像行为人那样行为，那么行为人就具有某种主观心理状态；反之，平均人在当时情形下不会像行为人那样行为，那么行为人就不具有某种主观心理状态。

综上所述，英美刑法中的平均人标准和我国刑法中的平均人标准的判断方法相同，即都是通过与平均人在当时情形下实施的行为相比较得出判断结论。

二、英美刑法平均人标准和我国刑法平均人标准的差异

英美刑法的平均人标准与我国刑法的平均人标准虽然具有相同的名称，但实际上，二者在某些方面具有较大的差异，这些差异可能正是我国平均人标准需要借鉴的长处。详言之，这些差异主要体现在以下几方面：

（一）平均人的含义不同

在英美刑法中，平均人的含义并不是固定不变的，其在司法实践中经历了一个发展变化的过程。早期的平均人标准从平等对待的角度出发，严格遵守标准的客观性，认为平均人就是泛泛的普通人或社会一般人，即平均人与被告人的特殊性格特征无关，具体来说，从生理上看，平均人没有明显的生理缺陷，从心理上看，平均人是个中等性情的人。由于严格客观的平均人标

准可能对被告人造成某些非正义，因而完全与被告人无关的平均人逐步退出了司法实践的舞台。随后，从保障人权的角度出发，陪审团在拟制平均人时开始考虑被告人的特殊性格特征，至于应当考虑行为人的哪些特殊性格特征，司法实践的立场是考虑被告人的特殊生理特征，因而，平均人不再是泛泛的普通人，而是纳入了被告人特殊生理特征的普通人。不过这一立场也受到了批评。一些学者提出了完善平均人的方法，如有学者认为平均人的拟制应分三步进行：首先，对普通人的性格特征进行价值判断，将普通人有违公平或"漠视法益"的性格特征排除出去；其次，对被告人的特殊性格特征进行价值判断，将被告人体现平等或与"漠视法益"无关的性格特征筛选出来；最后，将经过价值判断筛选出来的被告人的特殊性格特征纳入第一步构建的普通人，最终形成平均人。[①] 本书认为该学者的建议值得借鉴。

在我国刑法理论中，通常将平均人理解为社会一般人、普通人、常人等，至于"社会一般人、普通人或常人"的含义以及他们与行为人之间的关系，只有个别学者对此予以直接阐明，如有学者认为，"平均人是一个类型化的概念，它没有顾及及行为人的个性特征"，[②] 即平均人是一个与被告人特殊性格特征无关的人。有的学者虽然没有在分析平均人标准时直接阐明平均人和行为人之间的关系，但在讨论折中标准时却暗示了"平均人是一个与行为人性格特征无关的人"，如"按照折中标准，一般人在普通条件下能够预见的，行为人可以因为自身能力较低或者行为时的特殊条件而不能预见；反之，一般人在普通条件下不能预见的，行为人也可以是因为自身认识能力较高而能够预见"，[③] 显而易见，论者认为我国刑法中的一般人是一个与被告人的特殊性格特征无关的人。

综上所述，我国刑法中的平均人与英美刑法中的平均人具有不同的含

---

① 刘士心：《美国刑法中的犯罪论原理》，人民出版社 2010 年版，第 138 页。

② 陈兴良：《教义刑法学》，中国人民大学出版社 2010 年版，第 585。

③ 高铭暄、马克昌：《刑法学》，北京大学出版社、高等教育出版社 2010 年版，第 124 页。

义，我国刑法中平均人的范畴要广于英美刑法中平均人的范畴。

（二）平均人标准的构建者不同

根据英美法系的陪审团制度，庭审中严格区分法官与陪审员在庭审中的权限，详言之，法官负责法律适用的问题，陪审团负责事实认定的问题。被告人行为时是否存在合理的主观心理状态是一个事实问题，[①] 因而由陪审团负责认定，相应的，平均人标准应由陪审团根据案件的具体情况来构建。尽管拟制平均人时，法官可以对陪审团做出指示，例如法官可以告诉陪审团，一个人没有权利将"他的特殊的容易激动的性质（无论是由于个人的怪癖还是由于文化环境或种族因素）或好斗或暴躁脾气或酗酒"作为愤怒的根据。法官也可以指示陪审团注意被告人的任何有关的个性化的特征，建议他们给予考虑，而这种考虑可能影响陪审团形成他们如何拟制平均人的意见，但法官必须清楚地说明，是否将这些性格特征作为考虑的因素，或者在多大程度上作为考虑的因素，这完全是一个由陪审团而不是由其他任何人来决定的问题。[②] 即法官对平均人的拟制只有建议的权利，平均人标准最终还是由陪审团来决定的。

根据我国的司法诉讼制度，事实问题和法律问题都由法官来认定，因而在我国的司法实践中，平均人由法官来拟制，诚如马克昌教授所言，"至于何为一般人的水平，应由审判人员依照社会经验来判断"。[③] 法官对于社会一般人个人情况和能力水平的判断主要取决于法官本人的社会经验、知识结构、阅历等因素，因而，拟制出合理的平均人对法官提出了极高的要求。一

---

① 在英美法的理论框架里，事实问题分为证据事实问题和结论事实问题两种类型。证据事实是指可以直接用感官感知的事实；结论事实则从证据中演绎得出，在适用陪审团裁判的场合由陪审团在商议后决定，以此构成法律适用的基础。参见陈航平：《论"事实问题"与"法律问题"的区分》，《中外法学》2011 年第 2 期。

② ［英］J.C. 史密斯、B. 霍根：《英国刑法》，李贵方等译，法律出版社 2000 年版，第 399 页。

③ 马克昌：《犯罪通论》，武汉大学出版社 1999 年版，第 355 页。

方面，要求法官具有丰富的社会经验、知识和阅历，另一方面，要求法官具有健全的人格品质，否则，法官拟制的平均人可能反映不出社会一般人的真实情况，从而出现脱离生活实际的判决结果。

（三）平均人标准的判断目的不同

从前文可知，英美刑法的平均人标准和我国刑法的平均人标准虽然有着相同的判断对象，即行为人行为时的主观心理状态，但二者在适用过程中却是为了实现不同的目的，即对行为人的主观心理状态关注的角度有所不同。在英美刑法中，平均人标准的适用是以被告人真实存在某种主观心理状态为前提，平均人标准用来判断被告人的已有主观心理状态是否合理。例如，英美刑法处理一般故意犯罪中事实错误的基本原则是：只有被告人对错误认识"诚实相信"，并且错误是基于合理的根据而产生时，才能成为辩护理由，即合理的认识错误才能成为辩护的理由。①"合理的认识错误"在程度上包括两层意义：第一，被告人在行为时真实地产生了认识错误；第二，被告人的认识错误是合理的，"合理的"判断标准就是平均人标准，即适用平均人标准来判断被告人在当时的情形下产生认识错误是否具有合理性。由此可见，英美刑法中适用平均人标准的目的是判断被告人行为时具有的特定主观心理状态是否合理的标准。

而在我国刑法中，平均人标准作为一个事实认定标准在适用，一般用来判断被告人在行为时是否具有某种主观心理状态。例如，在判断被告人行为时是否产生认识错误，即被告人行为时的主观认识是否和真实情况一致时，有学者主张应当适用平均人标准，详言之，如果社会一般人在当时情形下也会产生认识错误的话，那么，就可以认定被告人行为时也存在认识错误，即被告人行为时没有产生正确的主观认识；反之，则不能认定被告

---

① 刘士心：《美国刑法中的犯罪论原理》，人民出版社2010年版，第111页。

人行为时存在认识错误，即被告人行为时产生了与真实情况相一致的主观认识。由此可见，我国刑法中的平均人标准的适用也是以被告人具有某种主观心理状态为前提，但是平均人标准的适用为了确定被告人行为时的主观心理状态的内容，或者说是为了认定被告人行为时是否产生了某种特定的主观心理状态。

三、借鉴英美刑法平均人标准的具体方案

从前文可知，英美刑法中的平均人标准和我国刑法中的平均人标准虽然在某些方面存在着差异，但这些差异可能正是英美刑法平均人标准的优点，至于是否能够借鉴，需要结合我国的刑法理论和司法实践进行具体分析。

（一）平均人标准作为价值判断标准的思考

1. 价值判断标准的优点

"无犯意则无犯人"是现代各国刑法遵循的基本原则，将主观要素纳入犯罪的必备要件，无疑增加了控方关于犯罪的证明负担，而且相对于客观要素来说，主观要素的证明则困难得多。因为，在现有的科技条件下，我们根本无法回溯性地探知犯罪嫌疑人在犯罪时的主观心态。[1] 在国外，为了使主观要素具有可证明性，一方面，对于难以区分的罪过形式进行了模糊化处理，即确立了复合罪过形式。[2] 另一方面，则对难以证明的主观要素确立了推定制度。[3] 在我国，受到刑法主观主义[4]的影响，刑法不仅对犯罪的主观

---

[1] 吴纪奎：《口供供需失衡与刑讯逼供》，《政法论坛》2010 年第 4 期。

[2] 储槐植：《刑事一体化论要》，北京大学出版社 2007 年版，第 113 页。

[3] 储槐植：《刑事一体化论要》，北京大学出版社 2007 年版，第 63 页。

[4] 刑法理论中，在关于什么是犯罪的问题上存在着主观主义与客观主义的对立。客观主义将犯罪的外部行为和作为结果的实际损害以及危险的大小作为评价的对象；主观主义则将通过犯罪的外部行为和作为结果的实际损害体现出来的行为人的性格、人格动机等反

要素进行了比较精细的划分，而且还增加了大量的特殊主观要素。然而，我们的立法和司法实践却没有为犯罪主观要素证明提供任何有力的保障，[①] 由此导致我国司法实践中对口供的过分依赖。一般来说，被告人为了逃避刑事责任，审判中都会主张自己行为时具有或不具有某种主观心理状态，如在判断中止的任意性时，被告人通常会主张自己当时自认为有条件将犯罪进行到底。由于被告人的主张是否真实存在通常难以证明，该种情形下就可能使用刑讯逼供。诚如英国学者所言："在人类相当长的一段时间内，之所以承认刑讯的合法性，乃在于刑讯可以确保在常规方式无法提供证明的情况下确保证明的实现。"[②] 可以说，对行为人是否具有某种心理状态的证明与刑讯逼供之间具有一种天然的亲和性。因此，适用我国刑法的平均人标准容易导致刑讯逼供的发生。

与我国的平均人标准相比，英美刑法的平均人标准是一个价值判断标准，其关注的是对被告人所主张的主观心理状态的价值评价，而不关注被告人行为时的主观心理状态本身，因此可以有效地制约刑讯逼供现象的发生。由于我国刑法理论认为对预见能力、轻信、认识错误、明知的判断是对被告人主观心理状态有无的判断，而英美刑法平均人标准是评价被告人主观心理状态的标准，因而我国刑法在借鉴英美刑法平均人标准时需要对预见能力、轻信、认识错误、明知重新作出解读。

社会的性格或者犯罪的社会危害性作为刑法的评价对象。尽管无论主观主义还是客观主义都坚持主观和客观相统一，但是客观行为在两种各自的理论体系中的地位却是不同的。在客观主义那里，客观行为及其实害是刑事责任的基础，具有根本的意义；在主观主义那里，客观行为只是行为人危险性格的表征，而不具有基础的意义；至于行为的实害则更不具有实践意义。主观主义之所以关注客观行为，只不过是因为现代科学技术不能提供探测犯罪内容邪恶的仪器而不得不依靠外部行为来表征犯罪人的人身危险性罢了。

① 吴纪奎：《口供供需失衡与刑讯逼供》，《政法论坛》2010 年第 4 期。
② [英] 罗伯特·巴特莱特：《中世纪神判》，徐昕等译，浙江人民出版社 2007 年版，第 117 页。

2.借鉴价值判断标准的理论准备

英美刑法中的平均人标准是一个价值判断标准，而我国刑法中的平均人标准是一个事实判断标准。因此，借鉴时要处理好二者之间的这一差异。实际上，我国刑法中的预见能力、轻信、认识错误、明知都是一种主观心理事实，这一点是没有疑问的，但人们容易忽视的是，它们也是一种法律标准，它们的本质在于规范性，下面本书进行逐个分析：

（1）疏忽大意的过失虽然是一种心理态度，但正如陈兴良教授所言，疏忽大意的过失虽然具有心理内容，但不可否认的是，疏忽大意的过失的本质在于规范性，即违反预见义务。[①] 因此，对行为人预见能力有无的判断，实质上是对行为人行为时"没有预见"的心理状态是否合理的判断。详言之，行为人有预见能力而出现"没有预见"的心理状态，则行为人"没有预见"的心理状态是不合理的；反之，行为人没有预见能力而出现"没有预见"的心理状态，行为人"没有预见"的心理状态则是合理的。[②] 因此，我国刑法中的平均人标准从形式上看是对行为人预见能力有无的判断，实则是对行为人出现"没有预见"的心理状态是否合理的判断。

（2）与疏忽大意的过失一样，过于自信的过失虽然具有心理的内容，但本质也在于其规范性，即行为人在没有避免能力的情况下轻信自己能够避免结果的发生或者说行为人的"轻信危害结果不发生的心理"没有实际根据。[③] 换言之，仅有"轻信危害结果不发生的心理"并不能构成过失，只有具有实

[①] 陈兴良：《教义刑法学》，中国人民大学出版社 2010 年版，第 478 页。

[②] "不能预见的原因"所致的意外事件，与疏忽大意的过失有相似之处，二者在客观上都发生了结果，且对该结果的发生"没有预见"，但前者是不能够预见，而后者是能够预见。即并不是所有"没有预见"的主观心理事实都能构成过失，"没有预见"只是说明了疏忽大意的过失的心理性，它本身还不足以解释过失承担刑事责任的根据，只有对"没有预见"进行规范判断，才能认定行为人是否构成过失。

[③] 所谓"轻信心理"不合理，是指行为人所指望的避免结果发生的那种情况根本不会存在，或者虽然存在，但对防止结果的发生毫无意义或意义极小。

际根据的"轻信心理"才能构成过失。因此，对行为人避免能力有无的判断，实质上是对行为人行为时"轻信"的心理状态是否合理的判断。

（3）司法审判中，在没有证据能够证明行为人存在明知的情况下，行为人为了逃脱罪责，通常都会否认自己"明知"，即自己行为时的主观心理状态是"不知"。因此，证明行为人存在"明知"与将行为人主张的"不知"评价为"明知"是本质相同的问题，即行为人主张的"不知"如果没有合理根据，则说明行为人行为时存在"明知"。因此，平均人标准从形式上来看是证明行为人有无"明知"的标准，实质上是判断行为人主张的"不知"心理状态是否合理的标准。[①] 同样，行为人为了逃脱罪责，一般都会主张自己在行为时存在认识错误，或者主张自己当时自认为有条件将犯罪进行到底。因此，以平均人在当时情形下产生的主观认识作为行为人在当时情形下产生的主观认识的方法，在本质上是为了评价行为人所主张的主观认识，即自己在行为时存在认识错误或者自己认为当时有条件将犯罪进行到底是否具有合理性。

（4）我国刑法理论认为，期待可能性是规范责任论[②]的核心问题，是对

---

① 在司法实践中，可能出现这样一种情况：行为人已经意识到一定的客观要素很可能存在，但是为了避免对要素的实际知晓而有意不去查实。美国刑法理论一般将行为人这种有意回避对毒品"实际明知"的心理状态，称为"故意视而不见"。确切地说，"故意视而不见"只是对事实的"可以知晓"，而不是"实际知晓"或"已经知晓"，但在这种情况下，法官可以指示陪审团认定有"明知"的存在。在美国，有时把法官的这种指示称作"鸵鸟指示"，将案件中的被告人比喻成鸵鸟。一位联邦法院的法官曾经解释过这种类比的理由，他说：据说鸵鸟不只是粗心和不去弄清楚它们怀疑的坏事情，它们将头扎进沙子里故意对坏事情不闻不问，有意回避对坏事情的知晓。"鸵鸟指示"针对的案件是，有证据证明被告人虽然知道或者高度怀疑自己已经卷入了违法勾当，但是又积极回避对事实完全和确切的知情。参见刘士心：《美国刑法中的犯罪论原理》，人民出版社2010年版，第81页。美国司法实践的做法实质上就是只要证明了"故意视而不见"的存在，即行为人没有达到实际知道的程度，就可以证明行为人已经知道。

② 规范责任论是在对心理责任论的扬弃的基础上发展起来的。心理责任论认为，不应在行为人的行为与危害结果之间仅仅存在因果关系这种客观联系时就应追究行为人的刑事责任，只有在行为人与危害结果之间进而存在主观的心理联系时，才应追究行为人的刑事

行为人主观意志的一种评价，这种评价虽然是以心理事实的存在为前提，但它不能等同于这种心理事实本身。正如有学者所言，期待可能性弱失的成立与否的判断，是一个由内而外，由事实到价值的循序渐进的过程，包括心理事实的判断和价值评价。[①] 因此，作为判断行为人期待可能性弱失的平均人标准实质上是对行为人行为时的心理事实评价的标准。由此可见，我国刑法中的平均人标准和英美刑法中的平均人标准具有相同的性质。

综上所述，我国刑法中的预见能力、轻信、认识错误、明知、期待可能性的成立，不但需要行为人具有某种主观心理状态，还需要该主观心理状态符合一定的判断标准。由此看来，借鉴英美刑法的平均人标准对预见能力、轻信、认识错误、明知、期待可能性进行判断，不存在理论上的障碍。

（二）平均人由陪审团拟制的思考

从前文可知，我国刑法的很多理论都涉及了平均人标准的适用，但是在制度上，我们却对此缺乏保障。在司法实践中，平均人由法官拟制，法官对于平均人的把握完全取决于自己的社会经验、知识结构和个人阅历等，这需要引起我们的高度重视。一方面，拟制出合理的平均人要求普通的法官具有丰富的社会经验、渊博的知识和阅历，另一方面，这要求法官必须具有健全的人格品质，否则，裁判结论可能脱离生活实际。同时，这也留下一个重大隐患，即容易滋生腐败。[②]

责任。心理责任论过于重视心理事实本身，而忽视了对心理事实的评价。规范责任论认为，刑法中的责任是行为人在实施不法上存在的谴责可能性。在行为人能够根据法律的要求实施合法行为，行为人却实施了违法行为时，就可以谴责行为人，行为人就有责任。抽象地说，在行为人具有实施其他行为的可能性时，行为人却实施违法行为的，行为人就应受谴责，就有责任。规范责任论强调的是对心理状态的评价。参见冯军：《刑法中的责任原则——兼与张明楷教授商榷》，《中外法学》2012 年第 1 期。

① 肖晚祥：《论期待可能性弱失的判断》，《法学》2012 年第 9 期。

② 王雨田：《英国刑法犯意研究——比较法视野下的分析与思考》，中国人民公安大学出版社 2006 年版，第 172 页。

在英美刑事司法实践中，平均人是由陪审团拟制的。一般认为，平均人是社会公众一切主要共性的体现，由于陪审团都是由社会中的普通公民组成，他们能直接反映社会中大多数人的观点，实现拟制的"平均人"的具体化，从而也使平均人标准的判断客观化。① 与单个的法官相比，尽管单个的陪审员可能对相关知识了解不多，也没有丰富的社会经验和阅历，但是陪审团有十二名成员，当他们组成一个团队以后，团队的力量要大大强于其各个成员力量之总和。审判过程中，陪审团的十二名成员可以通过十二种方式解释和认定证据，与单个的法官相比，他们能够更广泛地考虑到与平均人标准相关的因素，从而能够拟制出最适合具体案件需要的平均人标准。

按照刑法目的的要求，司法过程的主要目标是将具有可责性的被告人和没有可责性的被告人区别开，分别对待。② 这决定了在适用平均人标准的过程中，应当关注被告人的自身情况。与单个的法官相比，由十二名成员组成的陪审团显然能够更好地实现关注被告人自身情况的任务，得出最能反映被告人自身情况的结论。此外，陪审团成员由社会一般成员随机组成，他们代表了社会一般人的正义观念和对该特定案件的看法，因而陪审团审判有利于社会公众和当事人对裁判结果的接受、认同和履行。而在我国，因当事人对法官事实认定不满意，导致法官人身安全受到威胁、法官遭受打击报复的案件并非鲜见。③

本书认为，我国有必要完善人民陪审员制度，④ 以从制度上监督法官自

---

① 王雨田：《英国刑法犯意研究——比较法视野下的分析与思考》，中国人民公安大学出版社 2006 年版，第 172 页。
② 刘士心：《美国刑法中的犯罪论原理》，人民出版社 2010 年版，第 227 页。
③ 汤维建教授接受《南方日报》采访时的话。参见 http://news.sohu.com/20120313/n337547483.shtml。
④ 参见胡云红：《俄罗斯陪审团制度的重建及其对完善我国人民陪审员制度的启示》，《法律适用》2015 年第 2 期；苗炎：《司法民主：完善人民陪审员制度的价值依归》，《法商研究》2015 年第 1 期。

由裁量权的正确行使，更为重要的是，为法官在对平均人、对具体问题的判断上提高一个可操作的、客观的参照与佐证，使法官对于平均人的判断的把握能够准确无误。

（三）平均人应当考虑被告人哪些性格特征的思考

1.吸收被告人性格特征的平均人的优点

我国刑法理论认为，"平均人是一个类型化的概念，它没有顾及行为人的个性特征"，[①] 即平均人是一个与行为人特殊性格特征无关的人，因此该标准可能造成对某些被告人的非正义，使得社会保护成为刑罚的合理根据。而英美的刑事司法实践中，陪审团在拟制平均人时，通常以普通人为基础，并在此基础上考虑被告人的特殊个人情况。英美法院认为对被告人追究刑事责任时，应当将对被指控者的正义与对社会保护的需要结合起来。平均人标准作为责任判断标准，在判断被告人行为时的主观心理状态是否合理时，应该兼顾以上两方面。一方面，刑事责任毕竟是被告人个人的责任，因而在判断主观心理状态是否"合理"时不能脱离被告人的具体情况；另一方面，追究刑事责任时也要考虑保护社会的需要，即为了社会公共利益，普通人应该达到一定的行为标准，这个行为标准是根据普通人的实际情况制定的，因而在判断主观心理状态是否"合理"时也应该考虑普通人的一些具体情况。至于应当考虑被告人和普通人的哪些性格特征，则要根据宪法确立的价值观念或者"漠视法益"原理进行相应的价值判断，从而将普通人和行为人有违法益保护的性格特征、行为方式和思维理念从平均人标准中排除出去。

近代以后，刑法的一个基本理念就是，强调刑法既是法益保护法，也是人权保障法，即刑法既有保护法益的机能，也有保障人权的机能。[②] 由于英

---

① 陈兴良：《教义刑法学》，中国人民大学出版社 2010 年版，第 585 期。

② 黎宏：《刑法总论问题思考》，中国人民大学出版社 2007 年版，自序第 1 页。

美刑法的平均人标准将对被告人的正义与对社会保护的需要融洽起来，相对于我国的平均人标准，其更能实现刑法理念，因而值得我国司法实践的借鉴。

2. 借鉴英美平均人标准的具体方案

本书认为，我国刑法的任务是保护法益，因而在决定应当将被告人哪些性格特征纳入平均人标准时，应将筛选方法和法益保护联系起来。具体可以借鉴英美刑法理论中的"漠视法益"原理，即凡是与"漠视法益"相关的个人情况均不予考虑，与"漠视法益"无关的个人情况则应当予以考虑。下面本书对司法实践中经常出现的几类特殊个人情况进行具体分析。

(1) 行为人的特殊生理特征

行为人的特殊生理特征主要是指行为人所具有的身体残疾，如双目失明、腿有残疾、耳聋等。一般来说，行为人的上述特殊生理特征会导致行为人的认识能力和控制能力低于社会一般人，从而使得行为人判断自己行为性质的能力，即判断自己的行为是否可能侵害刑法所保护的法益的能力也低于社会一般人。因此，对于相同情形下的相同行为，社会一般人能够认识到行为具有法益侵害性，而具有身体残疾的人却可能没有能力认识。由于行为人对自己特殊生理特征造成的影响没有能力控制，换言之，行为人在实施侵害法益的行为时并没有"漠视法益"，法益的损害是由超出行为人控制之外的原因导致的。因而行为人的特殊生理特征在构建平均人标准时通常应当考虑，否则，就有行为人因为具有身体残疾而受到责难之嫌。需要特别强调的是，并不是行为人的每一个特殊生理特征在每一次判断中都必须考虑，如果行为人的特殊生理特征和"漠视法益"相关的话，则不应当考虑。例如，一个盲人家长在客厅听到孩子在卧室尖叫而无动于衷，结果孩子发生了重大伤害。该案中，家长的双目失明并不影响其对孩子处于实质性危险境地的知晓，即双目失明并不影响行为人对法益损害的判断，因而，行为人的双目失明在构建平均人标准时不应当考虑。

（2）行为人的特殊心理特征

行为人的特殊心理特征主要包括行为人的心理、性情、记忆、智力以及其他精神方面的欠缺，具体表现为智力低下①、粗心大意、健忘、脾气暴躁等类型。本书认为，对于被告人的特殊心理特征能否考虑不可一概而论，应当以"漠视法益"原则为指导进行具体判断，例如，一般认为，健忘的性格属于人的心理特征，现实生活中可能会出现以下两类健忘：①由于被告人患有闭合性脑损伤或中风而引起的健忘；②被告人可以控制的健忘，如行为人因对他人利益漠不关心的态度引起的健忘。这两类健忘在判断被告人的行为是否合理时显然不能同等对待，因为在第二种情况下我们完全可以期待被告人控制好自己的健忘，就像控制自己的贪婪和嫉妒一样，被告人在特定情形下的健忘恰恰是被告人承担责任的基础，而不是被告人得到法律宽恕的理由，因而在构建平均人标准时对该健忘不能予以考虑；而在第一种情况下的被告人的健忘，是由闭合性脑损伤或中风引起的，这种健忘是被告人不能控制的，因而我们不能期待被告人控制自己的健忘。② 如果因为被告人的第一种健忘而惩罚被告人，就相当于因为被告人患了闭合性脑损伤或中风而惩罚他，这对被告人显然是不公正的，因而第一种情形的健忘在构建平均人标准时应当考虑。至于行为人的智力低下、粗心大意的心理特征能否考虑也应依该方法判断。

---

① 这里的智力低下是指一个人的智力水平严重低于普通人，没有辨认自己行为的能力，不能辨别是非。不少人将智力低下视为精神病的一种，其实这两种精神缺陷无论在医学上还是在法律上都是不同的。首先，在医学上，智力低下从小就开始发病而且一般是永久性的，精神病则发生在成年以后，而且往往是间歇性和周期性的。其次，在犯罪原因上，智力低下一般是因为智力缺陷认识不到自己行为的自然内容、事实属性、危害后果、违法性质而导致犯罪的发生。一般而言，智力低下不会导致感觉异常和控制力降低，而这两种缺陷在精神病中较为常见。参见储槐植、江溯：《美国刑法》，北京大学出版社2012年版，第187页。

② Peter Westen,"Individualizing the Reasonable Person in Criminal Law" [J] , *Criminal Law and Philos*, 2008, 2:152.

（3）行为人的特殊认识

现实生活中，有些人由于接受过特殊知识或技能的培训，具有普通人所不具有的一些特殊技能，例如在需要具有从业资格要求的行业工作的人，医生、司机、工程监理师、会计师等等；还有些人由于和被害人之间具有某种特殊的关系，从而知悉一些普通人不知道的被害人的爱好、性格或近期行为动向等信息。对于行为人的特殊认识，英美判例的一般原则是，行为人的特殊技能或特殊认识在构建平均人标准时应当考虑。如美国曾有这样一个案件：被告人（实施防卫行为的人）开枪杀死了正威胁要杀他的人，当威胁者把手伸向口袋时被防卫人开枪打死。事后查明，威胁者口袋里除了一条手绢外根本没有任何武器。虽然发生了事实上的认识错误，但威胁者曾经威胁用枪打死被告人，因而被告人的认识错误是合理的。①

关于行为人特殊认识在我国司法实践中的处理，本书认为依然要适用"漠视法益"原则，即判断行为人的特殊认识有没有影响到行为人对法益的漠视，详言之，如果行为人的特殊认识和法益侵害的发生息息相关，则行为人的特殊认识在构建平均人标准时应当予以考虑；反之，则不应当考虑。但是，在司法实践中，被告人所知悉的特殊认识必须有可靠、可信赖的依据时，才能在构建平均人标准时予以考虑。如果被告人的特殊认识是道听途说得到的，是不可靠的特殊认识，则不应当考虑。一般认为，行为人以不可靠的特殊认识为行为根据时，应该预见自己的行为可能造成法益侵害，换言之，以不可靠的特殊认识为依据可以说明行为人"漠视法益"，因而不可靠的特殊认识在构建平均人标准时不应考虑。

（4）行为人的醉酒状态

酒精会侵害人的中枢神经，使人辨认和控制行为的能力减弱。我国刑法第18条第4款规定："醉酒的人犯罪，应当负刑事责任。"根据该规定，行

---

① 储槐植、江溯：《美国刑法》，北京大学出版社2012年版，第77页。

为人的醉酒状态在构建平均人标准时不应该考虑。本书认为，这一规定存在一定的疏漏，因为实践中醉酒的原因可以分为两类，一类是自愿醉酒，[①] 另一类是非自愿醉酒。[②] 由于非自愿醉酒状态是由行为人不可控的因素引起的，根据"漠视法益"原理判断，行为人的行为虽然侵害了法益，但其并没有"漠视法益"，因而，行为人非自愿醉酒状态应当纳入平均人标准之中。至于自愿醉酒状态一般不应纳入平均人标准之中，因为行为人在喝酒时应该预见到酒精会减弱自己的辨认和控制行为的能力，即醉酒有可能导致自己去实施法益侵害行为，因而自愿醉酒一般都可以和"漠视法益"联系起来。但在个别特殊情况下，自愿醉酒也可能和"漠视法益"没有关系，从而导致自愿醉酒在构建平均人标准时应当予以考虑。例如，行为人甲酒后处于醉酒状态，躺在家中睡觉，一邻居乙因多年前的琐事强行闯入甲家，并对甲作出挑衅，处于醉酒状态的甲勃然大怒，起身将乙打成重伤。该种情形下，判断甲的勃然大怒是否合理时，对于应否考虑行为人的醉酒状态是有争论的。本书认为，虽然甲是自愿醉酒，但甲为了防止自己在醉酒之后实施侵害法益的行为，自己躲在家中睡觉，甲也完全预料不到邻居会因多年前的琐事而过来挑衅，即行为人的自愿醉酒和"漠视法益"没有关系。因此，在判断甲的行为是否合理时，应当将甲的醉酒状态纳入平均人标准之中。

（5）行为人的性别

关于性别与平均人标准的关系，英美司法实践的通常做法是适用性别中立的平均人标准，即在构建平均人标准时对性别不予考虑，因为只有这样，才能实现男女同等对待，不偏不倚，保证男女之间的公平。

[①]　所谓自愿醉酒，是指行为人知道或者应当知道这种物质的致醉性质，而引起的醉酒。但是，遵循医嘱摄入或者在可以构成犯罪的辩护理由的情况下摄入的除外。参见刘士心：《美国刑法中的犯罪论原理》，人民出版社 2010 年版，第 176 页。

[②]　非自愿醉酒是指行为人对于陷入醉酒状态没有主观上的可责性，主要包括以下几种情况：错误醉酒、胁迫醉酒、药物醉酒、病理醉酒。参见刘士心：《美国刑法中的犯罪论原理》，人民出版社 2010 年版，第 176—177 页。

本书认为英美的通行做法值得商榷。性别中立的平均人标准只是从形式上实现了男女平等，尽管形式平等对于改变女性在社会中的从属地位，争取与男性同等的法律地位具有重大的意义，但是性别中立的平均人标准忽视了男女生理上的差异与因历史和现实的原因而造成女性在文化、经济上处于的不利处境，这些对女性不利的因素都是客观存在的，因而最终难以实现实质的男女平等。[1] 例如，在我们的社会中，一般认为，女性弱小、男性强壮，当面临紧迫的不法侵害时，女性产生的主观认识可能就不同于男性。因而，本书认为在我国的司法实践中，在构建平均人标准时，对于性别的影响应具体情况具体判断，判断的依据就是"漠视法益"原理。例如，在对于危害结果预见能力的判断上，没有任何证据能够证明女性的预见能力低于男性，即行为人的性别和"漠视法益"之间存在联系，因而该情形下对女性被告人应当适用性别中立的平均人标准，被告人的女性性别不能纳入平均人标准之中。而在正当防卫的场合，由于女性防卫能力的弱小，所以女性对于防卫必要性的主观认识通常和"漠视法益"没有关系，即如果平均人标准缺乏性别视角，对女性被告人来说就是不公平的，因而应当适用考虑女性性别的平均人标准。

3.考虑被告人个别性格特征的平均人标准与折中标准的不同

我国刑法理论和司法实践中主张的折中标准，是平均人标准与行为人标准结合起来的标准，例如，在朱家平过失致人死亡案中，刑事审判参考的分析认为："应当在考察一般人的预见能力基础上充分考虑行为人的具体智能情况。详言之，首先，考察行为人所属的一般人能否预见结果的发生，其次，再考虑行为人的智能水平是高于一般人还是低于一般人。"[2] 由此可见，折中标准没有摆脱单一标准的运用，但它在理论上主张以一个标准为基础，

---

① 赵明：《女权主义法学的性别平等观对中国立法的启示》，《妇女研究论丛》2009年第3期。

② 参见最高人民法院刑事审判第一庭、第二庭主编：《刑事审判参考》（2005年第3集，总第44集），法律出版社2006年版，第49页。

辅以其他的标准综合加以运用，在方法论上还是有折中的含义。[①] 而英美刑法中的平均人标准，尽管也含有折中于普通人与行为人的含义，但其主张以拟制的平均人作为判断标准，即将行为人的主观心理状态直接和平均人的主观心理状态进行比较即可，其主张适用的是一个标准，其不存在方法论上的折中。

[①] 童德华：《刑法中的期待可能性论》，武汉大学出版社 2002 年版，第 44 页。

结　语

　　作为人类伦理实践之一部分的法律实践，一直面临着对人的评价问题。由于对他人的心理过程无法直接获知，技术上只能采取推知的方式。推知方法的技术核心是，运用自身的认知能力去设想具有特定知识结构和能力水准的人，在给定的场景下会形成什么样的认识。主体具有能够推知他人内心活动的心理能力，成为社会生活展开的基础。由此，主体间的认识鸿沟得以跨越。实质上，平均人标准即是这样的技术性方法，其通过具体化的平均人的知识结构和能力水平，塑造出一个生动的人格形象，进而将该人格形象置身于重构的场景之中，来观察其所为与所思，并以此为参照解决个案争议问题。这样的技术性方法深深植根于认识论的土壤之中，注定要在法律实践中发挥关键性作用。诚如学者所言，"就普通法中所有这些假定的基础概念而言，若是没有平均人这个拟制的人，我们将在辩论的核心问题上寸步难行。甚至，如果不先考察清楚平均人在这些情况下会如何行事，我们将在绝大多数有关责任的问题上难以展开讨论"。① 在英美刑法中，一般而言，只要行为人行为时的主观心理状态是合理的，行为人的行为就应当减轻或者免除责任，平均人标准作为判断行为人主观心理状态是否合理的工具，其重要性可

---

① 乔治·弗莱彻：《正确的与合理的》，周折译，《北大法律评论》2007 年第 1 期。

见一斑。

普通伦理实践中的评价，指向于评价对象的主观状况，以评价对象的知识和能力水准为准据，所构建的标准人是对评价对象的描摹。而法律实践中的平均人，绝非对评价对象的简单描摹，而是要依据具体领域所需实现的价值，来选择构建的材料，由此而形成的人格形象也将肩负起实现其背后价值的使命。平均人标准实质上是一项评判规则，其拟解决的问题会涉及什么样的价值判断，决定了平均人的构建方向。

普通伦理实践和法学实践中，我们一直在有意无意地运用着这种方法。但基于法律实践的特殊功能考虑，需要形成自觉的意识。唯有在对此种方法的技术特征及其背后的价值均有充分认识的基础上，才可能将法律实践引向精细化的方向。现阶段，平均人标准的重要性在我国尚未得到广泛的认可，平均人标准所拥有的能量远未被充分发掘出来。但是，平均人在展现了其非凡的能力之后，定会逐渐登堂入室，成为法律实践中的尊者。

需要说明的是，平均人标准促成英美刑法的平面式法律思维，平面式法律思维坚持犯罪的认定仅在一个阶段里进行，其特点在于，法律规范的适用需要援引所有与争论的解决关系密切的标准。诚如学者所言，"我们时时事事乞灵于平均人这个概念，这使得我们能够在对正当事由和可宽恕事由不作区分的情况下仍能游刃有余"。① 而近年来，我国刑法学者从保障人权角度出发，大力提倡构建式法律思维，即犯罪的认定在违法和责任两个阶段中，二者之间存在相冲突。对于这一问题应当如何解决，本书未作论述，在此笔者只能惭愧地说一句：书中未竟之处，留待以后研究。

---

① 乔治·弗莱彻：《正确的与合理的》，周折译，《北大法律评论》2007 年第 1 期。

参考文献

中文著作类：

[1] 刘士心：《美国刑法中的犯罪论原理》，人民出版社 2010 年版。

[2] 储槐植、江溯：《美国刑法》，北京大学出版社 2012 年版。

[3] 赵秉志主编：《英美刑法学》，科学出版社 2010 年版。

[4] 赵秉志主编：《香港刑法》，北京大学出版社 1996 年版。

[5] 李韧夫等：《中英美刑法基本问题比较研究》，法律出版社 2011 年版。

[6] 欧阳涛等：《英美刑法刑事诉讼法概论》，中国社会科学出版社 1982 年版。

[7] 张旭主编：《英美刑法论要》，清华大学出版社 2006 年版。

[8] 李立丰：《美国刑法犯意研究》，中国政法大学出版社 2009 年版。

[9] 谢望原主译：《英国刑事制定法精要（1351—1997）》，中国人民公安大学出版社 2003 年版。

[10] 王雨田：《英国刑法犯意研究——比较法视野下的分析与思考》，中国人民公安大学出版社 2006 年版。

[11] 高铭暄、马克昌主编：《刑法学》，北京大学出版社、高等教育出版社 2011 年版。

[12] 马克昌：《比较刑法原理——外国刑法学总论》，武汉大学出版社 2002 年版。

[13] 张明楷：《刑法学》（第四版），法律出版社 2012 年版。

[14] 彭勃：《英美法概论》，北京大学出版社 2011 年版。

[15] 陈兴良：《刑法哲学》，中国政法大学出版社 2009 年版。

[16] 周光权：《法治视野中的刑法客观主义》，法律出版社 2013 年版。

[17] 刘士心：《刑法中的行为理论研究》，人民出版社 2012 年版。

[18] 郑泽善：《刑法总论争议问题比较研究 I》，人民出版社 2013 年版。

[19] 郑泽善：《刑法总论争议问题比较研究》，北京大学出版社 2008 年版。

[20] 张心向：《在规范与事实之间——社会学视域下的刑法运作实践研究》，法律出版社 2008 年版。

[21] 张心向：《在遵从与超越之间——社会学视域下刑法裁判规范实践建构研究》，法律出版社 2012 年版。

[22] 吴峻：《英美刑法规则与判例》，中国检察出版社 2005 年版。

[23] 童德华：《刑法中的期待可能性论》，中国政法大学出版社 2002 年版。

[24] 肖晚祥：《期待可能性理论研究》，上海人民出版社 2012 年版。

[25] 美国法学会：《美国模范刑法典及其评注》，刘仁文等译，法律出版社 2005 年版。

[26] ［美］本杰明·卡多佐：《司法过程的性质》，苏力译，法律出版社 1998 年版。

[27] ［美］乔治·弗莱彻：《反思刑法》，邓子滨译，华夏出版社 2008 年版。

[28] ［美］保罗·H. 罗宾逊：《刑法的结构与功能》，何秉松等译，中国民主法制出版社 2005 年版。

[29] ［美］小奥利弗·温德尔·霍姆斯：《普通法》，冉昊、姚中秋等译，中国政法大学出版社 2006 年版。

[30] ［美］约书亚·德雷斯勒：《美国刑法精解》，王秀梅等译，北京大学出版社 2009 年版。

[31] ［美］乔治·弗莱彻：《刑法的基本概念》，蔡爱惠等译，中国政法大学出版社 2004 年版。

[32] ［美］约翰·罗尔斯：《正义论》，何怀宏等译，中国社会科学出版社 2001

年版。

[33] [英] 哈特：《惩罚与责任》，王勇等译，华夏出版社 1989 年版。

[34] [英] 史密斯、霍根：《英国刑法》，李贵方等译，法律出版社 1991 年版。

[35] [美] 道格拉斯·N.胡萨克：《刑法哲学》，谢望原等译，中国人民公安大学出版社 2004 年版。

[36] [美] 威廉·詹姆士著：《实用主义》，陈羽伦等译，商务印书馆 1979 年版。

[37] [美] 乔治·P.弗莱彻著：《地铁里的枪声——正当防卫还是持枪杀人?》，陈绪刚、范文洁译，北京大学出版社 2007 年版。

[38] [美] 霍姆斯：《法律的生命在于经验——霍姆斯法学文集》，明辉译，清华大学出版社 2007 年版。

[39] [英] 靳克斯：《英国法》，张季忻译，中国政法大学出版社 2007 年版。

[40] [英] 威廉·布莱克斯通：《英国法释义》第 1 卷，游云庭、缪苗译，上海人民出版社 2006 年版。

[41] [英] 鲁伯特·克罗斯：《英国刑法导论》，赵秉志译，中国人民大学出版社 1991 年版。

[42] [美] 阿瑟·库恩：《英美法原理》，陈朝璧译，法律出版社 2002 年版。

[43] [英] 乔纳森·赫林：《刑法（第三版）》影印本，法律出版社 2003 年版。

[44] [英] 迈克尔·杰斐逊：《刑法（第五版）》影印本，法律出版社 2003 年版。

[45] [美] 约瑟芬·多诺万：《女权主义的知识分子传统》，赵育春译，江苏人民出版社 2003 年版。

中文期刊类：

[1] 张健：《类型人标准说之提倡——兼评预见能力判断标准的其他学说》，《中国刑事法杂志》2013 年第 1 期。

[2] 高巍：《论注意义务的判断基准》，《甘肃政法学院学报》2011 年第 3 期。

[3] 王斌：《期待可能性判断标准之反思与重构》，《重庆工学院学报》2009 年第 3 期。

［4］谢望原：《论期待可能性之判断》，《法学家》2008 年第 3 期。

［5］毛冠楠：《论刑法中期待可能性的判断标准》，《中国检察官》2013 年第 7 期。

［6］肖晚祥：《论期待可能性弱失之判断》，《法学》2012 年第 9 期。

［7］张亚军：《期待可能性理论之反思》，《云南大学学报（法学版）》2005 年第 5 期。

［8］叶金强：《侵权过失判断之中的理性人标准的建构》，《中德法学论坛》2011 年第 8 期。

［9］郑永宽：《论侵权过失判定标准的构造与适用》，《法律科学》2013 年第 2 期。

［10］储槐植：《英美法系国家刑法变革对中国的启示》，《当代法学》2006 年第 2 期。

［11］徐爱国：《侵权法女性主义视角的解读》，《学习与探索》2012 年第 3 期。

［12］李立丰：《基于道德立场的追问：杰摩·霍尔刑法思想评述——兼评〈刑法基本原则〉》，《云南大学学报（法学版）》2005 年第 5 期。

［13］李希慧、刘期湘：《论犯罪过失中注意义务的实质标准》，《现代法学》2007 年第 1 期。

［14］魏汉涛：《挑衅原则及其给我国的启示》，《法商研究》2011 年第 3 期。

［15］赵秉志、刘志伟：《犯罪过失理论若干争议问题研究》，《法学家》2000 年第 5 期。

［16］童德华：《英美刑法理论中刑事辩护事由之间的区别》，《人民检察》2005 年第 3 期。

［17］肖世杰：《法律的公众认同、功能期许与道德承载——对刑法修正案（八）的复眼式解读》，《法学研究》2011 年第 4 期。

［18］彭文华：《英美法系刑法中的合理性原则及其启示》，《华东政法大学学报》2009 年第 4 期。

［19］赵明：《女权主义法学的性别平等观对中国立法的启示》，《妇女研究论丛》2009 年第 3 期。

[20] 储槐植：《提倡折中——法学研究方法检讨》，《浙江社会科学》2005 年第 3 期。

[21] 秦前红、刘新英：《霍姆斯刑法思想评析》，《法学评论》2000 年第 5 期。

[22] 沈宗灵：《比较法学的方法论》，《法制与社会发展》1996 年第 3 期。

[23] 王世洲：《刑法方法理论的若干基本问题》，《法学研究》2005 年第 5 期。

[24] 薛佐文：《比较法应当是一种法的研究方法》，《贵州民族学院学报（哲学社会科学版）》2005 年第 3 期。

[25] 曾尔恕、郭琛：《本土法和外国法：美国的经验》，《政法论坛》2000 年第 2 期。

[26] 于志刚、蒋涤非：《方法的反思与更新——〈刑法学方法的一般理论〉读后》，《甘肃政法学院学报》2006 年第 4 期。

[27] 郑祝君：《英美法时代性背景下的制度变迁》，《法商研究》2002 年第 2 期。

[28] 周光权：《刑法学的西方经验与中国现实》，《政法论坛》2006 年第 2 期。

[29] 周光权：《刑法理论应在对抗、论争中求发展》，《法商研究》2003 年第 3 期。

[30] 周光权：《论刑法的公众认同》，《中国法学》2003 年第 1 期。

[31] ［美］玛卓莉·米勒：《中美文化发展中的实用主义主题》，李红、韩东晖译，《自然辩证法研究》1999 年第 4 期。

[32] ［德］伯恩哈德·格罗斯菲尔德：《比较法的基本问题》，孙世彦译，《法制与社会发展》2002 年第 4 期。

[33] ［美］波尔·H.罗宾逊：《美国刑法的结构概要（下）》，何秉松、王桂萍，《政法论坛》2005 年第 3 期。

[34] 张智辉：《刑法改革的价值取向》，《中国法学》2002 年第 6 期。

[35] 鲁珂：《比较法的现代性歧途》，《比较法研究》2003 年第 5 期。

[36] 芦光、亚玲：《英美刑法中的道德痕迹》，《河南公安高等专科学校学报》2003 年第 4 期。

外文著作类：

[1] Moran M, *Rethinking the Reasonable Person: an Egalitarian Reconstruction of the Objective Standard* [M], Oxford University Press, 2003.

[2] Lee C, *Murder and the Reasonable Man: Passion and Fear in the Criminal Courtroom* [M], NYU Press, 2003.

[3] Heaton R, De Than C, *Criminal law* [M], Oxford University Press, 2010.

[4] Herring J, *Criminal Law: Text, Cases, and Materials* [M], Oxford University Press, 2014.

[5] Dressler J, Strong F R, Moritz M E. Understanding criminal law [M]. Lexis Pub., 2001.

[6] Clarkson C M V, *Understanding Criminal Law* [M], Sweet & Maxwell, 2005.

[7] Fletcher G P, *Rethinking Criminal Law* [M], Oxford University Press, 2000.

[8] Artosi A, *Reasonableness, Common Sense, and Science* [M], Springer Netherlands, 2009.

[9] Fletcher G P, *A Crime of Self-defense: Bernhard Goetz and the Law on Trial* [M], University of Chicago Press, 1988.

[10] Russell Heaton, *Criminal Law, LLB Cases and Materials* [M], Blackstone Press Limited, 1999.

[11] Allen M, *Textbook on Criminal Law* [M], Oxford University Press, 2013.

[12] Duff, *Subjectivism, Objectivism and Attempts, Harm and Culpability* [M], Clarendon Press, 1986.

[13] Judith Evans, *English and European Legal System* [M], Old Bailey Press, 1986.

[14] Pound R, *Criminal Justice in America* [M], Transaction Publishers, 1997.

[15] *Black's Law Dictionary*, West Publishing Co., 1979.

[16] Daniel E. Hall, *Criminal Law and Procedure* [M], Thomson Delmar Learning, 2003.

[17] J. Hall, *General Principle of Criminal Law* [M], Bobbs-Merrill Company, 1960.

[18] Lawrence M. Friedman, *A History of American Law* [M], Simon Schuster, Inc., 1985.

[19] Paul H. Robinson, *Structure and Function in Criminal Law* [M], Oxford University Press, 1997.

[20] Oliver Wendell Holmes, *The common law* [M], Dover Publications, Inc., 1991.

[21] Douglas N. Husak, *Philosophy of Criminal Law* [M], Rowman & Littlefield Publishers, 1987.

[22] John M. Brumbaugh, *Criminal Law and Approach to the Study of Law* [M], The Foundation Press, 1986.

[23] W. LaFave & A. Scott, *Criminal Law* [M], West Publishing Co., 1972.

[24] Richard A. Posner, *Economic Analysis of Law* [M], the Foundation Press, 2004.

[25] Victor Tadros, *Criminal Responsibility* [M], Oxford University Press, 2007.

[26] *Blackstone's Statutes on Criminal Law 2007–2008* [M], Oxford University Press, 2007.

[27] Hall J, *General principles of criminal law* [M], The Lawbook Exchange, Ltd., 2005.

[28] Hall K L, Wiecek W M, Finkelman P, *American Legal History: Cases and Materials* [M], Oxford University Press, 1996.

[29] Ashworth A, Horder J, *Principles of Criminal Law* [M], Oxford University Press, 2013.

[30] Casper J D, *American Criminal Justice: The Defendant's Perspective* [M], Englewood Cliffs, NJ: Prentice Hall, 1972.

[31] Hart H L A, *Law, Liberty, and Morality* [M], Stanford University Press, 1963.

外文期刊类:

[1] Peter Westen,"Individualizing the Reasonable Person in Criminal Law" [J] , *Criminal Law and Philos*, 2008, 2.

[2] Willams I. Torry,"The Doctrine of Provocation and the Reasonable Person Test: An Essay on Culture and the Criminal Law" [J] , *Intl. J. Soc. L.*, 2001, 29 (1) .

[3] Donald C. Hubin and Karen Haely,"Rape and the Reasonable Man" [J] , *Law and Philosophy*, 1999, 18 (2) .

[4] Douglas N. Husak, George C. Thomas III,"Date Rape, Social Convention, and Reason-able Mistakes" [J] , *Law and Philosophy*, 1992, 19 (1-2) .

[5] George Fletcher,"The right and the reasonable" [J] , *Harvard Law Review*, 1985, 98 (5) .

[6] Scheppele, Kim Lane,"The Reasonable Woman, The Responsive Community, Rights, and Responsibilities" [J] , 1991, 1 (4) .

[7] Alan D. Miller,"The Reasonable Person" [J] , *NYUL Rev.*, 2012, 87.

[8] E Green,"The Reasonable Man: Legal Fiction or Psychosocial Reality" [J] , *Law and Society Review*, 1968, 2 (2) .

[9] Donovan D A, Wildman S M,"Is the Reasonable Man Obsolete: A Critical Perspective on Self-Defense and Provocation" [J] , *Loy. LAL Rev.*, 1980, 14 (435) .

[10] Cynthia Lee,"Race and Self-Defense: Toward a Normative Conception of Reasonableness" [J] , *Minnesota L. Rev.*, 2003, 81.

[11] B. Sharon Byrd,"On Getting the Reasonable Person Out of the Courtroom" [J] , *Ohio St. J. Crim. L.*, 2004, 2.

[12] Ronald K. L. Collins,"Language, History and the Legal Process: A Profile of the Reasonable Man" [J] , *Rutgers-Cam. L.J.*, 1976, 8.

[13] Joshua Dressler,"When 'Heterosexual' Men kill 'Homosexual' Men: Reflection On Provocation Law, Sexual Advances, and the Reasonable Man Standard" [J] , *Journal of Criminal Law and Criminology*, 1995, 85 (3) .

[14] Naomi R. Cahn,"The Looseness of Legal Language-the Reasonable Woman Standard in Theory and in Practice" [J] , *Cornell L. Rev.*, 1992, 77.

[15] Nourse V,"Upending Status: A Comment on Switching, Inequality, and the Idea of the Reasonable Person" [J] , *Ohio State Journal of Criminal law*, 2004, 2.

[16] Kevin Joe Heller,"Beyond the Reasonable Man: A Sympathetic but Critical Assessment of the Use of Subjective Standards of Reasonableness in Self-defense and Provocation Cases" [J] , *Am. Crim. L.*, 1998, 26 (1) .

[17] Robert B. Mison,"Homophobia in Manslaughter: The Homosexual Advance as Insufficient Provocation" [J] , *Cal. L. Rev.*, 1992, 80 (1) .

[18] Bernard Willimas,"Moral Responsibility and Political Freedom" [J] , *Cambridge Law Joumal*, 1997, 56 (1) .

[19] C Forell,"Reassessing the Negligence Standard of Care for Minors" [J] , *New Mexico L. Review*, 1985, 15.

[20] Joshua Dressler,"Justification and Excuses: A Brief Review of the Concepts and the Literature" [J] , *Wayne Law Review*, 1987, 33.

[21] Stephanie M,"Wildman. Ending Male Privilege: Beyond the Reasonable Woman" [J] , *Mich. L. Rev.*, 2000, 98 (6) .

[22] Avihay Dorfman,"Reasonable Care: Equality as Objectivity" [J] , *Law and Philosophy*, 2012, 31 (4) .

[23] Gary Slapper,"Reasonable: The Most Consequential Word in the Criminal Law" [J] , *The Journal of Criminal Law*, 2014, 78.

[24] Steven P. Scalet,"Fitting the People They Are Meant to Serve: Reasonable Persons in the American Legal System" [J] , *Law and Philosophy*, 2003, 22 (1) .

[25] Nancy S. Ehrenreich,"Pluralist Myths and Powerless Men: The Ideology of Reasonableness in Sexual Harassment Law" [J] , *Yale. L. J.*, 1990, 99 (6) .

[26] George P. Fletcher,"Domination in the Theory of Justification and Excuse" [J] , *U. Pitt. L. Rev.* , 1995, 57.

[27] Kent Greenawalt,"The Perplexing Borders of Justification and Excuse" [J] ,

Columbia Law Review, 1984, 84（8）.

[28] Henderson, J. A.,"Expanding the Negligence Concept: Retreat from the Rule of Law"[J], *Indiana Law Journal*, 1976, 51.

[29] Paul .Butler,"Racially Based Jury Nullification: Black Power in the Criminal Justice System"[J], *Yale L. J.*, 1995, 105（3）.

[30] Neil Gotanda,"A Critique of 'Our Constitution Is Color-Blind'"[J], *Stan. L. Rev.*, 1991, 44（1）.

[31] Adeno Addis,"'Hell Man, They Did Invent Us': The Mass Media, Law, and African Americans"[J], *Buff. L. Rev.*, 1993, 41.

[32] Dowrkin, R. M.,"The Model of Rules"[J], *The University of Chicago Law Review*, 1967, 35（1）.

[33] Robinson P H,"Criminal law scholarship: Three illusions"[J], *Theoretical Inquiries in Law*, 2001, 2（1）.

[34] Leonard G,"Towards a Legal History of American Criminal Theory: Culture and Doctrine from Blackstone to the Model Penal Code"[J], 2003, 6（2）.

[35] Hall J,"Intoxication and Criminal Responsibility"[J], *Harvard Law Review*, 1944, 57（7）.

[36] Kadish S H,"Model Penal Code's Historical Antecedents, The"[J], *Rutgers L. J.*, 1987, 19.

[37] Forell C,"Homicide and the Unreasonable Man Murder and the Reasonable Man: Passion and Fear in the Criminal Courtroom by Cynthia Lee"[J], *Geo. Wash. L. Rev.*, 2004, 72.

[38] Lee C. 'Murder and the Reasonable Man' Revisited: A Response to Victoria Nourse [J]. Ohio State Journal of Criminal Law, 2005, 3（1）.

[39] Rozelle S D,"Controlling Passion: Adultery and the Provocation Defense"[J], *Rutgers LJ*, 2005, 37: 197.

[40] Dressler J,"Rethinking heat of passion: A defense in search of a rationale"[J], *Journal of Criminal Law and Criminology*, 1982, 73（2）.

［41］ Taylor L J,"Provoked reason in men and women: heat-of-passion manslaughter and imperfect self-defense" ［J］ , *UCLA L. Rev.*, 1985, 33.

［42］ Mullender R,"The Reasonable Person, The Pursuit of Justice, and Negligence Law" ［J］ , *The Modern Law Review*, 2005, 68（4）.

［43］ Moran M,"The reasonable person: A conceptual biography in comparative perspective" ［J］ , 2010.

［44］ Wang L,"Negotiating the Situation: The Reasonable Person in Context" ［J］ , *Lewis & Clark L. Rev.*, 2010, 14.

［45］ Garvey S P,"Self-Defense and the Mistaken Racist" ［J］ , 2008, 11（1）.

英美判例类：

［1］ State. v. Leidholm, 334 N.W.2d 811（N.D.1983）.

［2］ People v. Golsh,63 Cal. App. 609,219（1923）.

［3］ State v. Nevares,36 N. M.41,7 P.2d 933（1932）.

［4］ Homles v. Director of Public Prosecution, A. C. 588（H.L.）（1946）.

［5］ Maher v. People,10 Mich.212（1862）.

［6］ State v. Guebara, 696 P.2d 381（Kan. 1985）.

［7］ Regina v. McCarty, 2 ALL E.R.262, 265（1954）.

［8］ Dixon v. State,597 S.W.2d 77（Ark.1980）.

［9］ R. v. Welsh, 11 Cox C. C. 336（1869）.

［10］ State v. Willams, 4 Wash.App.908 P.2d 1170（1971）.

［11］ State v. Wanrow, 559 P. 2D 548（Wash.1977）.

［12］ State v. Simon, 646 P.2d 1119（Kan.1982）.

［13］ R. v. Alexander, 10 9V.T.746（1913）.

［14］ R. v. Lesbian, 8K.B.1116（1914）.

［15］ State v. Dill, 461 So. 2d 1133（La. App.1984）.

［16］ Regina v. Smith, 1 A.C. 146（2001）.

［17］ People v. Green, 519 N. W. 2d 853（Mich. 1994）.

[18] State v. Hundley, 693 P. 2d 475（Kan. 1985）.

[19] Commonwealth v. Pierce, 138 Mass. 165（1884）.

[20] Taylor v. Louisiana, 419 U.S. 522（1975）.

[21] State v. Wheelock, 609 A. 2d 972（Vt.1992）.

[22] People v. Gotez, 68 N.Y.2D 96（1986）.

[23] State v. Simon 646 P. 2d 1119（Kan.1982）.

责任编辑:赵圣涛
责任校对:吕　飞
封面设计:胡欣欣

图书在版编目（CIP）数据

英美法系刑法中的平均人标准研究/谷永超 著 . — 北京：人民出版社，
　2020.10
ISBN 978－7－01－022455－8

I.①英…　II.①谷…　III.①英美法系－刑法－研究　IV.① D913.04

中国版本图书馆 CIP 数据核字（2020）第 164301 号

英美法系刑法中的平均人标准研究
YING MEI FAXI XINGFA ZHONG DE PINGJUNREN BIAOZHUN YANJIU

谷永超　著

人民出版社 出版发行
（100706　北京市东城区隆福寺街 99 号）

北京汇林印务有限公司印刷　新华书店经销

2020 年 10 月第 1 版　2020 年 10 月北京第 1 次印刷
开本：710 毫米 ×1000 毫米 1/16　印张：14.25
字数：240 千字

ISBN 978－7－01－022455－8　定价：59.00 元

邮购地址 100706　北京市东城区隆福寺街 99 号
人民东方图书销售中心　电话（010）65250042　65289539

版权所有·侵权必究
凡购买本社图书，如有印制质量问题，我社负责调换。
服务电话：（010）65250042